遇不遇, 운명인가 선택인가

- 중국 선진 양한시기의 士人들

■ 저자 약력

오만종

현재 전남대학교 중문학과 교수이며, 중국 선진 양한시기 문학이 전공이다. 저서로는 ≪從詩到經-論毛詩解釋的淵源及其特色≫이 있고, 역서로는 ≪공자와 노자-그들은 물에서 무엇을 보았는가≫, ≪거북의 비밀-중국인의 우주와 신화≫, ≪선양과 세습≫ 등이 있으며, 그 외 다수의 논문이 있다.

遇不遇, 운명인가 선택인가
- 중국 선진 양한시기의 士人들

인 쇄 2022년 2월 25일
발 행 2022년 2월 28일

저 자 오만종
발행인 정성택

발행처 전남대학교출판문화원
등 록 1981. 5. 21. 제53호
주 소 61186 광주광역시 북구 용봉로 77
전 화 (062) 530-0571~2
마케팅 (062) 530-0573
팩 스 (062) 530-0579
홈페이지 http://www.cnup.co.kr
이메일 cnup0571@hanmail.net

값 15,000 원

ISBN 978-89-6849-858-9 (93820)

오만종

遇不遇, 운명인가 선택인가

중국 선진 양한시기의 士人들

중국문명의 초기에 遇不遇의 개념이 어떻게 형성되었고, 그러한 의식이 지식인들의 삶과 문학작품 속에 어떻게 반영되어 있는가의 연구는 중국 역사 속에서 지식인들이 出仕와 隱逸을 어떻게 선택하고 운명적으로 받아들였는가를 살펴보는데 이론적 토대를 제공할 수 있을 것이다. 자기를 아는 이는 遇·不遇의 처지에서 적극적으로 취사선택을 하겠지만, 자기를 알지 못하는 이는 우불우의 상황을 운명으로 여기고 받아들이는 소극적 태도를 취할 것이다. 중국의 고대인들은 어떻게 행동했을까? 이 책은 이 문제에 대해 질문하고 답하려고 시도하였다.

전남대학교출판문화원

■ 머리말

대학에 몸담은 지 20년이 되었다. 이제 이곳을 떠나야 할 때가 가까워짐을 느낀다. 가르치고 연구하는 것이 대학에 몸담은 자의 오롯한 일이라는 사실을 임용 초기 마음에 새겼지만, 잘 지키지 못했다는 사실도 양심은 모른 체하지 않는다. 이제 돌이켜보며 아쉬움을 가져도 아무 소용도 없음을 잘 안다. 대학에서 지내온 시간 동안 해온 작업을 떠나기 전에 정리는 해야겠다는 막연한 생각이 든 지도 꽤 되었다. 이제야 컴퓨터 파일 이곳저곳에 흩어져 있는 30여 편의 논문들을 한곳에 모아 주제별로 분류해 보니, 본인의 학위 논문 주제인 시경 관련 논문, 선진 양한시기의 문학사상에 관한 논문, 그리고 遇不遇 주제 관련 논문들이 각각 3분의 1정도로 가려졌다. 자연스럽게 이것들을 작은 책자로 만들어보아야겠다는 생각이 들었다.

첫 시도로 우불우 관련 주제의 글을 엮었다. 특별한 이유가 있는 것은 아니다. 중국문학사에서 우불우 주제는 지식인들의 삶의 방식과 직접 관련되어 있기 때문에 시대를 관통하며 다루어지고 있다. 遇不遇 주제를 탐구하기 위해, 먼저 선진 양한시기의 遇不遇 개념에 대한 어원을 논술하고, 중국의 신화적 인물 속에 君臣 間 遇不遇 관계의 전형적 틀이 스며있음을 드러내려고 시도하였다. 그리고 선진 양한시기의 문헌에 산재되어 있는 기록과 고고학적 발굴을 통해 세상에 드러난 죽간의 기록에 보이는 관련 내용을 정리 분석함으로써, 중국 문명의 초기에 遇不遇 개념이 어떤 논의 과정을 통해 형성되었는가를 논증하려고 하였다. 이를 통해 선진 양한시기 遇不遇 개념의 근원을 추적하려고 시도하였다.

선진 양한시기의 인물에 대한 연구는 처음부터 遇不遇 시각에서 이들의 삶을 조명하지는 않았다. 그러나 역사 인물들의 연구는 그들 인생의 부침 속에 굴곡진 여정이 자연스럽게 드러나며, 그 가운데 선택과 운명의 그림자가 겹쳐져 드리운다. 선진 양한시기의 인물 중 비교적 전형적인 모델을 중심으로 그들 삶의 궤적과 후인들의 평가를 분석 제시함으로써 그들의 遇不遇 상황이 운명인지 선택인지 독자들로 하여금 평가할 수 있게 하였다. 대상 인물들은 夏, 商, 周의 三代를 멸망시켰던 后妃 妺喜, 妲己, 褒姒, 商湯의 재상이 된 伊尹, 개국공신의 전형인 韓信, 희대의 협객 荊軻, 왕위를 찬탈한 王莽 등이다.

아울러, 동 시기의 작품에 관한 연구는 충신의 전형인 屈原의 작품과 漢人들의 그에 대한 평가를 중심으로 분석하였고, 漢初

에 지어진 不遇 주제 관련 작품들, 예를 들면 <弔屈原賦>(賈誼), <士不遇賦>(董仲舒), <悲士不遇賦>(司馬遷), <答客難>(東方朔) 등을 중심으로 당시 문인들의 不遇意識에 대하여 論究하였다. 각 章의 그간 발표된 논문의 출처는 다음과 같다.

제1장: <遇不遇 개념의 연원과 신화적 형상>, ≪中國學≫, 第67輯, 2019.06.30., 307-322쪽.

제2장: <遇不遇 개념의 역사적 논의 관정에 대한 소고>, ≪中國人文科學≫, 第四十六輯, 2010.12., 233-251쪽.

제3장: <三代의 滅亡과 后妃>, ≪中國人文科學≫, 第六十輯, 2015.08., 197-212쪽.

제4장: <伊尹 형상에 대한 고찰>, ≪中國人文科學≫, 第五十七輯, 2014.08., 147-164쪽.

제5장: <荊軻 형상에 대한 소고-초기 문헌 기록과 후대 시가를 중심으로>, ≪中國人文科學≫, 第六十一輯, 2015.12., 139-153쪽.

제6장: <후대 시가 속의 韓信 형상>, ≪中國人文科學≫, 第六十四輯, 2016.12., 215-231쪽.

제7장: <王莽의 禪讓 政權>, ≪中國學≫, 第61輯, 2017.12.31., 59-71쪽.

제8장: <遇不遇 概念의 哲學的 論議에서 文學的 形象化로-戰國時期에서 漢代의 屈原 刑象을 중심으로>, ≪中國人文科學≫, 第四十五輯, 2010.08., 133-148쪽.

제9장: <漢代 文人의 不遇意識에 대한 소고-不遇主題 賦 직품을 중심으로>, ≪中國文化研究≫, 27輯, 2015.2., 253-267쪽.

중국문명의 초기에 遇不遇의 개념이 어떻게 형성되었고, 그러한 의식이 지식인들의 삶과 문학작품 속에 어떻게 반영되어 있는가의 연구는 중국 역사 속에서 지식인들이 出仕와 隱逸을 어떻게 선택하고 운명적으로 받아들였는가를 살펴보는데 이론적 토대를 제공할 수 있을 것이다. 자기를 아는 이는 遇不遇의 처지에서 적극적으로 취사선택을 하겠지만, 자기를 알지 못하는 이는 우불우의 상황을 운명으로 받아들이고 소극적 태도를 취할 것이다. 중국의 고대인들은 어떻게 행동했을까? 이 책은 이 문제에 대해 질문하고 답하려고 시도하였다.

2022년 1월

용봉동에서

■ 차 례

遇不遇와 문학작품

遇不遇 개념의 형성

제1장 遇不遇 개념의 淵源과 神話的 形象

1. 遇字의 어원
2. 遇字의 用例
3. 遇不遇의 神話的 形象
4. 맺는 말

제1장

遇不遇 개념의 淵源과 神話的 形象

인간의 삶은 만나고(遇) 만나지 못함(不遇)의 연속이라 할 수 있다. 아니, 자연계의 모든 생명체는 갖가지 상황들을 만나거나 만나지 못해 생명체의 존속에 영향을 받는다. 움직이는 생명체는 생명의 보존을 위해 끊임없는 이동을 하면서, 어떤 상황을 만나거나 만나지 않으려고 필사의 노력을 한다. 따라서 동물은 필요에 따라 만나고 만나지 않아야 하는 상황을 능동적으로 선택할 수 있다. 그들은 철 따라 서식지를 옮겨가기도 하고, 위험한 곳을 피해 안전한 곳으로 거처를 바꿈으로써 생명을 이어간다. 그러나 움직이지 않는 생명체는 객관적 상황을 온몸으로 받아들이면서 내적 변화를 통해 외부의 조건에 적응하며 생명을 이어간다. 따라서 식물은 외부의 조건 변화를 수동적으로 받아들일 수밖에 없다. 식물은 맑은 날의 따스한 태양빛과 흐린 날의 폭풍우를 견뎌야만 꽃을 피우거나 결매를 맺을 수 있다. 인간이란 동물 역시 본능적으로 생명의 보존을 위해 주변의 조건 변화에 적응하려고 노력한다. 그러나 인간은 이성적 동물이라

했던가? 이 점이 여타 동물과 다르기 때문에 인간은 본능적 욕구 충족에 만족하지 않고 정신적 이상을 추구한다. 따라서 인간만이 정신적 이상을 추구하기 위해 죽음을 무릅쓰기도 하고, 세속의 명예와 부를 거부하기도 하며, 더러는 과도한 명예와 부 그리고 육체적 욕망을 탐닉하다 패가망신하기도 한다. 동물은 배가 차면 결코 더 먹지 않고, 식물은 더 화려한 꽃과 알찬 열매를 위해 결코 자리를 옮기지 않는다. 이렇게 추론해가면 만남의 문제가 생명의 존속과 연관되고, 그 근원을 거슬러 올라가다 보면 불교의 緣起說[1)]과 맞닿아 있음을 볼 수 있다. 중국인은 만남의 문제를 현실적인 측면에서 사유했다면, 인도인들은 이에 머물지 않고 존재의 근원적 문제로 천착해 들어가, 遇가 인연에 의해 일어남을 보고 12연기설과 같은 깊고 精緻한 사유를 펼쳤다.

생명체의 靈長인 인간의 만나고 만나지 못함의 문제는 다양한 요소들이 얽혀 있다. 현실적인 문제로서 遇不遇는 개인의 삶과 인생의 성공 여부를 결정하는 중요한 요소인 것은 예나 지금이나 마찬가지다. 특히 지식인들의 遇不遇는 더욱 그러하다. 사회의 구조가 비교적 단순했던 고대에는 관직에 나아가 자신이 닦아왔던 학식을 근거로 꿈과 이상을 실현하는 것이 지식인의

1) 불교는 인간이 生을 만나서 늙어 죽는 생사윤회의 과정을 12단계로 나누어 설명하며, 각 단계 사이에는 엄격한 인과관계가 있다고 한다. 그 12단계는 無明緣行, 行緣識, 識緣名色, 名色緣六處, 六處緣觸, 觸緣受, 受緣愛, 愛緣取, 取緣有, 有緣生, 生緣老死이다. 즉 無明은 行의 원인이며, 行은 無明의 결과다. 이와 같이 추론해 가면 生은 老死의 원인이며, 老死는 生의 결과다. 任繼愈主編, ≪中國佛敎史≫, 北京, 中國社會科學出版社, 1981년, 245-246쪽 참조.

유일한 出路였다. 그러나 학식을 이루었다고 반드시 세상에 곧바로 쓰일 수 있었던 것은 아니며, 사회조직의 틀에 들어가더라도 자신의 이상을 순탄하게 실현할 수 있었던 것도 아니다. 지식인들의 고뇌가 시작된 지점이다. 遇와 不遇, 出仕와 隱居, 이것은 그들에게 운명인가 선택인가?

고대 중국 지식인들은 자신의 出仕문제에 대해 일찍부터 사유하기 시작하였다. 관리 등용 제도가 시행되기 전에는 士人들이 관직에 나아가기 위해서 스스로 먼저 '현명함과 재능(賢能)'[2]을 갖추어야 했고, 그리고 자신의 능력을 알아보고 수용할 수 있는 君主가 필요했다. 이때 士人들은 개인적으로 군주를 찾아가 자신의 재능을 드러내거나, 군주가 현능한 자가 있다는 소문을 듣고 방문하여 出仕를 간청하는 방법으로 인재가 등용되었다. 따라서 인재 등용제도가 있기 전에는 士人들이 능력을 발휘하여 자신의 정치적 이상을 실현할 기회를 갖는다는 것은

---

2) '賢能'은 도덕성과 재능을 겸비한 사람을 지칭하는 단어로 '賢才'나 '賢良'이라 칭하기도 한다. 賢能한 사람을 추천하거나 중용해야한다는 주장은 諸子들에게서 자주 보인다. ≪論語·子路≫편에서 정치를 하는데, "어질고 재능 있는 자를 등용하라(擧賢才)"고 하고, ≪墨子·親士≫편에는 "어진 이를 보고도 등용하는데 다급하지 않으면, 소홀한 군주다(見賢而不急, 則緩君矣)"라고 하며, ≪孟子·公孫丑(上)≫에는 "어진 이를 존중하고 능력 있는 자를 부리면, 준걸들이 관직에 있게 된다(尊賢使能, 俊傑在位)"라고 한다. ≪荀子·王制≫편에서는 "현능한 이는 차례를 기다리지 않고 등용하고, 무능한 이를 파면하는 일은 잠시도 기다리지 말고 그만두게 해야 한다(賢能不待次而擧, 罷不能不待須而廢)"라고 하며, ≪呂氏春秋·孟秋紀≫에는 "현량한 이를 선발하여 높여 드러나게 한다(選其賢良而尊顯之)"라고 한다.

스스로 능력을 갖췄다는 전제하에 자기를 알아주는 군주를 만나야 하는 일정 정도의 우연적 요소가 따라주어야 했다. 이것을 가리켜 '때를 만났다(遇時)' 하고, 반대의 경우는 '때를 만나지 못했다(不遇時)'고 한다. 현능한 士人이 군주가 尊賢使能을 통해 나라를 다스리는 때를 만나는 것이 이상적이지만, 자기를 알아주는 군주를 만나지 못했을 경우는 회재불우(懷才不遇)하게 된다.

이 장에서는 갑골문과 금문에 보이는 '遇'자의 자형을 분석함으로써 遇자가 어떻게 '우연히 만나다'의 의미를 갖게 되었는가의 어원을 탐구하고, 아울러 선진 문헌에 보이는 遇자의 용례를 통해 그 의미의 변환과정을 살펴보려 한다. 그리고 이어서, 중국 고대 신화 인물 중, 遇不遇의 전형적 사례들을 분석함으로써 후대 인물들과 어떻게 類比推理 되는가를 드러낼 것이다.

1. 遇字의 어원

인간이 원시시기에 느끼고 인식하며 사유한 것에 대해 어떻게 나타내려고 했는지 즉 문자로 표현하려고 하였는지에 대한 과정은 정확하게 복기할 수 없다. 그저 어떤 뛰어난 사람들의 끊임없는 노력에 의해 사유의 대상을 문자화하였으리라 추측할 따름이다. 예를 들면, 여기서 다루려는 '만나다'는 개념을 중국 사람들이 어떻게 문자로 형상화하였는지의 과정은 밝힐 수 없다. 그러나 현존하는 관련 자료를 통해 그 어원의 형성과정을 어느 정도는 설명해 볼 수 있다. 遇字의 어원을 알기 위해 먼저 초기의 사전인 ≪爾雅≫와 ≪說文解字≫의 기록을 살펴볼 필요가 있다. ≪爾雅≫에는 "遘와 逢은 '만나다'는 遇의 의미고, 遘와 逢 그리고 遇는 '거스르고 저촉되다'는 遻의 의미이며, 遘와 逢과 遇와 遻은 보다는 見의 의미다.(遘·逢, 遇也. 遘·逢·遇, 遻也. 遘·逢·遇·遻, 見也.)"라 하고, 郭璞은 注에서 "가다가 서로 만나면 보는 것이다(行而相值卽見)"[3]고 풀이한다. ≪설문해자≫에는 "遇, 逢也, 从辵, 禺聲"이라 한다. 그리고 遭, 遘, 逢字를 모두 遇字로 풀이하고 있다. 즉, "遭, 遇也, 从辵, 曹聲", "遘, 遇也, 从辵, 冓聲", "逢, 遇也, 从辵, 禺聲"이라고 互訓한다. 다시 말해 遇는 遭, 遘, 逢의 의미와 상통한다. 段玉裁는 '逢'자의 ≪注≫에서 聲符의 "夆은 啎의 의미다. 啎는 거스르거나 맞이하다는 의미이므로, 이 字는 형성이며 회의를 포함한 글자다.(夆, 啎也. 啎, 逆也, 此形聲包會意.)"라고,[4] 遇, 遭, 遘, 逢의 글자 중 이 逢자만 聲符에 만나다는 의미부호가 있음을 드러낸다. 갑골문을 조사해 보면, 遇와 遭자는 보이지 않고, 遘와 逢자만 보인다. 逢자는 갑골문에 從彳夆聲의 (彳夆)자가 보이는데, 羅振玉과 李孝定은 '逢'자로 釐定하고 地名으로 쓰였다고 한다.[5] 즉 갑골문에서는 아직 逢자가 만나다는 의미로 쓰인 실례는 보이지 않는다. 遘자는 갑골문에 초기의 형태로 (冓)자가 보이고, 이외에도 從止인

---

3) ≪爾雅≫, ≪十三經注疏≫8, 臺北, 藍燈文化事業公司, 23쪽 참조.

4) 淸 段玉裁, ≪說文解字注≫, 臺北, 漢京文化事業有限公司, 1983年9月, 71쪽 참조.

5) 于省吾主編, ≪甲骨文字詁林≫第三册, 北京, 中華書局, 1996年5月, 2301-2302쪽 참조. '夆'자도 보이는데, 地名으로 쓰였다. 같은 책, 875-876쪽 참조.

, 從彳인 , 從彳止인  등 자의 다양한 형태의 孳乳字도 보이는데, 학자들은 이들을 모두 遘자로 보는데 이견이 없다. 다만 의 형상에 대한 해석에는 이견을 보이는데, 李孝定은 "물고기 두 마리가 서로 만나는 형상"[6]으로 보고, 裘錫圭는 ≪설문해자≫에 보이는 冓의 해석과 郭沫若의 '篝'자의 初形이라는 주장을 근거로 "(목재가) 마주 대하여 교차한 형상"[7]으로 본다. 갑골문 의 형상으로 보아, 冓자는 李孝定의 추측처럼 물고기가 서로 만나는 형상이든, ≪설문해자≫의 설명에 근거한 裘錫圭의 주장처럼 목재가 마주 대하여 교차한 형상이든, 두 가지 사물이 우연

---

6) 于省吾主編, ≪甲骨文字詁林≫(第四册, 3141쪽)에 李孝定은 "의심컨대 물고기 두 마리가 서로 만나는 형상으로 遘, 遇의 本字일 것이다. 從辵인 遘는 繁文이다. 오직 이 설은 증거를 댈 수 없으나, 과감하게 주장하여 후일의 고증을 기다린다.(疑象二魚相遇之形, 爲遘遇之本字. 從辵作遘字, 其繁文也. 惟此說殊無左證, 姑妄說之以俟考.)"고 주장한다.

7) 于省吾主編, ≪甲骨文字詁林≫(第四册, 3145쪽)에 裘錫圭는 "갑골문의 冓자는 혹은 從止, 혹은 從彳, 혹은 從辵이나 통용되고 구별이 없다. ≪說文≫에 '冓는 교차되어 쌓인 목재로, 서로 교차되어 있는 형상을 본받은 것이다.'라고 하는데, '마주 대하여 교차한 형상'이라고 말하면 맞으나, '교차되어 쌓인 목재'라고 말하면 정확하지 않다. 小篆에 遘, 構, 篝, 覯, 媾 등의 글자들은 모두 冓자로부터 파생된 것으로, 초기의 형태는 모두 冓자였을 것이다.……'冓'자의 마주 대하여 교차한 형상이 도대체 어떤 형상을 취한 것인지에 대해서, 곽말약은 篝의 초기 형태라고 주장하는데 참고할 만하다.(甲骨文冓字或從止, 或從彳, 或從辵, 通用無別. 說文: 冓, 交積材也, 象對交之形. 謂爲'象對交之形'是對的, 謂爲'交積材'則不確. 小篆遘, 構, 篝, 覯, 媾諸字均由冓字孳乳分化而來, 其初形均當作冓.……至於'冓'字對交之形究竟何所取象, 郭沫若以爲卽篝之初形, 可備一說.)라고 주장한다.

히 서로 만나는 형상임은 분명하다. 그리고 裘錫圭의 분석에 의하면, 갑골문에 보인 冓자는 제사의 명칭, 만나다의 의미, 그리고 人名 등의 용례로 쓰였다.[8)] 따라서 '만나다'의 의미로 쓰인 초기의 글자 형태는 갑골문에 쓰인 와 孳乳字인 從止의 , 從彳의 , 從彳止의  등이다.

금문에는 遘, 遇, 逢자가 보이는데, 遘자는 갑골문과 같이 從彳의  혹은 從彳止의 형태가 보이며, 婚媾의 의미로 引申되어 쓰인 용례만 보인다. 遇자는 從彳止寓聲의 자와 從辵이 없는 가 보이고, 逢자는 從彳艸의 자가 보인다. 금문에 보이는 遇자와 逢자는 만나다의 의미로 쓰였다.[9)] 이상과 같이 갑골문과 금문에 보이는 '만나다'는 의미의 초기 글자들의 용례를 보았을 때, 가장 초기의 문자는 갑골문의 자와 그 孳乳字들이고, 금문에서는 遇자와 逢자의 용례가 보인다. ≪爾雅≫에서 "遘와 逢과 遇와 遻를 보다는 의미의 見"으로 풀고, ≪설문해자≫에서 遇자와 遭, 遘, 逢자들을 互訓하고 있는데, 遘자와 逢자는 만나다는 의미의 聲符가 포함되어 있어 互訓할 수 있음을 알 수 있으나, 遇자와 遭자는 어떻게 만나다는 의미로 쓰였는지 추론하기 힘들다. 그럼에도 불구하고 금문에 보이는 從彳止寓聲의 자로부터, '옛날 산길이나 들길을 가다가 해질녘에 인가를 만난 경우를 遇라고 하지 않았을까'라고 추측해 볼 수 있다. 따라서 遘자의 초기 글자형태가 보여주듯 어떤 두 사물이 우연히 서로 만나는

8) 于省吾主編, ≪甲骨文字詁林≫第四冊, 3145쪽 참조.

9) 容庚編著, ≪金文編≫, 北京, 中華書局, 1985年7月, 97-98쪽 참조.

형상의 의미나, 逢자의 聲符에 내재된 거스르거나 맞이하다는 의미와 遇자가 互訓이 되는 글자임을 ≪爾雅≫와 ≪설문해자≫를 통해 확인할 수 있고, 遇자의 금문 자형 에서도 길을 가다가 우연히 인가를 만나다는 의미를 어떻게 갖게 되었는지 추론할 수 있는 단서가 있으므로, 이 遇자가 본래부터 '우연히 만나다'의 의미로 쓰인 글자였다고 말할 수 있다.

2. 遇字의 用例

이어서 전래 문헌에 쓰인 遇자의 용례를 분석함으로써 그 의미의 변화과정을 살펴보자. 遇자의 어원으로부터 살펴본 '우연히 만나다'의 의미는 전래 문헌의 쓰임에서도 다양하게 볼 수 있다. 먼저 ≪周易≫에 쓰인 예를 보면, <序卦>에 "夬괘의 夬자는 사악한 것을 끊어낸다는 의미다. 사악한 것을 끊어내면 반드시 기쁜 일을 만나게 되니 그러므로 <姤>괘가 이어지며, 姤자는 만나다는 의미다.(夬者決也. 決必有所遇, 故受之以<姤>, 姤者遇也.)"[10]라고 64괘의 순서 중 夬괘 다음에 姤괘가 오는 이유를 마치 사악함을 끊어내면 기쁜 일을 만나게 되는 우연의 순리를 통해 정당화 한다. ≪周易≫은 인간사를 때와 위치의 문제로 보고, 각각의 때와 위치에서 어떤 상황을 만났을 때 어떻게 행동해야 하는가를 설명하려고 하기 때문에, 어떤 상황을 우연히 만난 사

10) 黃壽祺, 張善文, ≪周易譯註≫, 上海古籍出版社, 1989年, 647쪽 참조.

례가 빈번히 보인다. 예를 들면 자연현상을 만나는 경우로, 睽卦에 "가다가 음양의 조화로운 비를 만나니 길하다(往遇雨則吉)"[11]고 하거나, 夬卦에 "군자가 강인하고 과단성 있게 홀로 행한다면, 비록 음양의 비를 흠뻑 젖도록 맞고 혐의를 입어 다른 사람의 분노를 사더라도, 허물이나 해는 없다.(君子夬夬獨行, 遇雨若濡, 有慍, 无咎.)"[12]라고 하며; 사람을 만나는 경우로, 同人卦에 "큰 전쟁에서 승리한 것은 뜻이 같은 자들을 서로 만나 회합하였기 때문이다(大師克相遇)"[13]고 하고, 睽卦에 "골목길에서 예기치 않게 주인을 만나니 허물이나 해가 없다(遇主于巷, 无咎)"[14]고 하거나, "등지고 어긋나 고립되나, 강한 장부를 만나 교유하며 믿으니, 비록 위험한 일이 있다하더라도 허물이 없다(睽孤, 遇元夫, 交孚, 厲无咎)"고 하며; 위험한 것을 만나는 경우로, 噬嗑卦에 "질긴 고기를 씹으면, 고기 중에 독을 만나듯 순조롭지 않아 조금 애석함이 있으나, 해는 없다(噬腊肉, 遇毒, 小吝, 无咎)"[15]고 하는 등 다양한 만남의 경우를 들어 인간사의 길흉을 이야기한다. 그리고 특히 ≪左傳≫에는 84회의 遇자가 보이는데, 그 중 14회가 점을 쳐 어떤 卦를 우연히 만났다는 "遇+卦名"의 경우에 쓰였다. 이처럼 '遇'자는 초기의 문헌 기록에 인간 삶속에서 우연한 만남의 다양한 경우를 표현할 때 동사로 쓰였다.[16]

---

11) 黃壽祺, 張善文, ≪周易譯註≫, 315쪽 참조.

12) 黃壽祺, 張善文, ≪周易譯註≫, 357쪽 참조.

13) 黃壽祺, 張善文, ≪周易譯註≫, 128쪽 참조.

14) 黃壽祺, 張善文, ≪周易譯註≫, 312쪽 참조.

15) 黃壽祺, 張善文, ≪周易譯註≫, 183쪽 참조.

'遇'자는 이렇게 동사로 사용됨과 동시에 동일한 의미를 나타내는 명사로도 사용되는데, 즉 천자와 제후 간의 만남이나, 제후와 제후 간의 만남의 의례를 지칭하는 명칭으로 쓰였다. 먼저 ≪周禮·大宗伯≫에 "[대종백은] 빈례로 방국과 가까이 하는 예를 주관한다. [제후가 왕을]……겨울에 만나는 것을 遇라 한다.……"[17]는 기록이 보인다. 鄭玄은 주석에서 遇禮에 대해 "遇는 우연함을 의미하니, 기약한 모임은 아니나 모두 도달하고자 함을 말한다."[18]고 설명한다. 즉 '遇'禮는 제후가 겨울에 왕을 만

---

16) 유가 경전에 쓰인 '遇'자는 ≪周易≫에 30회, ≪尙書≫에 2회, ≪左傳≫에 84회, ≪穀梁傳≫에 24회, ≪公羊傳≫에 16회, ≪周禮≫에 5회, ≪禮記≫에 12회, ≪毛詩≫에 11회, ≪論語≫에 2회, ≪孟子≫에 8회 등이다.

17) "[대종백은] 빈례로 방국과 가까이 하는 예를 주관한다. [제후가 왕을] 봄에 만나는 것을 朝라 하고, 여름에 만나는 것을 宗이라 하며, 가을에 만나는 것을 覲이라 하고, 겨울에 만나는 것을 遇라 하며, [제후가 불복하는 일이 있을 경우] 때때로 정벌을 하여 만나보는 것을 會라 하고, [왕이 순수를 하지 않은 경우 제후가 천자를] 한꺼번에 만나는 것을 同이라 하며, [왕이 일이 있어 제후를 불러] 때때로 보는 것을 問이라 하고, 여러 제후들을 돌아가면서 불러 보는 것을 視라 한다.([大宗伯]以賓禮親邦國. 春見日朝, 夏見日宗, 秋見日覲, 冬見日遇, 時見日會, 殷見日同, 時聘日問, 殷覜日視.)" ≪周禮≫, ≪十三經注疏≫3冊, 臺灣, 臺中, 藍燈文化事業公司, 275-276쪽 참조.

18) "이 육례는 제후가 왕을 만나보는 것을 예문으로 삼는다. 육복의 땅 안의 제후는 계절 따라 나누어 오니, 혹은 봄에 朝禮하고, 혹은 여름에 宗禮하며, 혹은 가을에 覲禮하고, 혹은 겨울에 遇禮하니, 이름이 틀리고 예가 다르니 바꾸어 번갈아가며 두루 하게 된다. 朝는 아침의 의미와 같으니, 일찍 오기를 바라는 의미다. 宗은 존경의 의미니, 왕을 존경하고자 하는 의미다. 覲은 근면함을 말하니, 왕의 일을 근면하게 힘쓰고자 함을 말한다. 遇는 우연함을 의미하니, 정

나보는 의식으로, 미리 정한 기약은 없으나, 朝禮, 宗禮, 覲禮를 하지 않았다면, 한해가 다하기 전에 왕을 뵈러가야 한다는 의미가 담겨있어, 겨울의 정기모임이 되지 않았을까 생각한다. ≪禮記·曲禮下≫에도 遇禮가 보이는데, 즉 "제후가 정기모임의 날이 (혹은 기약한 날이) 이르지 않았는데, 서로 만나게 된 것을 遇"[19]라고 말한다. <曲禮>편의 遇禮는 제후 간 상견의 예[20]로,

---

기 모임이 아니나(혹은 기약하지 않았으나) 모두 도달하고자 함을 말한다. 때때로 본다는 것은 일정한 기약이 없다는 것을 말한다. 제후 가운데 따르고 복종하지 않은 자가 있으면, 왕이 장차 정벌하는 일이 있게 되니, 이미 왕에게 朝覲禮를 하였으므로, 나라 밖에 단을 만들어 제후를 규합하여 일을 명한다. ≪春秋傳≫에 '일이 있으면 회동하고, 협력하지 않으면 盟誓한다'고 하였으니 이것이다. 殷은 무리와 같은 의미니, 12년 동안 왕이 순수를 행하지 않으면, 육복의 제후가 모두 조회한다. 조례가 이미 끝났으나, 왕은 또 단을 만들어 제후를 규합하여 정사를 명하니, 그 명한 정사의 내용은 왕이 순수하거나, 사방의 제후를 한꺼번에 보거나, 사시에 따라 나누어 오거나 하는 일로, 한해가 끝나면 두루 마치게 된다.(此六禮者, 以諸侯見王爲文. 六服之內, 以時分來, 或朝春, 或宗夏, 或覲秋, 或遇冬, 名殊禮異, 更遞而徧. 朝猶朝也, 欲其來之早. 宗, 尊也, 欲其尊王. 覲之言勤也, 欲其勤王之事. 遇, 偶也, 欲其若不期而俱至. 時見者, 言無常期. 諸侯有不順服者, 王將有征討之事, 則旣朝覲王, 爲壇於國外, 合諸侯而命事焉. 春秋傳曰, 有事而會, 不協而盟, 是也. 殷猶衆也, 十二歲王如不巡守, 則六服盡朝. 朝禮旣畢, 王亦爲壇, 合諸侯而命政焉, 所命之政, 如王巡守, 殷見四方, 四時分來, 終歲則徧.)" ≪周禮≫, ≪十三經注疏≫3冊, 275-276쪽 참조.

19) "제후가 정기모임의 날이(혹은 기약한 날이) 이르지 않았는데, 서로 만나게 된 것을 遇라 하고, 국경 사이의 땅에서 만나는 것을 會라 한다. 제후가 대부로 하여금 다른 제후에게 묻는 것을 聘이라 하고, 약속하여 지키는 것을 誓라 하며, 희생물을 잡아 그것에 임하여 삽혈하는 것을 盟이라 한다.(諸侯未及期相見曰遇, 相見於郤地曰

정현은 주석에서 “이제 만약 이전 정기모임의 날이(혹은 기약한 날이) 이르지도 않았고 또 기약한 땅도 아닌데 갑자기 서로 만나면, 遇禮를 사용하여 서로 대접하므로 遇라 한다.”[21]라고 비교적 상세히 설명한다. 제후 간에 정기모임이 아니나 만나게 된 경우이므로, 비교적 간단한 遇禮로 서로를 접대하면 되었다. 이처럼 ‘遇’자는 통치자들 사이에서 만남의 의식을 표현하는 일종의 명사로도 쓰였다.

선진시기 제후 간에 정기모임 외에 만남이 이루어진 경우를 ‘遇’라 명명한다는 것은 보편적으로 받아들여진 개념으로 보인다. 따라서 그러한 모임을 가리킬 때 ‘遇’자를 사용하여 표현하였다. 동사 ‘遇’를 사용하여 제후 간의 만남을 표현한 사례가 ≪春秋≫ 經文에 7곳이 보이는데, 다음 두 가지 형식으로 표현된다. 즉 첫째는 “某及某遇于地名”; 둘째는 “某某遇于地名”이다. 먼저 첫째의 경우를 보자. 某及某遇于地名 형식의 사례는 4곳에 보이는데, <隱公4年>에 “여름에 은공이 송공에게 가 청 지역에서 만났다.(夏, 公及宋公遇于淸.)”라고 하는데, ≪穀梁傳≫에서는 “及은 노나라가 이 회동에 뜻이 있음을 나타내고, 遇는 뜻을 서로 얻은 것을 말한다.(及者, 內爲志焉爾. 遇者, 志相得也.)”[22]라고

會. 諸侯使大夫問於諸侯曰聘, 約信曰誓, 涖牲曰盟.)” ≪禮記≫, ≪十三經注疏≫5冊, 臺灣, 臺中, 藍燈文化事業公司, 92쪽 참조.

20) “이 절의 내용은 제후가 서로 만나는 예를 말한다.(此一節言諸侯相見之禮也.)” 孫希旦, ≪禮記集解≫, 北京, 中華書局, 1989年2月, 140-141쪽 참조.

21) “今若未至前所期之日, 及非所期之地, 而忽相見, 則並用遇禮相接, 故曰遇也.” ≪禮記≫, ≪十三經注疏≫5冊, 92쪽 참조.

하고, ≪公羊傳≫에서는 "遇는 무슨 의미인가? 정기모임이 아님을(혹은 기약하지 않음을) 말한다. 한 군주가 국경을 나섰는데, 그 나라 군주가 만남을 요청한 것이다.(遇者何? 不期也. 一君出, 一君要之也.)"[23]라고 설명한다. 여기에서 '遇'는 천자와 제후 간에 정기적으로 겨울에 만나는 회동을 지칭하는 명사의 의미가 아니고, 제후 간에 부정기적인 만남으로,[24] 따라서 여름에 만나는 것이어서 정기모임이 아님을 나타내기 위해 '遇'자를 동사로 사용하고 있다. <莊公23年>[25]과 <莊公30年>[26]에도 제

---

22) ≪穀梁傳≫, ≪十三經注疏≫7冊, 20쪽 참조.

23) ≪公羊傳≫, ≪十三經注疏≫7冊, 30쪽 참조. 여기서 주목할 사항은 經文의 隱公이 宋公을 만나는데, ≪穀梁傳≫은 隱公이 만나려는 뜻이 있는 것으로 설명하지만, ≪公羊傳≫은 宋公이 만날 것을 요청한 것으로 설명하고 있다. ≪左傳≫에는 설명이 없어, 어느 것이 史實에 부합한 지 확인할 수 없다.

24) 何休는 ≪注≫에서 遇禮에 대해 다음과 같이 설명한다. "옛날에 遇禮가 있는데, 천자에게 조회하고, 그 조회를 마치고 어느 아침 갑자기 길에서 만나면, 가까운 자는 주인이 되고 먼 자는 손님이 되어 선군을 칭하면서 서로 접대한다. 그럼으로써 禮讓을 숭상하고 태만하고 경솔함을 끊으려 하였다. 춘추시기에 천자 나라의 출입에 법도가 없어, 재화와 어지러움 간교함과 도적질이 남을 헤아림이 없는 경우에 많이 발생하고, 일이 없는데도 갑자기 만남을 요구하면 소인은 의심의 마음이 생겼다. 그러므로 이를 중시하여 기록함으로써 화의 근원을 예방하려 한 것이다.(古者有遇禮, 爲朝天子, 若朝罷, 朝卒相遇于塗, 近者爲主, 遠者爲賓, 稱先君以相接, 所以崇禮讓, 絕慢易也. 當春秋時, 出入無度, 禍亂姦宄, 多在不虞, 無故卒然相要, 小人將以生心, 故重而書之, 所以防禍原也.)" ≪公羊傳≫, ≪十三經注疏≫7冊, 30쪽 참조.

25) "莊公이 齊侯에게 가 곡 지역에서 만났다.(公及齊侯遇于穀.)" ≪穀梁傳≫에 동일한 설명이 보인다. 즉 "及者, 內爲志焉爾. 遇者, 志相得也." ≪穀梁傳≫, ≪十三經注疏≫7冊, 59쪽 참조.

후 간의 만남을 언급하는 내용에 동일한 의미로 遇字를 사용한다. 그러나 <僖公14年>에는 제후의 딸과 제후와의 만남을 언급한 내용이 보인다. 즉 "여름 6월에 僖公의 딸 季姬가 繒[27]나라 군주에게 가 防 지역에서 만났고, 繒나라 군주로 하여금 조회하러 오게 하였다.(夏六月, 季姬及繒子遇于防, 使繒子來朝)" 이에 ≪穀梁傳≫은 설명하길, "遇는 함께 도모했다는 뜻이다. 來朝는 '와서 자기를 부인으로 삼기를 청하라'는 뜻이다. 朝라 하고 使라고 말하지 않은 것은 使臣으로서 바르지 않음을 말함으로써 繒나라 군주를 허물하려는 것이다.(遇者, 同謀也, 來朝者, 來請已也. 朝不言使, 言使非正也, 以病繒子也.)"[28]라고 한다. ≪穀梁傳≫은 이전 세 곳의 事例의 '뜻을 서로 얻는다(志相得)'는 釋例와 달리, 이 事例에서는 '遇'자를 사용한 이유를 '함께 도모했기 때문이다'라고 설명한다. 어찌됐든 ≪春秋≫ 經文에서 '遇'자를 사용한 의도에 대해 ≪穀梁傳≫은 모두 두 사람 간에 서로 정기

---

26) "겨울에 莊公이 齊侯에게 가 魯의 濟水에서 만났다.(冬, 公及齊侯遇于魯濟.)" ≪穀梁傳≫에 동일한 설명이 보인다. 즉 "及者, 內爲志焉爾. 遇者, 志相得也." ≪穀梁傳≫, ≪十三經注疏≫7册, 65쪽 참조.

27) '繒'자는 ≪公羊傳≫에 '鄫'자로 되어 있으며, 이 字가 마땅히 나라 이름을 가리키는 것으로 옳다.

28) ≪穀梁傳≫, ≪十三經注疏≫7册, 83쪽 참조. ≪公羊傳≫에는 '遇'자에 대한 설명은 없지만, 모임의 성격에 대해 다음과 같이 설명한다. "鄫나라 제후는 무엇 때문에 季姬가 시키는 대로 입조하였는가? [이 표현은] 노나라의 측의 말이다. 노나라에 입조하게 한 것이 아니라, 자기에게 청혼하게 한 것이다.(鄫子曷爲使乎季姬來朝, 內辭也. 非使來朝, 使來請已也.)" ≪公羊傳≫, ≪十三經注疏≫7册, 137쪽 참조.

모임은(혹은 기약한 모임은) 아니지만, 만나게 된 것은 뜻이 서로 맞았을 경우라고 설명하고 있다.

둘째의 경우는 某某遇于地名의 형식으로, 사용된 사례는 3곳에서 보인다. <隱公8年>에 "봄에 송공과 위나라 제후가 수 지역에서 만났다.(春, 宋公衛侯遇于垂)."라고 하는데,[29] ≪穀梁傳≫은 "정기모임은 아니지만(혹은 기약하지 않았지만) 모인 것을 遇라 하고, 遇는 뜻을 서로 얻은 것을 말한다.(不期而會曰遇, 遇者志相得也.)"[30]고 설명한다. 정기모임은 아니지만 모임이 이루어졌고, 만남이 이루어진 것은 서로 간의 뜻에 부합했음을 의미하므로 '遇'자를 사용하여 표현한 것이다. 서로 간에 뜻이 부합했다는 것은 무슨 의미인가? 아마도 何休가 ≪公羊傳≫의 ≪注≫에서 "宋公을 위에 놓은 것은 당시에 衛侯가 宋公을 만나자고 요청하였으므로, 만날 생각을 하지 않았던 송공으로 하여금 모임의 주인이 되게 하여, 마땅히 경계하고 신중할 것을 밝힌 것이다.(宋公序上者, 時衛侯要宋公, 使不虞者爲主, 明當戒愼之.)"[31]라고 하듯이, 衛侯가 宋公을 만나고자 하였고, 宋公도 응하였으므로 두 사람의 뜻이 서로 부합하였다고 말할 수 있다. <莊公32年>에 보이는 동일한 형식의 經文 "宋公과 齊侯가 梁丘 지역에서 만났다.(宋公齊侯遇于梁丘)"에 대한 ≪穀梁傳≫의 설명은 何休 ≪注≫의 내용과 상응함을 잘 보여준다. 즉 "遇는 뜻을

29) <莊公4年>에도 동일한 형식의 經文이 보인다. 즉 "夏, 齊侯陳侯鄭伯遇于垂."

30) ≪穀梁傳≫, ≪十三經注疏≫7冊, 23쪽 참조.

31) ≪公羊傳≫, ≪十三經注疏≫7冊, 38쪽 참조.

서로 얻은 것을 말한다. 梁丘 지역은 曹와 邾 사이에 있으며, 제나라와 팔백 리 떨어져 있다. [제환공이] 제후들을 데리고 갈 수 없는 것이 아니었으나, 만나고자 한 제후들을 사양하고 만나지 않고자 한 사람(宋公)을 만났다고 한 것은 제환공을 높인 것이다.(遇者, 志相得也. 梁丘在曹邾之間, 去齊八百里, 非不能從諸侯而往也, 辭所遇, 遇所不遇, 大齊桓也.)"[32] 何休의 ≪注≫에 따르면 뒤에 기록된 齊桓公이 앞에 기록된 宋公을 만나고자 요청한 것이고, 만날 생각을 하지 않았던 宋公은 당시 霸王이었던 桓公이 도중의 다른 제후와의 만남을 거절하고 팔백 리 먼 길을 만나러 왔으므로 만남을 피할 수 없었을 것이나, 경계하고 신중해야함은 당연하게 보인다. 정기모임은 아니나(혹은 기약한 모임은 아니나) 제후 간의 요청에 의해 모임이 성사된 경우 동사 '遇'를 사용하였음을 보여준다.

앞의 두 형식의 經文은 만남이 이루어진 경우를 '遇'자로 표현하지만, 또한 만남이 이루어지지 않은 경우는 '弗遇'라고 표현한 곳도 있다. 이 사례는 <桓公10年>에 "가을에 桓公이 衛侯를 도구[33] 지역에서 회동하려 했으나 만나지 못했다.(秋, 公會衛侯于桃丘, 弗遇)"는 經文이 보이는데, ≪穀梁傳≫에서는 "만나지 못했다는 것은 뜻을 서로 얻지 못했음을 말한다. 弗은 노나라 입장의 말이다.(弗遇者, 志不相得也, 弗, 內辭也.)"[34]라고 설명하고,

---

32) ≪穀梁傳≫, ≪十三經注疏≫7册, 65쪽 참조.

33) 앞에서 인용한 ≪禮記·曲禮下≫에 "국경 사이의 땅에서 만나는 것을 會라 한다(相見於郤地曰會)"고 하였으니, 모임 장소인 桃丘는 衛나라 땅이라 하지만, 국경에 인접한 곳일 것이다.

34) ≪穀梁傳≫, ≪十三經注疏≫7册, 37쪽 참조.

≪公羊傳≫에서는 “회동했다는 것은 무슨 뜻인가? [모임을] 기약했다(혹은 정기모임이다)는 말이다. 만나지 못했다는 것은 무슨 뜻인가? 환공이 衛侯의 만남의 요청을 받지 못했음을 말한다.(會者何, 期辭也. 其言不遇何, 公不見要也.)”[35]한다. 이 모임을 누가 주창하였는지에 대해서는 范甯의 ≪穀梁傳≫ 주석과 何休의 ≪公羊傳≫ 주석이 다르다. 范甯은 “회동을 주창한 자는 衛인데, 魯는 桃丘에 이르렀으나, 衛는 오지 않았으므로, 弗遇라고 기록함으로써 치욕의 마음을 상쇄한 것이다.(倡會者衛, 魯至桃丘而衛不來, 故書弗遇, 以殺恥.)”[36]라고 말하며, 위나라가 魯와 모임을 주동하고서 오지 않아, 魯公이 수치심을 느꼈을 것임으로 弗遇라고 표현함으로써 그 마음을 상쇄했다고 말하나; 何休는 “당시 사실은 환공이 衛侯를 만나고자 하였으나, 위후가 만나려고 하지 않았다. 환공이 예가 아닌 것으로써 움직이므로, 거절을 당하여 수치심을 갖게 되었다. 그러므로 회동하려 했으나 서로 만나지 못했다고 함으로써 피휘한 것이다. 弗遇라고 말한 것은 먼저 환공이 만남을 요청하였기 때문이다.(時實桓公欲要見衛侯, 衛侯不肯見. 公以非禮動, 見拒有恥, 故諱使若會而不相遇. 言弗遇者, 起公要之也.)”[37]라고 말하며, 먼저 魯桓公이 만나자고 하였으나, 衛侯는 환공이 형 隱公을 시해하고 왕위에 오른 인물이므로 만나려 하지 않아 만남이 성사되지 못하였기 때문에, 弗遇라고 표현했다고 설명한다. ‘弗遇’하게 된 원인이 누구

35) ≪公羊傳≫, ≪十三經注疏≫7冊, 61쪽 참조.

36) ≪穀梁傳≫, ≪十三經注疏≫7冊, 37쪽 참조.

37) ≪公羊傳≫, ≪十三經注疏≫7冊, 61쪽 참조.

에게 있든, 제후 간에 회동을 위해 한쪽에서 만남을 요구하여 성사되지 않은 경우, 弗遇라고 표현함을 알 수 있다.

이상에서 ≪周易≫과 ≪春秋≫에 쓰인 '遇'의 용례를 중심으로 그 의미의 변화를 살펴보았다. ≪周易≫에서는 인간이 당면한 각종 상황에서 어떻게 행동할 것인가를 설명하면서, 우연한 만남을 표현하는 '遇'자의 다양한 예를 볼 수 있었다. 그리고 특히 禮儀문화 속에서 왕과 제후 간의 만남에서 봄과 여름 그리고 가을의 정기모임에 만나지 못한 경우, 한해가 다 가기 전인 겨울에 정기적인 모임처럼 만나는 모임의 명칭을 '遇'라 하였다. 뿐만 아니라 제후와 제후 간의 모임에서도 정기모임이 아닌데 (혹은 기약하지 않았는데) 서로 만나는 모임을 '遇'라 칭한다. 이런 비정기적인 모임을 지칭하는 명칭으로 사용된 명사 '遇'는 그런 모임을 지칭하는 동사로 사용된 예가 ≪春秋≫에 다양하게 보인다. ≪穀梁傳≫과 ≪公羊傳≫은 각자의 입장에서 모임의 성격에 대해 때로는 서로 상반된 해석을 하기도 한다. 그러나 예의문화 속에서 비정기모임 즉, 우연한 모임의 성격을 지칭하는 동사로 자주 사용되었음을 말해준다. 이렇게 예의문화의 배경 속에서 천자와 제후, 혹은 제후와 제후의 비정기적 혹은 우연한 만남을 표현할 때 '遇'자를 사용하게 됨으로써, 인간관계의 우연한 측면을 표현하는 보편적 개념을 함의하는 단어로 그 의미의 외연이 확대되었다고 할 수 있다. 이런 과정에서 우리의 관심 주제인 '군주와 신하의 관계'를 나타낼 때, 항상 내포된 우연성을 표현할 수 있는 가장 적절한 단어로 '遇'자가 사용되었다고 추론할 수 있다.

3. 遇不遇의 神話的 形象

지금까지 어원과 문헌에 쓰인 용례를 중심으로 사회 문화적 배경 속에서, '遇'자가 어떻게 '우연히 만나다'의 개념을 표현하는 단어로 쓰이게 되었는가를 살펴보았다. '遇'자의 이런 개념이 君臣 간의 '遇不遇' 개념을 나타내는 용어로 쓰이게 된 시기는 대체로 ≪荀子≫ 前後시기(BC298-BC238)로 보인다.[38] ≪荀子≫보다 조금 후의 문헌인 ≪呂氏春秋·報更≫편에도 君臣 간의 遇와 不遇를 나타내는 적절한 예가 보인다. 즉 "張儀는 魏氏의 서자로 장차 서쪽으로 秦나라에 가서 유세하려고 하면서 東周를 지나게 되었다. 식객 중에 昭文君에게 이 사실을 알리는 자가 있었는데, 말하길 '魏氏 사람 張儀는 재능 있는 선비로 장차 서쪽으로 秦나라로 유세하러 가니 원컨대 군주께서 그를 예를 갖추어 대하십시오'라고 하였다. 昭文君은 張儀를 만나자 그에게 말하길, 손님께서 秦나라로 가신다고 들었습니다. 과인의 나라는 작아 손님을 머물게 하기는 부족하지만, 유세하러 가신다고 반드시 (군주와 뜻이) 遇할 수 있겠습니까? 손님께서 혹시라도 不遇하게 되면, 과인을 위해 한번 돌아와 주십시오. 나라는 비

---

38) ≪荀子·宥坐≫편에 "무릇 遇不遇는 때의 문제이다(夫遇不遇者, 時也.)"라고 하고, ≪荀子≫와 같은 시기이거나 조금 이른 시기의 문헌으로 여겨지는 <窮達以時>에도 "遇不遇는 하늘의 문제다(遇不遇, 天也)"라고 하는 언급이 보인다. 이 두 문헌의 내용에 대한 자세한 논의는 졸문 <遇不遇 개념의 역사적 논의 과정에 대한 소고>(≪中國人文科學≫第四十六輯, 2010年12月) 239-243쪽 참조.

록 작지만, 손님과 함께 하고자 합니다.(張儀, 魏氏餘子也, 將西遊於秦, 過東周. 客有語之於昭文君者曰, 魏氏人張儀, 材士也, 將西遊於秦, 願君之禮貌之也. 昭文君見而謂之曰, 聞客之秦. 寡人之國小, 不足以留客. 雖游然豈必遇哉? 客或不遇, 請爲寡人而一歸也, 國雖小, 請與客共之.)"[39]라고 하였다. 昭文君이 張儀에게 한 말 중, 張儀의 유세 내용과 秦나라 군주의 뜻과 맞으면 遇이고 맞지 않으면 不遇라고 하여, 군신 간에 만남이 성사될 지의 여부를 遇와 不遇로 표현하고 있다. 뿐만 아니라, ≪呂氏春秋·遇合≫편에서도 '遇不遇'의 문제를 논한다. 그러나 이 글의 논지는 주로 통치자의 입장에서 士人과의 遇合 문제만을 논한다.[40] 이후 '遇不遇'의 문제는 ≪孔子家語·在厄≫, ≪韓詩外傳≫, ≪說苑·雜言≫, ≪論衡·逢遇≫ 등에서 보다 구체적으로 논의된다.[41]

遇不遇 문제에 대한 이들 문헌의 논의를 일별해 보면, 신화적

39) 高誘注, ≪呂氏春秋≫, ≪諸子集成≫第九册, 河北人民出版社, 1986年4月, 169쪽 참조.

40) 시작 부분에 "무릇 만난다는 것은 시기에 적합해야 하니, 시기에 적합하지 않으면 반드시 적합한 때를 기다린 후에 행해진다.(凡遇, 合也. 時不合, 必待合而後行.)"고 하며, 통치자가 "무릇 마땅히 만나지 말아야 하는데 만나면 반드시 버려지고, 마땅히 만나야 하는데 만나지 못하면, 이는 나라가 어지러워지는 이유이고, 세상이 쇠미해지는 원인이다. 천하의 백성들이 괴롭고 수고스러운 것은 이로부터 생겨난다.(夫不宜遇而遇者則必廢, 宜遇而不遇者, 此國之所以亂, 世之所以衰也. 天下之民, 其苦愁勞務從此生.)"고 주장한다. 高誘注, ≪呂氏春秋≫, ≪諸子集成≫第九册, 153-155쪽 참조.

41) 이들 문헌의 遇不遇 개념에 대한 논의는 졸문 <遇不遇 개념의 역사적 논의 과정에 대한 소고>(≪中國人文科學≫第四十六輯, 2010年12月) 244-248쪽 참조.

인물들의 전형화 된 언급들이 주목을 끈다. 중국 문명의 초기단계에 출현하는 신화적 인물 중 堯, 舜, 禹, 湯, 關龍逢, 伊尹, 傅說, 比干, 呂望, 盜跖 등은 遇와 不遇의 경우를 설명하는 선례로 이들 문헌에 자주 등장한다. 그 중에는 신화 인물과 역사 인물이 혼재되어 있지만,[42] 중국인들은 이들을 모두 고대사의 실존적 인물로 매우 보편적으로 받아들인 것이다. 이들 인물 중 요와 순의 신화적 구조 속에 드러난 遇不遇 틀을 분석함으로써, 후대 문헌 기록에서 이들에 대한 유관 기록의 전형화 된 표현이 왜 자주 등장하는가의 유래를 살펴보려고 한다. 앞에서 언급한 문헌에 보이는 遇不遇에 대한 논의 내용은 대체적으로 다음과 같이 요약할 수 있다. 가장 중요한 개념은 먼저 '만나고 만나지 못함을 때의 문제'로 보는 것이다. 이는 마치 인생에서 현명하고 불초함이 재능의 문제이고, 죽고 사는 것이 운명에 달려 있으며, 하고 하지 않음은 사람의 일인 것처럼 인간의 힘으로 어떻게 할 수 없는 문제로 본다. 그렇기 때문에 關龍逢+桀, 比干+紂, 伍員+夫差처럼 賢臣이 昏君(亂世)를 만나 不遇할 수도 있고, 舜+堯, 傅說+武丁, 呂望+文王, 管夷吾+齊桓公, 百里奚+晉穆公, 孫叔敖+楚莊王처럼 賢臣이 賢君을 만나 遇할 수도 있다. 또는

---

42) 사라 알란은 중국 고대 문헌의 기록에는 신화 인물의 역사화뿐만 아니라 역사 인물의 신화화 현상도 동시에 보인다고 주장한다. 즉 "마스페로는 중국신화의 결핍을 신화적 인물들이 역사화 되면서 그들의 초자연적 형상이 인간의 모습으로 변하는 과정, 즉 신화가 곧 역사라는 신화역사화(euhemerization) 탓으로 돌린다. 그러나 문헌은 역사화 된 초자연적 인물의 내용을 포함하고 있을 뿐만 아니라, 고대 역사에서의 신화화된 인물의 내용도 포함한다." 사라 알란 지음, 오만종 옮김, ≪선양과 세습≫, 예문서원, 2009년, 67쪽 참조.

같은 군주를 섬기는데 伍員은 죽고(賢臣+昏君=不遇) 帛喜는 존귀하게 된 것은(昏臣+昏君=遇) 군주를 섬기는 마음가짐이 달랐기 때문이고, 伊尹과 箕子는 마음가짐은 같았으나 섬기는 군주가 달라 伊尹은 成湯의 재상이 되고(賢臣+賢君=遇) 箕子는 商紂노예가 된 경우도 있으며(賢臣+昏君=不遇); 孔子·孟子가 끝내 不遇한 것은 군주가 재능이 부족하고 지혜가 천박하기 때문이고(大才臣+淺才君=不遇); 虞舜이 唐堯를 만나 천자의 자리를 계승하였으나(大才臣+大才君=遇), 許由는 唐堯를 만나 은거한 경우도 있고(大才臣+大才君=不遇); 혹은 堯는 흐리고 舜은 혼탁하며, 武王은 잔학하고 太公은 포악하여 만났다고도 하고(昏君+昏臣=遇); 舜이 천하를 다스릴 때 北人無擇은 은거하였고(賢君+賢臣=不遇), 禹가 천하를 다스릴 때 伯成子高는 관직을 버리고 농사를 지은 경우도 있다(賢君+賢臣=不遇).[43] 이 외에도 다른 다양한 遇不遇의 경우를 분석하고 있지만, 여기서는 비교적 전형적인 틀을 구성하는 경우와 신화적 인물의 형상을 중심으로 정리하였다.

위의 분석에서 보듯이, 君臣 관계에서 遇하게 되고 不遇하게 되는 원인은 때의 문제이기 때문에 일정하지 않으며, 8가지 경우의 수 중 4가지 형식만 언급된다.

---

43) 여기에서 언급하고 있는 遇不遇의 사례는 ≪荀子·宥坐≫, <窮達以時>, ≪韓詩外傳≫, ≪論衡·逢遇≫편의 유관 내용 중 전형적인 사례를 중심으로 정리한 것이다. 더 구체적 분석은 졸문 <遇不遇 개념의 역사적 논의 과정에 대한 소고>(≪中國人文科學≫第四十六輯, 2010年12月) 참조.

賢臣+昏君=不遇(大才臣+淺才君=不遇)

賢臣+賢君=遇(大才臣+大才君=遇)

賢臣+賢君=不遇(大才臣+大才君=不遇)

昏臣+昏君=遇

여기에 빠진 4가지 경우의 수는 다음과 같은 이유 때문에 언급되지 않았을 것이다. 賢臣+昏君=遇의 경우는 결국에 不遇하게 되고, 昏臣+昏君=不遇의 경우는 결과적으로 당연하며, 昏臣+賢君=不遇(혹은 遇)의 경우는 遇하더라도 결국은 不遇하게 됨으로 논의의 대상에서 제외되었다고 생각된다.

戰國시기에서 漢代까지의 문헌에 보이는 君臣 간의 遇不遇 관계를 논한 경우의 수는 중국문명 초기의 신화인물과 관련한 왕조교체의 전설 속에 이미 드러난다. 본 장에서는 이를 증명하기 위해 이와 관련한 사라 알란(Sarah Allan)의 연구 성과를 인용할 것이다. 그녀의 연구에 의하면, "고대 중국인들은 확실히 현대인과는 다르게 조상들이 살았던 신화시기가 있었다고 여겼다. 이 신화 시기와 관련된 많은 문화적인 면의 영웅과 초자연적 업적 및 인물들이 있다. 여기서 다루는 전설세트의 초기 인물로는 왕조 이전 즉 唐虞 시기의 영웅이었던 堯와 舜, 禹를 들 수 있다. 왕조 변천의 구조적 모델로 이 인물들을 이용하였는데, 이는 요에서 순으로 순에서 우로 바뀌는 통치권의 변화구조가 일치하기 때문이다. 시간의 진행순서에 따라 한 왕조의 시기는 다른 왕조를 이었지만, 그 구조는 변하지 않았다. 이러한 의미에서 신화 시기는 현재와 연결되어 있고, 현대인들의 행위는 정통성을 갖는다."[44]라고 말한다. 사라 알란은 신화시기의 인물인 堯·

舜·禹 사이에 보인 왕위 전환과정의 구조가 일치하며, 고대중국인들은 후대 夏·商·周 왕조교체의 모델로 이들을 이용하였다고 주장한다. 이를 증명하기 위해 신화와 관련된 단편적 문헌 기록들을 분석한 결과 각 전설의 심층구조를 드러낸, 다음과 같은 전설세트를 구성하였다.

```
許由            善卷
 |               |
堯 — 舜         舜 — 禹
 |               |
丹朱            商均
```

사라 알란의 이 도표는 권력전환의 관계를 밝히는 목적으로 만들어졌으며, 요에서 순으로 순에서 우로의 구조가 완전히 같음을 볼 수 있다.[45] 도표에서 군신 간의 관계에 관해 앞에서 분석한 경우의 수를 모두 읽어낼 수 있다. 堯에서 舜의 권력전환 구조는 유가사상과 관련된 문헌에서는 성군인 堯가 현명한 舜에게 권력을 禪讓한 관계로 보기 때문에, 賢臣+賢君=遇(大才臣+大才君=遇)의 관계로 설명할 수 있다. 그러나 ≪韓非子≫와 ≪古本竹書紀年≫과 같은 법가사상과 관련된 문헌에서는 舜이 堯를 전복하거나 핍박했다고 기록하므로[46], 昏臣+賢君=不遇의 관계

44) 사라 알란 지음, 오만종 옮김, ≪선양과 세습≫, 72-73쪽 참조.

45) 사라 알란 지음, 오만종 옮김, ≪선양과 세습≫, 303쪽 참조.

46) 법가들의 이런 관점에 대한 논의는 사라 알란 지음, 오만종 옮김, ≪선양과 세습≫, 84-85, 280-286쪽 참조. 저자는 "≪한비자≫에

로 볼 수 있고, 또는 앞에서 언급한 ≪論衡·逢遇≫에서 "堯는 흐리고 舜은 혼탁하다"고 한 것으로 보아, 昏臣+昏君=遇의 경우로도 볼 수 있다.

堯와 許由의 관계는 일반적으로 도가계열의 문헌에 보이는데, 堯가 許由에게 천하를 양도했을 때, 그는 舜과 달리 왕위를 거절한다. 許由와 舜은 모두 성현이지만, 舜은 왕위를 받아들임으로써 상대적으로 탐욕의 오명을 남겼으나, 許由는 거절함으로써 의로움(義)을 중시하고 이끗(利)을 경시하는 인물의 역할을 한다. 이 두 사람의 군신 관계는 賢臣+賢君=不遇(大才臣+大才君=不遇)의 관계로 볼 수 있을 뿐만 아니라, 허유의 입장에서 보면 堯는 권력의 탐욕에 빠져있으므로, 賢臣+昏君=不遇(大才臣+淺才君=不遇)의 경우로도 볼 수 있다. 그리고 堯와 丹朱의 관계는 父子 관계로 세습계승권을 갖고 있으나, 丹朱의 不德으로 인해 왕위를 계승하지 못하게 되었으니, 이는 昏臣+賢君=不遇의 경우로 볼 수 있다. 舜에서 禹로의 권력전환 구조도 堯에서 舜으로의 구조와 동일하므로, 君臣 간의 관계도 유사하게 설명할 수 있을 것이다.

神話시기 인물인 堯·舜·禹가 서로 왕위를 전해주는 과정에 드러난 권력전환의 구조 속에는 그것을 기록하였던 후대인들의 왕권교체에 대한 여망과 이상이 반영되어 있을 것이다. 중국인들이 생각했던 왕권교체에는 禪讓과 世襲이라는 두 가지 틀이

서는 순이 백성들을 자기 주위에 모았다는 것으로 전복행위를 암시하고, 신하들에게 '순이 요를 핍박했다(舜偪堯)'고 말하는 설객들을 경고하는 반면, ≪고본죽서기년≫에서는 순이 요를 감금했다고 노골적으로 말한다."라고 주장한다.

항상 중재기능을 하면서 작동한 것으로 보인다. 따라서 왕이 계승자를 선택하는 과정에서 자식과 덕 있는 신하를 항상 동시에 고려함으로써 다양한 변환 가능성을 열어 놓고 있다는 것을, 위의 신화의 구조는 잘 반영하고 있다. 본 논의의 주제인 君臣 간의 遇不遇의 시각에서 위의 신화 구조를 보았을 때도, 비록 유가·도가·법가의 문헌에 따라 관점이 바뀌기는 하지만, 그 신화의 틀 속에는 遇와 不遇의 다양한 관계가 내재 되어있음을 볼 수 있다.

4. 맺는 말

본 장에서는 먼저 '우연한 만남'이라는 개념을 표현하는 글자로서 '遇'자가 그 초기 형태에서 어떻게 그러한 개념을 나타내게 되었는지를 글자의 어원을 통해 증명하려고 하였다. 그 후 이런 의미의 '遇'자가 실제로 어떤 경우에 쓰였는가를 선진 문헌을 중심으로 살펴봄으로써 '우연한 만남'의 상황에 '遇'자가 사용되었음을 논증하였다. 먼저 ≪周易≫의 용례를 분석한 결과, '遇'자는 동사로서 각종 인간사의 우연한 만남의 상황에 사용되었음을 보았다. 그리고 ≪春秋≫에 보이는 용례에서는, 중국의 禮儀문화 배경에서 천자와 제후 간의 四季節의 정기모임 중에 겨울의 모임을 지칭하는 명사로 '遇'자가 사용되었으며, 아울러 제후 간의 비정기적인 혹은 사전에 기약하지 않은 모임을 나타내는 동사로 사용된 경우를 분석하였다. 이런 분석을 통해 초창기의 '遇'자가 갖고 있는 단순한 '우연한 만남'의 의미가, 예의문화의 배경 속에서 천자와 제후, 혹은 제후와 제후 간의 비정기적 혹은 우연한 만남을 표현하는 단어로 자주 사용됨으로써 그 의미의 외연이 확대되었음을 알 수 있다. 그리고 이런 의미 외연의 확대를 통해 다양한 인간사의 우연한 만남을 나타내는 보편적 개념을 함의하는 단어로 '遇'자를 사용하게 되었다고 본다. 따라서 본 장의 주제인 '군주와 신하의 관계'에 내포된 우연성을 표현할 수 있는 가장 적절한 단어로 '遇'자가 사용되었다고 추론할 수 있다.

遇不遇의 관점에서, 神話시기 인물인 堯·舜·禹의 왕권교체에 관한 후기 문헌에 표현된 신화구조를 분석한 결과, 그 구조의 틀 속에 遇와 不遇의 다양한 관계가 함축되어 있음이 드러났다. 비록 그 신화구조 속에 禪讓과 世襲이라는 王權移讓의 두 가지 틀이 중요하게 작동하지만, 그 이면에는 또한 君臣 간의 遇不遇 관계가 유가·도가·법가의 관점에 따라 다양하게 변할 수 있는 가능성도 있음을 볼 수 있다. 신화 인물들의 왕권교체 구조 속에 표현된 각종 遇不遇의 경우는 후기 각종 문헌의 관련 기록에서 자세한 예시와 함께 상세히 논의된다.[47]

'遇不遇'의 개념에 관한 이런 철학적 논의의 토양 하에 漢代에 이르면 중국문학사에서 중요한 주제의 하나인 '不遇' 주제의 작품[48]이 창작되기 시작한다. 그 후 '遇不遇' 주제의 문학작품은 '士不遇'의 전형적인 君臣 간의 경우뿐만 아니라, '尋隱者不遇'와

47) 졸문 <遇不遇 개념의 역사적 논의 과정에 대한 소고>, 233-250쪽 참조.

48) 그 예로 동중서의 <士不遇賦>와 사마천의 <悲士不遇賦>가 있다.

같은 생활 속에서 만나게 되는 다양한 우불우의 감정을 문학적으로 승화한 작품으로 그 창작 영역이 확대된다. '遇不遇' 개념에 대해, 그 개념의 형성과 철학적 논의 그리고 문학작품으로의 승화 과정을 살펴볼 때, 중국문학사에서 초창기에 시를 통해 작가의 정치사상적 뜻을 표현한다는 "詩言志"[49]라는 개념이 먼저 생겨나고, 후에 문학 본연의 기능인 감정을 표현한다는 "詩緣情"[50] 개념이 생겨난 현상과 그 궤적을 같이한다고 볼 수 있다.

---

49) "詩言志"는 ≪尙書·堯典≫에 나오는 기록으로 중국문학이론의 비조격인 綱領이다. 여기에서 '志'의 함의가 무엇인가에 대한 논의는 陳伯海, ≪中國詩學之現代觀≫(上海古籍出版社, 2006, 25-32쪽 참조)의 <釋詩言志> 장에 자세히 논하고 있다. 陳씨는 "시가의 '志'는 원고시기의 巫術이나 종교 활동과 연결되는 인간의 집단적 祝咒意向으로부터 예악문명의 제도가 확립된 후 정치적 교화나 인륜의 규범과 관련이 있는 志向과 懷抱를 포함하는 내용으로 변화되었는데, 이것은 자연스런 일이며, 또한 '志'가 예악문명시기로 접어든 후의 정형화된 의미다."라고 주장한다.

50) "詩緣情"은 西晉시기 陸機(261-303)의 <文賦>에 보이는 내용이다. 육기는 <文賦>에서 詩·賦·碑·誄·銘·箴·頌·論·奏·說 등의 문체의 풍격에 대해 설명하면서, "시는 감정을 따라 표현하면서도 아름답다.(詩緣情而綺靡)"고 정의한다. 蕭統選編, 李善等註, ≪六臣註文選≫, 杭州, 浙江古籍出版社, 1999年3月, 293쪽 참조.

遇不遇 개념의 형성

제2장 遇不遇 개념의 논의 과정

제2장

遇不遇 개념의 논의 과정

1. ≪論語≫의 陳蔡之間 고사

인간은 누구나 세상에 대해 정도의 차이는 있겠으나 '懷才不遇'하다는 느낌을 갖기 마련일 것이다. 현대를 사는 우리는 신분의 제약이 없고, 개인의 자유의지에 의해 미래를 설계하기 때문에 인생의 성공여부를 대부분 개인의 책임으로 돌린다. 그러나 봉건사회인 중국의 고대시기에는 개인의 인생을 개척하는데 신분제도, 人才選拔制度의 미비 등의 사회적 요인으로 인하여 현대인보다 훨씬 많은 제약이 있었다. 자신의 주관적 조건이 아무리 뛰어나더라도 미래는 여전히 예측할 수 없었을 것이다. 뛰어난 재능을 갖고 있어도 마음껏 능력을 발휘할 수 있는 기회조차 가질 수 없는 경우도 허다하였다. 따라서 자연스럽게 고대 중국인들은 인생의 성공과 실패의 원인에 대해 심사숙고 하게 되었다. 그리고 그 원인을 '遇와 不遇'라는 개념을 중심으로 '才와 不

才’ ‘命과 不命’ 등의 다양한 조건과 연관 지어 여러 문헌에서 논술하고 있다. 본 장에서는 東漢 王充의 ≪論衡·逢遇≫편에 보이는 ‘遇不遇’ 개념의 연변 과정을 역으로 거슬러 올라가 살펴보고자 한다. 고찰 대상 문헌은 ≪論語≫, ≪墨子≫, ≪莊子≫, ≪荀子≫와 郭店에서 출토된 전국시기 문헌인 <窮達以時>, ≪韓詩外傳≫(≪孔子家語≫, ≪史記≫, ≪說苑≫) 등이다.

遇不遇는 양자 사이의 관계 문제이다. 즉 세상에 뜻을 펴 보려는 선비(士)는 자신이 처한 세상과의 상황이 조화를 이루어야 ‘遇’하게 되고 그렇지 못하면 ‘不遇’하게 된다. 遇하기 위해 선비가 갖추어야 할 주관적 조건은 賢 혹은 才로 표현되는 능력이다. 그리고 객관적 조건은 世나 時로 표현되는 상황이고, 이는 주로 최고 통치자인 王과 연관된다. 이 두 조건이 遇하면 尊貴하게 되고 不遇하면 卑賤하게 된다. 따라서 士가 능력이 있다하더라도 군주의 조건에 따라 遇와 不遇가 나뉘고, 그 행위 淸濁의 결과도 군주에 따라 역시 遇와 不遇가 나뉜다. 능력이 있다하더라도 어진 군주를 만나지 못하면 不遇하게 되고, 행위가 濁하더라도 桀紂와 같은 군주를 만나면 遇하게 된다. 또한 꼭 어진 덕이나 훌륭한 재능이 아니더라도 사소한 기술이나 아름다운 용모로도 遇하게 되는 경우도 있다. 그러나 이런 모든 경우도 반드시 그러하지는 않는다. 그렇기 때문에 ‘遇’라고 한다. “구하지 않아도 스스로 이르고자 하지 않아도 스스로 이루어지기 때문에 ‘遇’라고 이름한다.”[1]고 왕충은 말한다.

---

1) 黃暉, ≪論衡校釋·逢遇≫: “不求自至, 不作自成, 是名爲遇.” 北京, 中華書局, 1990, 9쪽 참조.

선진 문헌의 기록 가운데, 遇不遇에 대한 논쟁은 ≪論語·衛靈公≫편에 보이는 공자와 제자 子路와의 대화내용으로부터 시작된다고 생각한다. 그 내용은 다음과 같다.

> 위령공이 공자께 군사의 포진에 대해 묻자, 공자께서 대답하시길, "조두와 같은 의례의 일은 일찍이 들었으나 전쟁에 관한 일은 배운 적이 없다."고 하시고 다음 날 떠나셨다. 진에서 식량이 떨어지고 따르는 자들이 병들어 일어나지 못했다. 자로가 화가나 공자를 뵙고 말하길, "군자도 궁핍한 경우가 있습니까?" 공자께서 말씀하시길, "군자는 (궁핍한 처지에서) 정말로 궁핍하게 살고 소인은 궁핍하게 되면 정도를 벗어나려 한다."(衛靈公問陳於孔子. 孔子對曰, "俎豆之事, 則嘗聞之矣, 軍旅之事, 未之學也." 明日遂行. 在陳絶糧, 從者病, 莫能興. 子路慍見曰, "君子亦有窮乎?" 子曰, "君子固窮, 小人窮斯濫矣.")[2]

위 인용문의 주제는 제자인 자로가 스승인 공자 같은 훌륭한 군자가 궁핍한 처지에 빠진 것에 화가나 불만을 토로하자, 공자가 "군자는 (궁핍한 처지에서) 정말로 궁핍하게 살고 소인은 궁핍하게 되면 정도를 벗어나려 한다."는 훈계의 내용이다. 그러나 본 장의 주제인 遇不遇와 관련하여 이 인용문에는 매우 중요한 상황이 전개된다. 즉 공자와 같은 훌륭한 군자가 궁핍한 상황에 처하게 된다는 것이다.(君子不遇) "천명을 지키기가 쉽지 않고(天命不易)", "천명은 항상 머물러 있지 않는다(天命靡常)"[3]는

---

2) ≪論語集註≫, ≪四書五經≫上, 北京, 中國書店, 1985, 65쪽.

3) 周初의 문헌에 보이는 유사한 기록으로 "爾亦不知天命不易"(≪尙書·大誥≫), "不知天命不易"(≪尙書·君奭≫), "命不易哉"(≪詩

생각, 즉 천명은 백성을 잘 다스리는 어진 사람에게 돌아간다는 생각이나, "천도는 아무나 친하게 함이 없고 항상 선한 사람과 함께한다(天道無親, 常與善人)"[4]는 천명론이 지배했던 당시에 子路에게 스승이 처한 궁핍한 상황은 도저히 받아들이기 힘들었던 것이다. ≪論語≫의 이 구절은 하늘이 군자와 함께한다면 궁핍한 처지에 빠지지 않아야 하는데 모순된 상황이 전개되었으며, 여기에 훌륭한 인재라 할지라도 不遇할 수 있고, 그렇다면 왜 그런가라는 문제의식과 함께 자연스럽게 遇不遇에 대한 논의를 이끌어내게 된 것이다.

2. ≪墨子≫와 ≪莊子≫

위에서 인용한 ≪論語·衛靈公≫편 내용과 관련하여 공자와 같은 賢人이 어려운 상황에 처할 수 있다는 문제에 대해 제자백가의 문헌에서도 다양한 관점에서 논의 되고 있다. 먼저 유가사상에 비판적이었던 墨翟은 특히 유가의 禮儀가 번잡함과 喪葬을 지나치게 중시함으로 인하여 백성을 빈곤하게 만든다는 점을 지적한다.[5] 묵자의 유가에 대한 이런 비판적 관점 때문에 ≪墨

經·周頌·敬之≫), "命之不易"≪詩經·大雅·文王≫, "天命不于常"≪尙書·康誥≫. 周 王朝 초기 천명론의 핵심은 "왕은 백성에 의해 천명을 받는다(王以小民受天永命)"는 것이다. 즉 백성을 잘 다스리는 자가 천명의 주인이 된다. 이에 대한 논의는 徐復觀, ≪中國人性論史≫, 臺灣商務印書館, 1969, 24-32쪽 참조.

4) ≪史記·伯夷列傳≫, 北京, 中華書局, 2122쪽 참조.

5) ≪淮南子·要略≫: 묵자는 유가의 학업을 배웠고 공자의 학술을 받

子·非儒≫편에서는 진나라와 채나라 사이에서 어려운 처지에 빠졌던 공자의 행동을 다음과 같이 묘사한다.

> 공자는 노나라 사구가 되어 노나라 공실을 버리고 계손을 받들었다. 계손은 노나라 재상노릇을 하다가 도망하게 되었는데, 계손이 마을 사람들과 관문 통과를 가지고 다투게 되었을 때 공자가 관문 기둥을 들어올려 그를 도망치게 하였다. 공자가 채나라와 진나라 사이에서 궁지에 빠져 명아주국만으로 싸라기도 없이 열흘을 지냈다. 자로가 돼지고기를 구하여주자, 공자는 고기가 어디서 났는가를 물어보지도 않고서 먹었다. 남의 옷을 벗기어 가지고서 술을 사다주자, 공자는 술이 어지서 났는가를 물어보지도 않고 마셨다. 노나라 애공이 공자를 맞아들이니 그는 자리가 바르지 않으면 앉지 않았고 음식이 바르게 썰어져 있지 않으면 먹지 않았다. 자로가 나아가 물었다. "어찌 그토록 진나라와 채나라 사이 때와 반대가 되십니까?" 공자가 대답했다. "이리 오너라. 내 네게 얘기해 주마. 전에는 그대와 함께 구차히 살아가기에 바빴지만, 지금은 그대와 함께 구차히 의로움을 행하려고 하고 있다." 굶주리고 곤궁할 적에는 함부로 취하여 자신을 살리는 일을 사양하지 않고, 풍부하고 배부르게 되자 곧 거짓된 행동으로 스스로를 꾸몄으니, 더럽고 사악하며 속이고 거짓됨이 이보다 더 큰 게 있겠는가.(孔某爲魯司寇, 舍公家而奉季孫. 季孫相魯君而走, 季系與邑人爭門關, 决植. 孔某窮於蔡陳之間, 藜羹不糂十日. 子路爲享豚, 孔某不問肉之所由來而食. 褫人衣以酤酒, 孔某不問酒之

아들였으나, 그 예가 번잡하여 좋아하지 않았고, 장례를 후하게 치르며 재산을 낭비하여 백성을 빈곤하게 하고, 오래 상복을 입어 삶을 다치게 하여 일을 해친다고 여겼다.(墨子學儒者之業, 受孔子之術, 以爲其禮煩擾而不悅, 厚葬靡財而貧民, 久服傷生而害事.) 張雙棣, ≪淮南子校釋≫, 北京大學出版社, 1997년, 2150쪽 참조.

所由來而飮. 哀公迎孔子, 席不端, 弗坐, 割不正, 弗食, 子路進請曰, "何其與陳蔡反也?" 孔某曰, "來, 吾語女. 曩與女爲苟生, 今與女爲苟義." 夫飢約則不辭妄取以活身, 贏飽則僞行以自飾. 汚邪詐僞, 孰大於此.)[6]

여기에서 그려지는 공자의 행동은 ≪論語≫에 보이는 행동과 다르다. 공자는 예를 모르고 정권을 전횡한 계손을[7] 도와주고, 어려운 상황에서는 예를 차리지 않고 술과 음식을 먹더니 상황이 호전되자 지나치게 예를 따지면서 처신한다. 그런 모순된 행동에 대해 따지는 제자의 질문에 공자의 '전에는 그대와 함께 구차히 살아가기에 바빴지만, 지금은 그대와 함께 구차히 의로움을 행하려고 하고 있다'고 하는 자신의 일관성 없는 행위에 대해 변명한다. 그리고 묵자의 '굶주리고 곤궁할 적에는 함부로 취하여다 자신을 살리는 일을 사양하지 않고, 풍부하고 배부르게 되자 곧 거짓된 행동으로 스스로를 꾸며 대는' 공자의 모습에 대한 풍자는 신랄하기까지 하다. 묵자는 공자가 진나라와 채나라에서 곤란한 상황에 처한 역사적 사실을 약간의 변환을 통해 유가사상을 비판하기 위한 자료로 사용하고 있음을 볼 수 있다.

이런 현상은 도가학파의 문헌에서도 보인다. ≪莊子≫에는 여

---

6) 번역은 김학주역, ≪墨子≫, 서울, 明文堂, 2003, 448-449쪽과 孫詒讓, ≪墨子閒詁≫, 臺北, 華正書局, 1987, 274-277쪽을 참조하였다.

7) ≪論語·八佾≫: "孔子謂季氏, 八佾舞於庭, 是可忍也, 孰不可忍也?" "季氏旅於泰山. 子謂冉有曰, 女弗能救與? 對曰, 不能. 子曰, 嗚呼! 曾謂泰山不如林放乎?"

러 곳에서 공자가 진나라와 채나라 사이에서 발생한 일을 언급하고 있다. 그 중 <山木>편에 다음과 같은 내용이 보인다.[8]

공자가 진나라와 채나라 사이에서 포위되어 칠일 간 익힌 음식을 먹지 못했다. 대공임이 가서 공자를 위문하여 말하였다. "그대는 죽을 뻔했는가?" 대답하기를, "그랬네." "그대는 죽음을 싫어하는가?" 대답하기를, "그러하네." 대공임이 말하였다. "내가 시험 삼아 불사의 도를 말해보겠네. 동해에 새가 있는데, 이름을 의태라고 하네. 그 새는 느리게 날며 힘이 없는 듯 하고, 무리를 지어 날다가 틈에 끼어서 棲息하네. 나아갈 때는 앞서지 못하고 물러날 때는 뒤에 날지 못하네. 먹을 때는 먼저 맛보지 못하고, 반드시 그 남은 것은 먹네. 그렇기 때문에 그 대열에서 배척되지 않으며 외부 사람도 끝내 해칠 수 없네. 그래서 환난을 면한 것이네. 곧은 나무는 먼저 베이고 맛 좋은 우물이 먼저 마르네. 그대가 생각하는 것은 지혜를 장식하여 우둔한 자들을 놀라게 하고, 몸을 닦아 남의 오점을 밝히며, 높이 뜬 해와 달처럼 환하게 행동하니 그래서 환난을 면하지 못한 것이네. 전에 내가 대성한 사람으로부터 들은 바에 의하면, 스스로 자랑한 자는 공이 없고, 공을 이룬 자는 떨어지며, 이름을 이룬 자는 무너지게 된다라고 했네. 누가 능히 공과 이름을 떠나버리고 대중에게 돌려줄 수 있겠는가. 도는 흘러도 드러나게 거하지 않으며, 덕은 행하여도 드러나게 처하지 않는 것이네. 순박하고 평범하여 마치 미친 듯하네. 흔적을 없애고 세력을 덜며, 공명을 구하지 않네. 그러므로

8) ≪莊子≫에 공자가 진나라와 채나라 사이에서 곤란함은 당한 고사를 이용한 구절은 외편의 <天運>, <山木>과 잡편의 <讓王>, <盜跖>, <漁父> 등 여러 곳에서 보인다. 그리고 이 고사를 인용한 목적이 유가 전적에서와 다르게 공자의 현실 추구를 풍자함으로써 유가의 현실주의를 비판함에 있다.

> 다른 사람으로부터 책됨이 없고, 다른 사람이 나를 책하지도 않네. 지인은 소문나지 않은데, 그대는 무엇 때문에 좋아하는가?" 공자가 말하였다. "좋은 말이네." 그래서 교유를 사양하고 제자들을 떠나 큰 물가로 숨어, 짐승 털옷과 칡베 옷을 입고 도토리와 밤을 먹으며 살았다. 짐승 무리에 들어가도 떼가 어지러워지지 않았고, 새들 사이에 들어가도 비행이 어지러워지지 않았다. 새와 짐승들이 싫어하지 않으니 하물며 사람들이야?(孔子圍於陳蔡之間, 七日不火食. 大公任往弔之, 曰, "子幾死乎?" 曰, "然." "子惡死乎?" 曰, "然." 任曰, "予嘗言不死之道. 東海有鳥焉, 其名曰意怠. 其爲鳥也, 翂翂翐翐, 而似无能. 引援而飛, 迫脅而棲. 進不敢爲前, 退不敢爲後. 食不敢先嘗, 必取其緒. 是故其行列不斥, 而外人卒不得害, 是以免於患. 直木先伐, 甘井先竭. 子其意者飾知以驚愚, 修身以明汙, 昭昭乎如揭日月而行, 故不免也. 昔吾聞之, 大成之人曰, 自伐者无功, 功成者墮, 名成者虧. 孰能去功與名而還與衆人! 道流而不明居, 德行而不名處. 純純常常, 乃比於狂. 削迹捐勢, 不爲功名. 是故無責於人, 人亦無責焉. 至人不聞, 子何喜哉?" 孔子曰, "善哉!" 辭其交遊, 去其弟子, 逃於大澤. 依裘褐, 食杼與栗. 入獸不亂群, 入鳥不亂行. 鳥獸不惡, 而況人乎!)[9]

진나라와 채나라 사이에서 공자가 곤란한 상황에 처한 이야기는 ≪장자≫에서 또 다른 주제의 소재로 사용된다. 천하를 떠돌며 세상에 뜻을 펴보려는 공자의 현실 참여 의지가 도가의 입장에서 보면 현실 속에서 공명을 추구하려는 헛된 노력이며, 그렇기 때문에 생명의 위험을 초래하였다는 것이다. 따라서 생명

---

9) 번역은 陳鼓應, ≪莊子今注今譯≫, 북경, 中華書局, 1983, 508-512쪽과 김학주 옮김, ≪장자≫ 하, 서울, 을유문화사, 2000, 54-56쪽을 참고하였다.

을 온전히 보존하려면 이룬 공명으로부터 떠나버리고 그것을 다른 사람들에게 돌려주며, 흔적도 없이 평범하게 거처하기를 도와 덕을 이룬 사람처럼 물 흐르듯 하기를 권고한다. 공자는 이를 수용하여 큰 호수가로 은거하여 새와 짐승들 사이에서 자연과 함께 살게 된다는 것이다. 君子不遇의 이야기가 도가문헌에서는 현실에서 공명을 추구하는 것이 헛된 꿈이라는 주제의 논의를 위해 사용된 것이다. 다른 예를 하나 더 들면 다음과 같다.

> 공자가 진나라와 채나라 사이에서 곤경에 빠져 7일 동안 익힌 음식을 먹지 못했다. 왼손은 마른 나무에 걸쳐 놓고 오른손으로 마른 가지를 두드리며 유염씨(有炎氏)의 노래를 불렀다. 두드릴 가지는 있으나 리듬이 없고, 소리는 있고 음률이 없었으나, 나무 소리와 목소리가 어울려 사람의 마음을 울리는 바가 있었다. 안회가 두 손을 단정히 모으고 눈길을 주며 바라보았다. 공자는 안회가 뜻을 넓혀 재난을 크게 생각하거나 자기를 아끼는 마음에 슬퍼할까 걱정하여 말하였다. "회야, 하늘의 재해를 받아들이지 않기는 쉽고, 사람의 이익을 받아들이지 않기는 어렵다. 시작하여 마치지 않은 것은 없고, 사람과 하늘은 하나이다. 지금 노래 부른 사람은 누구였는가?" 회가 말하였다. "감히 하늘의 재해를 받아들이지 않기는 쉽다는 것에 대해 묻고자 합니다." 공자가 대답하였다. "굶주림과 목마름, 추위와 더위, 궁색해져 뜻을 행하지 못하게 된 것은 천지의 운행이며 만물의 운행 결과이다. 그 말은 이런 것들과 함께 흘러가면 된다는 것을 말한다. 신하가 된 자는 감히 임금을 떠나지 못한다. 신하의 도를 지키는 것도 이와 같거늘 하물며 하늘의 도를 기다리려면 어떠하겠는가." "무엇을 사람의 이익을 받아들이지 않기는 어렵다고 말하는 것입니까?" 공자가 말하였다. "처음 쓰이게 되면 모든 것이

순조롭고, 관록이 함께 이르러 궁하지 않게 된다. 이는 사물이 이롭게 하는 것이고, 자기에게 있는 것이 아니다. 즉 내 운명이 밖에 있게 된 것이다. 군자는 도적질을 하지 않고, 현인은 훔치지 않는데, 내가 만약 그것을 취한다면 왜인가? 그래서 말하길, 새 중에는 제비보다 지혜로운 것이 없다. 눈으로 보아 처할 것이 아니면 눈길도 주지 않는다. 비록 열매가 떨어져 있어도 버리고 가는 것은 사람이 두려워서이다. 그러면서도 사람 사이에 들어와 사는 것은 그곳에 살길이 있기 때문이다." "무엇을 시작하여 마치지 않은 것은 없다고 하는 것입니까?" 공자가 말하였다. "만물을 변화시켜 新陳代謝하게 하는 자를 알지 못하니, 어떻게 끝날 바를 알고, 어떻게 시작한 바를 알겠는가? 자기를 바르게 하고 그 변화를 기다려 따를 뿐이다." "무엇을 사람과 天이 하나라고 합니까?" 공자가 말하였다. "사람이 있는 것도 天이고, 天이 있는 것도 또한 天이다. 사람이 天을 두지 못하는 것은 性 때문이다. 성현은 편안히 흘러감을 체현하여 마치는 것이다."(孔子窮於陳蔡之間, 七日不火食. 左據槁木, 右擊槁枝, 而歌猋氏之風, 有其具而无其數. 有其聲而无宮角, 木聲與人聲, 犁然有當於人之心. 顔回端拱還目而窺之. 仲尼恐其廣己而造大也, 愛己而造哀也, 曰, "回, 无受天損易, 无受人益難. 無始而非卒也, 人與天, 一也. 夫今之歌者其誰乎?" 回曰, "敢問無受天損易." 仲尼曰, "飢渴寒暑, 窮桎不行, 天地之行也, 運物之泄也, 言與之偕逝之謂也. 爲人臣者, 不敢去之. 執臣之道猶若是, 而況乎所以待天乎!" "何謂無受人益難?" 仲尼曰, "始用四達, 爵祿竝至而不窮, 物之所利, 乃非己也. 吾命其在外者也. 君子不爲盜, 賢人不爲竊, 吾若取之何哉? 故曰, 鳥莫知於鷾鴯, 目之所不宜處, 不給視. 雖落其實, 棄之而走, 其畏人也, 而襲諸人間, 社稷存焉爾." "何謂無始而非卒?" 仲尼曰, "化其萬物而不知其禪之者, 焉知其所終? 焉知其所始? 正而待之而已耳." "何謂人與天一邪?" 仲尼曰, "有人, 天也. 有天, 亦天也. 人之不能有天, 性也. 聖人晏然體逝而終矣.")[10)]

이 인용문 역시 진채지간에서 곤궁한 처지에 빠진 공자의 이야기를 서두로 시작하지만, 공자와 제자인 안연과의 대화를 빌어 어려운 상황에 처했을 때, 도가의 행동과 관련된 네 가지 주제를 논하고 있다. 첫째는 하늘의 변화에 순응하는 삶, 둘째는 관록 같은 세상의 이익을 물리치는 어려움, 셋째는 만물의 변화의 시종을 모르니 자기를 바르게 하며 변화에 대응하여 따라야 함, 넷째는 사람과 하늘이 하나라는 명제이다. 여기에서 논의된 이 주제들은 이후의 문헌에서 遇不遇 논의와 관련하여 함께 거론되므로 그 때 다시 논하기로 한다.

이처럼 ≪墨子≫와 ≪莊子≫에서는 공자가 陳蔡之間에서 곤란을 당한 이야기를 각자의 입장에서 약간의 변형을 통해 철학적 논점과 사회적 태도와 일치하는 주제를 이끌어내서 논의하고 있음을 볼 수 있다. 그리고 모두 공자의 말을 빌어 제자에게 교훈하는 ≪論語·衛靈公≫편의 서술방식을 따르고 있다.

3. ≪荀子≫와 <窮達以時>

유가의 문헌인 ≪孟子≫에서도 같은 이야기가 언급되지만 매우 단편적이다. <盡心>편에서 맹자는 공자와 같은 군자가 진채지간에서 어려움에 처한 것은 당시의 임금과 신하들이 악하여 공자가 그들과 교류하기를 꺼려하여 아는 사람이 부족했기 때

10) 번역은 ≪莊子今注今譯≫, 517-522쪽과 ≪장자≫ 하, 61-64쪽을 참고하였다.

문이라는 점만을 말한다.[11] 그 외에 신하와 왕과의 개별적인 '遇'나 '不遇'의 경우를 들고 있지만,[12] 遇不遇에 문제에 대한 구체적 논의는 보이지 않는다. 이 문제에 대한 상당히 자세한 논의는 ≪荀子·宥坐≫편에 나타난다.

> 공자가 남쪽 초나라로 가다가 진나라와 채나라 사이에서 재난을 당하여 칠일 동안 익힌 음식을 먹지 못하고, 명아주 국에 쌀가루를 넣고 끓이지도 못했다. 제자들이 모두 굶주린 얼굴빛이 감돌자 자로가 나서며 물었다. "제가 듣기로 좋은 일을 하는 사람에게는 하늘이 복을 내리고 좋지 않은 일을 하는 사람에게는 하늘이 화를 내린다고 하였습니다. 지금 선생님께서는 덕을 쌓고 의로움을 행하시고 아름다운 생각을 품고 실행하신지가 오래 되셨는데, 어찌 곤궁한 처지가 되셨습니까?" 공자가 대답하였다. "유야, 너는 모르는 소리다. 내가 너에게 말해주겠다. 너는 지혜로운 사람이라고 반드시 쓰인다고 생각하느냐? 왕자 비간은 심장이 도려내지지 않았더냐. 너는 충성스런 사람이라 하여 반드시 쓰인다고 생각하느냐? 관용봉은 형벌을

11) ≪孟子·盡心≫下, "맹자가 말하길, 군자가 진채지간에서 곤란을 당한 것은 임금과 신하들과의 교유가 없었기 때문이다(孟子曰, 君子之戹於陳蔡之間, 無上下之交也.)" 朱熹는 注에서 "군신들이 모두 미워하여 더불어 교유할 사람이 없었다.(君臣皆惡, 無所與交也.)"라고 한다.

12) ≪孟子·梁惠王≫下, "樂正子見孟子, 曰, 克告於君, 君爲來見也. 嬖人有臧倉者沮君, 君是以不果來也. 曰, 行, 或使之, 止, 或尼之. 行止, 非人所能也. 吾之不遇魯侯, 天也. 臧氏之子焉能使予不遇哉?"; ≪孟子·公孫丑≫下, "夫尹士惡知予哉? 千里而見王, 是予所欲也, 不遇故去, 豈予所欲哉? 予不得已也."; ≪孟子·梁惠王≫, "吾聞秦楚構兵, 我將見楚王說而罷之. 楚王不悅, 我將見秦王說而罷之. 二王我將有所遇焉."

당하지 않았더냐. 너는 직간한 자는 반드시 쓰인다고 생각하느냐? 오자서는 고소의 동문 밖에 시체가 매달리지 않았더냐! 만나고 만나지 못함은 때의 문제이고, 어질고 어질지 못함은 재능의 여부에 있다. 군자가 널리 배우고 깊이 도모하면서도 때를 만나지 못한 사람이 많았다. 이로 보아 뜻을 펼 세상을 만나지 못한 사람이 많았다. 어찌 나뿐이겠느냐. 지초와 난초는 깊은 숲 속에서 자라지만 사람이 없다고 향기를 품어내지 않은 경우가 없다. 군자가 배우는 것은 출세를 위해서가 아니니 곤궁하게 되더라도 곤란해하지 않고, 근심스럽다 하여 뜻이 약해지지 않으며, 화복과 시말을 잘 알아 마음이 미혹되지 않기 위해서다. 어질고 오질지 못함은 재능의 여부에 있고, 하고 하지 않음은 사람의 일이며, 만나고 만나지 못함은 때의 문제이고, 죽고 사는 것은 운명에 달려 있다. 지금 어떤 사람이 때를 만나지 못한다면 비록 현명하더라도 뜻을 펼 수 있겠는가? 정말 그에게 맞는 때를 만난다면 무슨 어려움이 있겠는가? 그러므로 군자는 널리 배우고 깊이 도모하며 몸을 닦고 행실을 단정히 하면서 때를 기다리는 것이다." 공자가 이어 말하였다. "유야 앉거라. 내 너에게 더 일러주마. 옛날 진나라 공자 중이는 조나라에서 망명 중에 패자가 되려는 마음이 생겼고, 월나라 왕 구천은 회계에서 굴욕을 당하며 패자가 되려는 마음이 생겼으며, 제나라 환공 소백은 거나라에 망명 중에 패자가 되려는 마음을 갖게 되었다. 그러므로 어려움에 처해보지 않으면 생각이 원대할 수 없고 친히 망명을 당해보지 않은 사람은 뜻이 넓을 수 없다. 너는 어찌 내가 어려운 처지에서 그런 큰 생각이나 뜻을 얻지 않았으리라고 생각하느냐."(孔子南適楚, 戹於陳蔡之間, 七日不火食, 藜羹不糂, 弟子皆有飢色. 子路進問之曰, "由聞之, 爲善者天報之以福, 爲不善者天報之以禍, 今夫子累德積義懷美, 行之日久矣, 奚居之隱也?" 孔子曰, "由不識, 吾語女. 女以知者爲必用邪? 王子比干不見剖心乎. 女以忠者爲必用邪? 關龍逢不見刑乎, 女以諫者爲

必用邪? 吾子胥不磔姑蘇東門外乎. 夫遇不遇者, 時也, 賢不肖者, 材也, 君子博學深謀, 不遇時者多矣. 由是觀之, 不遇世者衆矣. 何獨丘也哉? 且夫芷蘭生於深林, 非以無人而不芳. 君子之學, 非爲通也, 爲窮而不困, 憂而意不衰也, 知禍福終始而心不惑也. 夫賢不肖者, 材也, 爲不爲者, 人也, 遇不遇者, 時也, 死生者, 命也. 今有其人, 不遇其時, 雖賢, 其能行乎? 苟遇其時, 何難之有? 故君子博學深謀脩身端行以俟其時." 孔子曰, "由, 居, 吾語女. 昔晉公子重耳覇心生於曹, 越王句踐覇心生於會稽, 齊桓公小白覇心生於莒. 故居不隱者思不遠, 身不佚者志不廣. 女庸安知吾不得之桑落之下.")

공자가 진채지간에서 곤란을 당하자 화가 난 제자 자로가 좋은 일을 하는 사람에게 하늘이 복을 내린다는 전통적 믿음에 근거하여 스승께서 덕을 쌓고 의로움을 행하셨으니 마땅히 곤궁에 처해서는 안 되는데, 왜 상반된 현실이 어떻게 일어날 수 있는지를 묻는다. 공자는 과거의 역사에서 좋은 일을 하고도 쓰이지 못하고 죽음을 당한 왕자 비간, 관용봉, 오자서의 경우를 들어 현재의 어려운 상황은 언제든지 발생할 수 있다고 말한다. 그러나 만나고 만나지 못함은 때의 문제이기 때문에, 때를 만나지 못하면 비록 현명하더라도 뜻을 펼 수 없을 것이며, 때를 만나면 뜻을 펴는데 아무런 어려움이 없을 것이다. 그래서 더 중요한 것은 군자로서 취해야 할 올바른 자세임을 강조한다. 군자는 사람이 없는 깊은 산 속에서 향기를 잃지 않는 향초처럼 어려운 상황에서 몸을 닦고 뜻을 키웠던 重耳, 句踐, 小白처럼 때를 기다려야 함을 역설한다.

이 인용문에 보이는 군자는 "화복과 시말을 잘 알아 마음이 미혹되지 않는다.(知禍福終始而心不惑也)"는 구절에서, 화복과 시작과 끝을 안다고 하는데 무엇을 안다는 것인지 분명하지 않다. 이 문구를 이해하기 위해 앞에서 인용했던 ≪莊子·山木≫편의 공자와 안연의 대화 내용을 연상할 필요가 있다. 즉 순자의 이 구절은 안연이 물었던 첫째와 둘째 그리고 셋째 질문에 대한 공자의 대답에서, 화복은 천지만물의 운행의 결과이니 하늘의 변화에 순응하기를 권고하고, 또 만물의 변화의 시종을 알 수 없으니 변화를 기다려 따를 뿐이다라는 의미와 연관지어 생각할 수 있다. 순자가 이 글을 쓰면서 장자의 글을 연상했을 수 있다는 것이다. 일반적으로 중국사상사에서 ≪순자≫에 도가사상이 반영되었다고 하는데, 이는 그 일단을 볼 수 있는 좋은 예라 할 수 있다.

공자의 진채지간의 이야기로 시작된 ≪순자≫의 이 글은 공자의 입을 빌어 제자에게 교훈하는 ≪論語·衛靈公≫편의 방식으로 전개된다. 그 주제는 어려운 상황에 처한 군자의 올바른 자세에 대한 내용이다. 그리고 논지의 전개 과정에서 선비의 遇不遇 문제가 제기된다. 여기에서 遇不遇는 때와의 遇不遇이다. 이와 연관하여 나열되고 있는 문제들로 賢不肖와 材, 그리고 도가의 영향으로 보이는 개념인 爲不爲와 人, 死生와 命 등이지만, 이 개념들 간의 구체적 논의는 보이지 않는다.

≪荀子≫의 이 내용과 비교할 수 있는 매우 중요한 죽간 자료가 1993년 湖北省 荊門市 郭店 1號 楚墓에서 발굴되었다. 당시 발굴된 자료는 모두 703枚의 죽간으로 발굴자의 정리에 의하면 도가계열의 자료 2종류와 유가계열의 자료 14종류로 분류된

다.[13] 이중 본 장의 주제인 遇不遇와 연관된 자료는 정리자에 의해 <窮達以時>로 명명된 편이다. 발굴자들의 추정에 의하면 이 묘의 매장시기를 전국시기(기원전 475-221)의 중기후반으로 본다. 따라서 순자의 생존시기를 대략 기원전 335-238로 본다면,[14] <窮達以時>는 순자와 동시대이거나 조금 빠른 시기의 자료로 볼 수 있다. 그 내용은 다음과 같다.

> 하늘이 있고 사람이 있어, 하늘과 사람의 나뉨이 있다. 하늘과 사람의 나뉨을 살펴서 행할 바를 안다. 그 사람이 있으나 그 세상이 없으면, 비록 어질다 하여도 행하지 못한다. 정말로 그 세상이 있으면 무슨 어려움이 있겠는가? 순이 역산에서 농사짓고 황하 강변에서 도기 굽다가 세워져 천자가 된 것은 요를 만났기 때문이다. 서려(傅說)가 모시옷을 입고 거친 옷을 걸치고 성벽을 쌓다가 천자를 돕게 된 것은 무정을 만났기 때문이다. 여망이 극진에서 낮은 신분으로 지내며, 戰監門來地, 나이 70에 조가에서 백정 일을 하다가 존귀

13) 郭店 竹簡 자료는 ≪老子≫甲, 乙, 丙, <太一生水>, <緇衣>, <魯穆公問子思>, <窮達以時>, <五行>, <唐虞之道>, <忠信之道>, <成之聞之>, <尊德義>, <性自命出>, <六德>, <語叢一>, <語叢二>, <語叢三>, <語叢四> 등이다. 이에 대한 자세한 내용은 荊門市博物館編, ≪郭店楚墓竹簡·前言≫(北京, 文物出版社, 1998)과 王博, <美國達慕思大學郭店≪老子≫國際學術討論會紀要要>(陳鼓應主編), ≪道家文化硏究≫第十七輯, 生活·讀書·新知三聯書店, 1999,) 1-12쪽 참조.

14) 순자의 생존연대는 자세히 고증할 수 없으나 ≪史記·孟荀列傳≫이나 기타 유관 기록에 의해 대략적인 시기는 추론할 수 있다. 蔡仁厚의 연표에 의하면 대략 기원전 335년 즈음에 태어나 238년 이후에 죽은 것으로 추정한다. ≪孔孟荀哲學≫, 臺北, 臺灣學生書局, 1984, 349-355쪽 참조.

하게 되어 천자의 스승이 된 것은 주 문왕을 만났기 때문이다. 관이오는 구속되었다가 질곡과 우리에서 풀려나 제후의 재상이 된 것은 제 환공을 만났기 때문이다. 백리해가 다섯 마리 양에 팔려가 진백을 위해 소를 치다가, 釋板格而 하여 조정의 경대부가 된 것은 진 목공을 만났기 때문이다. 손숙오는 기사 지방의 소사마를 세 번 거절하다가 나아가 영윤이 된 것은 초 장왕을 만났기 때문이다. 처음에는 이름이 없다가 후에 이름을 떨치게 된 것은 그 덕이 더해진 것이 아니다. 오자서는 전에 공이 많았고 후에 죽임을 당했으나 그의 지혜가 쇠한 것이 아니다. 천리마가 장산을 힘들어하고 준마가 소래에 갇혀 있는 것은 준마의 형상이 없어서가 아니다. 사해를 다 다니고 천리를 달리는 것은 造父를 만났기 때문이다. 만나고 만나지 못한 것은 하늘의 문제이다. 움직이는 것은 이르기 위한 것이 아니다. 그러므로 궁하여도 원망하지 않는다. 은거한 것은 명성 때문이 아니니 명성이 없어도 아쉬워하지 않는다. 지초와 난초는 그윽한 골짜기에서 자라지만, 사람이 맡지 않는다하여 향기를 발하지 않지 않는다. 茗과 堇이 없으면 보배 산을 지나치게 되니, 돌이 개도해 주지 않은 것이지, 산이 쉽게 자기를 저버린 것이 아니다. 궁하고 달함은 때가 있으니 덕행은 하나같아야 한다. 명예와 훼손은 옆에 있으니, 聽之弋母. 검고 흼은 나뉘지 않듯이, 궁하고 달함은 때가 있다. 어둡고 밝음이 다르지 않듯이, 군자는 자기 되돌아보기를 돈독히 한다. (有天有人, 天人有分. 察天人之分, 而知所行矣. 有其人, 亡其世, 雖賢不行矣. 苟有其世, 何難之有哉. 舜耕於歷山, 陶埏於河滸, 立而爲天子, 遇堯也. 邵口丽衣枲蓋, 冒絰蒙糸堇, 釋板築而佐天子, 遇武丁也. 呂望爲臧棘津, 戰監門來地, 行年七十而屠牛於朝歌, 尊而爲天子師, 遇周文也. 管夷吾拘繇束縛, 釋械柙而爲諸侯相, 遇齊桓也. 百里轉鬻五羊, 爲伯牧牛, 釋板格而爲朝卿, 遇秦穆. 孫叔三射(斥)恒思(期思)少司馬, 出而爲令尹, 遇楚莊也. 初韜晦, 後名揚, 非其德加. 子胥前多功, 後戮死, 非其智衰也.

驥厄張山，駿穴於卲來，非無禮狀也. 窮四海，致千里，遇造父也. 遇不遇，天也. 動非爲達也，故窮而不[怨. 隱非]爲名也，故莫之知而不吝. [芝蘭生於幽谷]，非以無人嗅而不芳. 無茗堇，逾寶山，石不爲[開，非以其]善負己也. 窮達以時，德行一也. 譽毀在旁，聽之弋母. 緇白不釐，窮達以時. 幽明不再，故君子敦於反己.)[15]

이 자료에는 遇不遇 문제를 다루면서 진채지간의 고사에 대한 언급이 없다. 그리고 ≪莊子·山木≫편과 ≪荀子·宥坐≫편에 보이는 개념으로 논의를 시작한다. 인용문 시작 부분에 보이는 "有天有人，天人有分. 察天人之分，而知所行矣."의 내용은 글 전체의 주제와 쉽게 연관이 되지 않는다. 그러나 이 문구를 이해하기 위해 앞에서 인용한 ≪莊子·山木≫편에 공자와 안연과의 대화 내용을 참고할 필요가 있다. 안연이 묻는다. "무엇을 사람과 天이 하나라고 합니까? 공자가 말하길, 사람이 있는 것도 天이고, 天이 있는 것도 또한 天이다. 사람이 天을 두지 못하는 것은 性 때문이다. 성현은 편안히 흘러감을 체현하여 마치는 것이다.(何謂人與天一邪? 仲尼曰，有人，天也. 有天，亦天也. 人之不能有天，性也. 聖人晏然體逝而終矣.)"라고 대답한다. 즉 사람과 하늘은 하나이나, 사람은 性이 있기 때문에 하늘과 나뉘게 된다.

---

15) <窮達以時>의 원문은 荊門市博物館編，≪郭店楚墓竹簡≫(北京，文物出版社，1998，145-146쪽)의 초기 정리본과 이를 근거로 교정 작업을 한 李零，<郭店楚簡校讀記>(陳鼓應主編，≪道家文化研究≫第十七輯，生活·讀書·新知三聯書店，1999，493-496쪽)을 근거하였다. 번역에 있어서 세세한 부분의 의미를 정확하게 이해할 수 없는 곳도 있으나 대의는 파악할 수 있다고 생각된다. 일부 난해한 부분은 원문을 그대로 남겨 두었다.

오직 성현만이 자연의 흘러감을 체현하며 삶을 마친다는 것이다. 이를 참고하여 보면, 위 인용문의 "하늘이 있고 사람이 있어, 하늘과 사람의 나뉨이 있다. 하늘과 사람의 나뉨을 살펴서 행할 바를 안다.(有天有人, 天人有分. 察天人之分, 而知所行矣.)"는 내용에서, 사람과 하늘을 나누게 하는 것은 사람에게 있는 '性' 때문이라는 것을 알 수 있고, 따라서 性을 잘 살펴서 행할 바를 알 수 있다고 죽간의 내용을 이해할 수 있다.

그리고 이어지는 "有其人, 亡其世, 雖賢不行矣. 苟有其世, 何難之有哉."의 구절은 ≪荀子·宥坐≫편의 "今有其人, 不遇其時, 雖賢, 其能行乎? 苟遇其時, 何難之有?"와 완전히 같은 내용이다. 그리고 역사 속에서 '遇其時'의 예로 舜과 堯, 卲口麗(傅說)과 武丁, 呂望과 周文, 管夷吾와 齊桓, 百里와 秦穆, 孫叔과 楚莊 등을 나열한다. 이들은 모두 신분이 낮거나 힘든 현실을 이겨내고 자기를 알아주는 자를 만나 성공한 경우이다(自窮遇時). 그리고 처음에 숨어 있다가 나중에 이름을 떨치는 경우(驥와 造父)와 처음에 이름을 떨치나 나중에 죽임을 당하는 경우(伍子胥)를 든다. 그리고 만나고 만나지 못함은 하늘의 문제이며, 만나서 달하고 만나지 못해서 궁하게 되는 것은 때의 문제이니, 덕행을 하나같이 해야 한다는 것을 강조한다.

<窮達以時>의 글의 서술방식은 ≪荀子·宥坐≫편의 글과 사뭇 다르다. 먼저 遇不遇 문제에 대한 논의를 시작하면서 진채지간의 고사로부터 시작하지 않고 ≪장자≫와 ≪순자≫에 보이는 개념으로부터 논지를 편다는 점이다. 그리고 ≪荀子·宥坐≫편의 역사 속에서 때를 만나지 못한 경우의 예를 들어 어려운 상황에

서도 뜻을 키워야 한다는 논지 전개와는 달리, 역사 속에서 곤궁한 처지에 있다가 때를 만난 예들을 들면서 향초처럼 항상 자신을 돌아보는 일에 돈독히 해야 한다고 논술한다.

4. ≪韓詩外傳≫

遇不遇 문제에 대해 ≪荀子·宥坐≫편과 유사하지만 더욱 구체적이거나 세세한 서술방식을 취한 자료들이 순자 이후의 문헌에 자주 보인다. 예로 들면, ≪孔子家語·在厄≫, ≪韓詩外傳≫, ≪史記·孔子世家≫, ≪說苑·雜言≫ 등에 보이는 유사한 기록이다. 이들 문헌에 보이는 기록은 서술방식과 내용에서 매우 유사하지만 구체적 예나 세세한 언급이 다르기도 하며, 같은 내용에 대한 언어 표현방식도 약간의 차이를 보인다. 위 네 자료 중 遇不遇 문제에 대해 비교적 예가 구체적이고 다양한 논의를 하고 있는 자료로 ≪韓詩外傳≫의 기록을 들 수 있다. 그 내용은 다음과 같다.

> 공자가 진나라와 채나라 사이에서 곤란을 당하였으나 삼경의 강단에 나가셨고, 칠일 간 먹지도 못하고 명아주 국에 쌀가루를 넣지도 못했다. 제자들이 굶주린 기색이 있는데도 독서와 예악 익히기를 쉬지 않았다. 자로가 나서며 간하여 말하길, 좋은 일을 하는 사람에게는 하늘이 복을 내리고, 좋지 않은 일을 하는 사람에게는 하늘이 화를 내린다고 하였습니다. 지금 선생님께서는 덕을 쌓고 인을 많이 행하며 선한 일을 하신지가 오래 되셨습니다. 생각하건데 행동에 미

진한 점이 있었던 것은 아닙니까? 어찌 곤궁한 처지가 되었습니까? 공자가 말하길, 유야 오거라, 너는 소인이구나. 논할 때 말하지 않았더냐. 앉거라, 내 너에게 말해주마. 너는 지혜로운 자는 죄가 없다고 여기느냐? 그렇다면 왕자 비간은 왜 심장이 도려내져 죽었는가. 너는 의로운 자는 군주가 말을 들어준다고 여기느냐? 그렇다면 오자서가 왜 눈이 도려내져서 오나라 동문 밖에 매달렸는가. 너는 청렴한 자는 쓰인다고 생각하느냐? 그렇다면 백이와 숙제는 왜 수양산에서 굶어 죽었는가. 너는 충성스런 자는 쓰인다고 생각하느냐? 그렇다면 포숙은 어찌하여 쓰이지 않았는가. 葉公子高는 종신토록 벼슬하지 않았고, 포초는 나무를 안고 울었고, 자추는 산에 올라 타죽었다. 그러므로 군자는 널리 배우고 깊이 도모하나 때를 만나지 못한 사람이 많다. 어찌 유독 나뿐이겠느냐. 어질고 불초함은 재능의 문제이고, 만나고 만나지 못함은 때의 문제이다. 지금 때가 아니면 어질다고 어찌 쓰이게 되겠느냐. 그러므로 순은 역산의 남쪽에서 농사짓다가 세워져 천자가 된 것은 요를 만났기 때문이다. 부열은 흙을 짊어지고 성벽을 쌓다가 대부가 된 것은 무정을 만났기 때문이다. 이윤은 본래 유신씨의 하인이었는데 정을 짊어지고 제기를 갖고서 다섯 가지 맛을 요리하다가 세워져 제상이 된 것은 탕을 만났기 때문이다. 여망은 나이 50에 극진에서 음식을 팔았고 나이 70에 조가에서 백정 일을 하다가 90에 비로소 천자의 스승이 된 것은 문왕을 만났기 때문이다. 관이오가 구속되었다가 죄인수레에서 仲父가 된 것은 제 환공을 만났기 때문이다. 백리해는 다섯 마리 양가죽에 팔려가 진백을 위해 소를 치게 되었고 천거되어 대부가 된 것은 진 목공을 만났기 때문이다. 우구가 천하에 이름이 나자 영윤으로 삼으려 하였는데 손숙오에게 사양한 것은 초 장왕을 만났기 때문이다. 오자서가 이전에 공이 많았는데 후에 죽임을 당한 것은 성쇠의 이치를 알지 못한 것이니, 먼저 합려를 만났고 뒤에 부차를 만났기 때문이다. 천리마가 소금수레를 끄는 것을 힘들어하여도 천리마의 모습이 없는 것이 아니다. 그것을 알아보지 못한 것이다. 만약 천리마가 백락을 얻어 만나지 못한다면 어떻게 천리의 질주를 할 수 있으며, 造父 또한 천리의 말몰이를 할 수 없을 것이다. 난초가 무성한 숲 속에서 자라나 깊은 산에서 사람이 보지 않는다고 향기를 발하지 않지 않는다. 배우는 것은 벼슬을 하기 위해서가 아니니 곤궁하게 되어도 근심하지 않고 곤란을 당하여도 뜻이 약해지지 않은 것은, 먼저 화복의 시작을 알고 마음이 미혹됨이 없기 때문이다. 그러므로 성인은 은거하여도 깊이 생각하며 홀로 듣고 홀로 본다. 순 또한 성현으로 남면하여 천하를 다스린 것은 오직 요를 만났기 때문이다. 만약 순이 걸주의 세상에 살았다면 형벌이나 살육을 면할 수 있는 것만으로도 잘한 것이며 무슨 관직을 얻을 수 있었겠는가. 걸이 관용봉을 죽였고, 주는 왕자 비간을 죽였는데, 당시에 어찌 관용봉이 무지했으며 왕자 비간이 지혜롭지 않았겠는가. 이는 모두 때를 만나지 못한 것이다. 그러므로 군자는 배움에 힘쓰고 몸을 닦으며 행실을 단정히 하면서 때를 기다리는 자이다. 너는 미혹되지 마라. 시경에, 학이 높은 언덕에서 우니 소리가 하늘에 퍼지네, 라고 했다.(孔子困于陳蔡之間, 卽三經之席, 七日不食, 藜羹不糝. 弟子有飢色, 讀書習禮樂不休. 子路進諫曰, 爲善者天報之以福, 爲不善者天報之以禍. 今夫子積德累仁, 爲善久矣. 意者尙遺行乎. 奚居之隱也. 孔子曰, 由來, 汝小人也. 未講于論也. 居, 吾語汝. 子以知者爲無罪乎, 則王子比干何爲刳心而死. 子以義者爲聽乎, 則伍子胥何爲抉目而懸吳東門. 子以廉者爲用乎, 則伯夷叔齊何爲餓于首陽之山. 子以忠者爲用乎, 則鮑叔何爲而不用. 葉公子高終身不仕, 鮑焦抱木而泣, 子推登山而燔, 故君子博學深謀, 不遇時者衆矣. 豈獨丘哉. 賢不肖者, 才也. 遇不遇者, 時也. 今無有時, 賢安所用哉. 故虞舜耕于歷山之陽, 立爲天子, 其遇堯也. 傅說負土而版築, 以爲大夫, 其遇武丁也. 伊尹固有莘氏僮也, 負鼎操俎, 調五味, 而立爲相,

其遇湯也. 呂望行年五十, 賣食棘津, 年七十, 屠于朝歌, 九十乃爲天子師, 則遇文王也. 管夷吾束縛, 自檻車以爲仲父, 則遇齊桓公也. 百里奚自賣五羊之皮, 爲秦伯牧牛, 擧爲大夫, 則遇秦繆公也. 虞丘于天下, 以爲令尹, 讓于孫叔敖, 則遇楚莊王也. 伍子胥前功多, 後戮死, 非知有盛衰也, 前遇闔閭, 後遇夫差也. 夫驥罷鹽車, 此非無形容也, 莫知之也. 使驥不得伯樂, 安得千里之足, 造父亦無千里之手矣. 夫蘭茝生于茂林之中, 深山之間, 不爲人莫見之故不芬. 夫學者非爲通也, 爲窮而不憂, 困而志不衰. 先知禍福之始, 而心無惑焉. 故聖人隱居深念, 獨聞獨見. 夫舜亦賢聖矣, 南面而治天下, 唯其遇堯也. 使舜居桀紂之世, 能自免于刑戮之中, 則爲善矣, 亦何位之有. 桀殺關龍逢, 紂殺王子比干. 當此之時, 豈關龍逢無知而王子比干不慧哉. 此皆不遇時也. 故君子務學, 脩身端行而須其時者也. 子無惑焉. 詩曰, 鶴鳴于九皐, 聲聞于天.)[16]

이 예문 역시 ≪論語≫나 ≪순자≫의 예처럼 진채지간의 고사로부터 이야기를 풀어나간다. 그러나 진채지간 고사의 내용이 이미 매우 세세하고 복잡해져 있다. 어려운 상황에서도 공자 제자들이 자기 수양을 멈추지 않은 것을 보고, 자로가 좋은 일을 하면 복을 받는다는 전통 관념을 근거로 들며 선한 일을 오래 하신 선생님께서 어떻게 궁색한 처지에 빠지게 되었는가를 묻는다. 공자는 선한 일을 하고도 복을 받지 못한 역사적 예들로, 知者-王子比干, 義者-伍子胥, 廉者-伯夷叔齊, 忠者-鮑叔, 葉公子高-不任, 鮑焦-抱木而泣, 子推-登山而燔 등을 不遇時한 사람들로 예시한다. 그러면서 賢不肖-才, 遇不遇-時의 문제를 제

16) 원문과 그 번역은 屈守元, ≪韓詩外傳箋疏≫, 成都, 巴蜀書社, 1996, 599-608쪽 참조.

시한다. 현명하지만 어려운 처지에 있다가 때를 만난 예로 舜-堯, 傅說-武丁, 伊尹-湯, 呂望-文王, 管夷吾-齊桓公, 百里奚-秦繆公, 虞丘·孫叔敖-楚莊王 등을 예시하며, 공이 많았으나 죽임을 당한 예로 伍子胥-前遇闔閭-後遇夫差 등을 든다. 그리고 타고난 자질은 어려운 처지에 있다하여 없어지지 않으니 때를 기다려야 한다는 예로 驥-伯樂·造父를 든다. 그리고 군자는 深山의 난향처럼 窮-不憂, 困-志不衰 하며, 知禍福-心無惑해야 하며, 배움에 힘쓰고 몸을 닦으며 행실을 단정히 하면서 때를 기다려야 함을 논술한다.

이와 같은 ≪한시외전≫ 예문의 서술방식은 위에서 예로 든 ≪論語≫와 ≪순자≫의 서술 방식을 답습하면서 구체적 예나 세세한 표현과 내용에 있어서 복잡해지고 다양해졌다는 것을 알 수 있다. 그리고 이와 같은 서술 방식은 위에서 언급한 다른 세 문헌의 유사한 언급에서도 그대로 재현되며 정도의 차이를 보일 뿐이다.

5. ≪論衡·逢遇≫

遇不遇 문제에 대한 논의는 동한의 왕충에 의해 완전한 한편의 체계를 갖춘 글로 완성된다. 왕충 이전 漢代에 이 문제에 대한 논의는 단편적으로 여러 문헌에서 언급된다. 예를 들면 ≪戰國策·秦三·秦客卿造謂穰侯≫에서 秦나라 客卿인 造가 穰侯에게 齊나라를 공격할 시기를 놓치지 말 것을 설득하면서, “성인이라 할지라도 때를 만들 수 없으나, 때가 이르면 잃지 않는다. 순이

비록 현명하나 요를 만나지 않았다면 천자가 되지 못했을 것이다. 湯과 武가 비록 현명하나 桀과 紂의 세대를 당하지 않았다면 왕이 되지 못했을 것이다. 그러므로 舜, 湯, 武의 현명함으로도 때를 만나지 못하면 제왕이 될 수 없었다.(聖人不能爲時, 時至而弗失. 舜雖賢, 不遇堯也不得爲天子. 湯, 武雖賢, 不當桀, 紂, 不王. 故以舜, 湯, 武之賢, 不遭時不得帝王.)"[17]라고 말한다. 그리고 ≪淮南子·繆稱訓≫에도 "명이라는 것은 때에 만난 바이니, 재능은 있으나 세상을 만나지 못한 것은 천의 문제이다. 태공이 무슨 힘이 있었으며, 비간이 무슨 죄가 있었는가? 본성을 따라 행하고 멈추었는데, 해를 당하기도 하고 이로움을 얻기도 하였다. 구하는데 도가 있으나 얻게 되는 것은 명에 달려 있다. 그러므로 군자는 선을 행할 수는 있으나, 반드시 복을 받을 수 있는 것은 아니고, 그릇된 일을 차마 하지 못하나, 반드시 화를 면할 수 있는 것은 아니다.(命者所遭於時也 有其材不遇其世天也. 太公何力, 比干何罪, 循性而行止, 或害或利. 求之有道, 得之在命, 故君子能爲善, 而不能必其得福, 不忍爲非 而未能必免其禍.)"라고 도가적 입장에서 遇不遇 문제를 논하는 구절이 보인다. 또한 ≪鹽鐵論·貧富≫에도 漢 昭帝 때 '鹽鐵會議'를 개최하는데, 당시 토론에 참가했던 文學 유생이 공자의 말을 인용하면서, "군자는 때를 만나면 부하고 귀하게 되나, 때를 만나지 못하면 물러나 도를 즐긴다. 잇속에 자기를 연루시키지 않기 때문에 의로움에 어긋나는 것을 함부로 취하지 않는다. 은거하여 절개를 닦는 것은 행동을

---

17) 張清常, 王延棟, ≪戰國策箋注≫, 天津, 南開大學出版社, 1993, 116-117쪽 참조.

방해하지 않고자 함이다. 그러므로 명성을 더럽히면서 추세에 영합하지 않는다.(君子遭時則富且貴, 不遇, 退而樂道. 不以利累己, 故不違義而妄取. 隱居修節, 不欲妨行, 故不毁名而趨勢.)"[18]라고 주장한다. 이처럼 漢代의 다양한 문헌에서 遇不遇 문제에 대한 논의가 보이나 모두 단편적이고 체계적인 논의로 보기에는 부족하다.

遇不遇 문제를 전적으로 다루고 있는 최초의 한편의 글은 ≪論衡·逢遇≫편이다. 왕충이 <逢遇>편을 ≪論衡≫의 첫 편으로 삼은 것을 보면 매우 중요한 문제로 여겼다는 것을 알 수 있다. 인간사의 모든 문제를 때와의 遇不遇의 문제로 이해하려는 그의 의도의 반영일지도 모른다. 그는 이 문제를 서술하면서 ≪論語≫, ≪莊子≫, ≪荀子≫, ≪韓詩外傳≫에 보이는 공자의 진채지간의 고사에 드러난 '賢者-不遇'라는 명제로부터 시작하는 서술 방식을 취하지 않고, <窮達以時>의 서술 방식과 같이 遇不遇 주제에 대한 객관적 개념정리로부터 시작한다. 그러면서 遇不遇의 각종 경우의 수를 앞에서 인용한 ≪荀子≫ 이후의 문헌에서 다뤄지고 있는 '賢者-不遇' 혹은 '賢者自窮-遇時'의 단순한 패턴으로부터 벗어나 다양하게 분석을 시도한다. 먼저 臣과 君의 관계에서 賢과 才, 大才와 小才, 道의 精麤와 志의 淸濁, 姦巧合上志, 爲上所好, 稱媚於上, 進能有益, 納說有補 등의 각종 경우가 왜 遇하거나 不遇하게 되는가를 역사적 예를 들면서 구체적으로 서술한다.

18) 桓寬撰, 王利器校注, ≪鹽鐵論校注≫, 天津古籍出版社, 1983, <前言>과 218쪽 참조.

서술 과정에서 왕충은 물론 과거의 유관 문헌의 기록들을 참고하였을 것이다. 그러나 서술 방식이나 내용에 있어서 앞에서 인용한 ≪韓詩外傳≫(≪孔子家語·在厄≫, ≪史記·孔子世家≫, ≪說苑·雜言≫)의 경우처럼 이전의 글을 답습하지 않고 완전히 새롭게 논의를 전개한다. 遇不遇의 경우의 수를 훨씬 다각도로 분석하고 있으며, 경우에 따른 역사 속의 예들 또한 다양해졌다. 예를 들면 도가계열의 인물인 無擇, 伯成子高, 黃帝, 법가계열의 인물인 商鞅, 그리고 평범한 인물인 竊簪之臣, 鷄鳴之客, 嫫母, 無鹽, 그리고 자주 인용되는 유가계열 인물 외에도 漢代의 인물 籍孺, 鄧通 등을 예로 들고 있다. 그리고 인물들을 보는 시각 또한 전통적 관점과는 다른 각도에서 다양하게 분석을 시도한다. 예를 들면 유가의 전통에서 堯와 舜, 武王과 太公은 聖賢으로 인식된다. 그러나 왕충은 이들이 서로 遇한 것은 堯가 흐리고, 舜이 탁하며, 武王은 誅殘하고 太公은 討暴하기 때문에 서로 遇하게 되었다고 여긴다. 堯舜이나 武王 太公에 대한 이런 시각은 法家의 역사 이해의 관점이다.[19] 그리고 舜이 천하를 다스릴 때 皐陶는 정치를 도왔으나 無擇은 숨어버렸고, 禹가 천하를 다스릴 때 伯益은 정치를 도왔으나 伯成子高는 은거한 경우를 예로 든다. 無擇이나 伯成子高는 장자에 출현하는 인물들이다. 이처

19) 법가들의 이런 관점에 대한 논의는 사라알란 지음, 오만종 옮김, ≪선양과 세습≫, 예문서원, 2009, 280-286쪽 참조. 이 책은 "≪한비자≫에서는 순이 백성들을 자기 주위에 모았다는 것으로 전복행위를 암시하고, 신하들에게 '순이 요를 핍박했다(舜偪堯)'고 말하는 세객들을 경고하는 반면, ≪고본죽서기년≫에서는 순이 요를 감금했다고 노골적으로 말한다."라고 주장한다.

럼 왕충은 논술과정에서 유가의 전통적 관점에서 벗어나 필요에 의해 법가의 역사관이나 도가의 인물들을 자유스럽게 혼용하면서 논지의 설득력을 강화하고 있다.

그리고 이와 함께 정리하고 있는 개념들도 앞의 인용문에서 자주 언급되는 '遇不遇와 時, 賢不肖와 材' 등의 개념에 대한 보다 체계적 설명 외에도 더욱 다양한 경우에 대한 구체적 설명을 하고 있다. 예를 들면, "군주의 좋아하고 싫어함이 일정하지 않고, 신하가 진언하는 바도 예측할 수 없으니, 우연히 합하면 좋고, 마침 가하게 되면 최선이다. 그러니 나아가게 되었다 하여 반드시 현명하지는 않고, 물러났다고 반드시 어리석은 것은 아니다.(人主好惡無常, 人臣所進無豫, 偶合爲是, 適可爲上. 進者未必賢, 退者未必愚.)" 그리고 "능자를 추천하면 이익이 되고, 말을 받아들이면 도움이 된다는 것은 사람이 다 아는 바이다. 그런데 혹은 도움이 되지 않은 일로 은총을 받을 수도 있고, 이익이 되었는데도 죄를 받게 된다. 여름에 화로로 습기를 없앨 수도 있고, 겨울에 부채로 불을 부채질 할 수도 있다. 세상은 바랄 수 있으나 군주는 의지할 수 없는 것이다. 말은 바꿀 수 있으나 능력은 바꿀 수 없다.(進能有益, 納說有補, 人之所知也. 或以不補而得祐, 或以有益而獲罪. 且夏時鑪以炙濕, 冬時扇以翣火. 世可希, 主不可准也. 說可轉, 能不可易也.)" 이와 같이 遇不遇 사례에 대한 개념을 매우 구체적으로 정리한다. 끝으로 '遇'의 개념을 다음과 같이 정리한다. "구하지 않아도 스스로 이르고 하지 않아도 스스로 이루어지기 때문에 '遇'라고 이름한다. 마치 길에 떨어진 물건을 습득하고, 들에 버려진 물건을 줍는 듯 하고, 하늘이 내려주고 땅에서 자라나며, 귀신이 도와주는 것 같으며, 금식의 정령이 백리해를 천거하고 포숙의 혼이 관중을 천거하듯 하니, 이와 같기 때문에 '우'라고 한다.[20]

6. 맺는 말

본 장에서는 遇不遇 문제에 대한 논의 과정을 ≪論語≫에서 ≪논형≫까지의 문헌 기록을 중심으로 살펴보았다. 최초의 자료 형태인 ≪論語·衛靈公≫에서는 공자가 진채지간에서 곤궁한 처지에 빠지자, 제자인 자로가 선생님 같이 훌륭하신 분도 곤궁해질 수 있는가라는 질문을 하여 '君子不遇'라는 명제에 대한 의문을 제기한다. 이에 대해 공자는 교훈적 내용의 응답을 한다. 이 자료의 의의는 '君子不遇'라는 상황의 전개에 있다. 이 상황은 후에 ≪묵자≫에서 유가를 비판할 목적으로 공자의 불우를 희극적으로 묘사하게 되고, ≪장자≫에서는 현실에서 공명을 추구하는 것이 헛된 꿈이라는 도가적 주제의 논의를 위해 사용된다. 그리고 ≪荀子≫에 이르러 '君子不遇'의 문제에 대하여 보다 자세하게 논술이 이루어진다. 진채지간의 고사로부터 군자불우의 주제를 이끌어 내고, 이어서 비간, 관용봉, 오자서 등과 같이 군자불우하여 어려운 처지에 빠진 경우와, 또한 심산의 난초가 사람이 없어도 향을 발하듯이 어려운 상황에서도 뜻을 키

20) 黃暉, ≪論衡校釋·逢遇≫, "不求自至, 不作自成, 是名爲"遇". 猶拾遺於塗, 摭棄於野, 若天授地生, 鬼助神輔, 禽息之精陰慶(薦), 鮑叔之魂默擧, 若是者, 乃"遇"耳." 9쪽.

웠던 중이, 구천, 소백 등을 예로 들어 교훈적인 의미를 전달한다. 이런 내용과 서술 방식은 비록 책의 저술 목적에 따라 약간의 변형이나 내용상의 가감의 차이는 있으나, ≪孔子家語·在厄≫, ≪韓詩外傳≫, ≪史記·孔子世家≫, ≪說苑·雜言≫ 등에서 유사하게 다시 기록된다.

그리고 우리가 주목할 또 하나의 자료는 郭店竹簡에 보이는 <窮達以時>이다. 이 자료는 ≪순자≫의 시기와 유사하거나 조금 빠른 시기의 것으로 추정할 수 있다. 그러나 내용과 서술방식은 ≪순자≫와 사뭇 다르다. 처음 논의를 ≪장자≫와 ≪순자≫에 보이는 개념으로 시작한 점이나, 순자의 군자로서 때를 만나지 못하여 어려운 상황에 처한 역사적 예와는 달리, 곤궁에 처했다가 때를 만난(自窮遇時) 경우를 예로 든다. 그러나 마지막에 자신을 돌아보는 일에 돈독히 해야 한다는 교훈적 설명은 잊지 않는다.

≪論衡·逢遇≫편에서는 이런 이전의 遇不遇에 대한 논의의 내용이나 방식을 답습하지 않고, 이 문제에 대해 객관적인 입장에서 종합적이고 체계적인 논의를 하면서 이전의 논의 내용들을 행간에 녹여 넣고 있다. 왕충은 ≪論語≫, ≪순자≫, ≪한시외전≫ 외의 유사 자료에서 보이는 유가적인 전통 속에서의 사상전승과 문헌자료계승 차원의 답보적인 기술 방식을 취하지 않는다. 그리고 주제의 논의에 필요하다면, 유가뿐만 아니라 도가, 법가, 그리고 漢代의 자료들까지 어느 한 학파에 제한되지 않으며, 古今을 불문하고 충분히 이용하면서 논리를 전개하고 있음을 볼 수 있다.

왕충은 <逢遇>편에서 遇不遇 문제를 논의하면서 命의 개념을 개입시키지 않고 있다. 인간사의 문제를 성찰하면서 遇와 不遇라는 측면을 중심으로 보는데, 이와 깊이 연관을 갖고 있는 命에 대해 함께 논술하지 않은 것은 무엇을 의미하는 것일까? 왕충은 다른 편에서 명에 대해 다각도로 논의를 진행하면서, 오히려 祿, 遭, 遇, 幸, 偶 등의 개념을 개입시킨다. 그러면서도 <逢遇>편을 따로 논술하여 ≪논형≫의 첫편으로 삼은 것은 아마도 태어나면서 命을 받는다고[21] 보는 왕충에게 인간사에 있어서 遇不遇의 역동적 변화가 훨씬 중요한 요소로 여겨졌기 때문일지도 모른다.

---

21) ≪論衡校釋·初稟≫, "人生受性, 則受命矣." 125쪽.

제3장 妺喜, 妲己, 褒姒

1. 妺喜
2. 妲己
3. 褒姒
4. 맺는 말

제3장

妹喜, 妲己, 褒姒

중국역사의 초창기 왕조 교체시기에 미인이 자주 등장하여 왕을 미혹하고 국가를 혼란에 빠트리는 데 결정적 역할을 한 것으로 문헌들은 기록한다. 이런 기록들은 심지어 왕조의 멸망과 여인과의 관계에 일정한 틀이 있음을 보여주려고 한다. 이는 한 왕조가 어떤 왕후를 만나게 되느냐에 따라 그 왕조의 존망과 매우 직접적으로 연관되었던 사례가 많았던 사실에 근거한 결과일 것이다. 본 장에서는 夏, 商, 周 三代의 멸망과 관련된 后妃들에 관한 문헌기록을 분석함으로써, 왕조의 멸망에 후비들이 어떤 역할을 했고, 이를 기록한 후대인들의 史觀은 무엇이며, 어떤 의미가 있는지 등을 중심으로 논술하려고 한다.

≪國語·晉語≫에 보이는 다음 기록은 夏, 商, 周 三代의 멸망을 일정한 틀로 인식하려는 경향이 보인다. 晉나라 獻公 때, 헌공이 驪戎을 정벌하기 전에 점을 쳤는데, 史蘇[1]가 점괘를 보고

1) 晉나라 대부로 占卜을 관장하였음.

"이기나 길하지 않습니다."라고 말한다. 그러자 헌공이 "무슨 뜻인가?"라고 묻자, 사소가 대답하길, "점괘의 조짐을 보니, 뼈를 입에 물고서 이빨이 이를 놓지 않으려고 합니다. 이는 여융과 夏가 서로 맞물려 있다는 뜻입니다. 서로 맞물려 있다는 것은 교대로 이기게 됩니다. 신이 그렇기 때문에 이렇게 풀이한 것입니다.……." 헌공은 듣지 않고 마침내 여융을 쳐서 이겼다. 그리고 驪姬를 얻어 돌아와 총애하고, 부인으로 세웠다. 헌공은 대부들과 술자리를 마련하고, 司正으로 하여금 사소에게 술잔을 주도록 하면서 말했다. "술만 마시고 안주는 없소. 여융의 전쟁에서 그대가 말하길, '이기나 길하지 않다'고 하였기 때문에 그대에게 상으로 한 잔의 술을 내리나 벌로 안주는 없는 것이요. 이기고 妃까지 얻었으니 이보다 더 좋은 일이 어디 있겠소!" 하자, 사소는 술잔을 비우고 재배하며 머리를 조아리고 말하길, "점괘의 조짐이 있었으니 신은 감히 감출 수가 없었습니다. 조짐을 감추는 것은 신의 직분을 잃는 것이니, 이 두 가지 죄를 범한다면 어떻게 군주를 섬길 수 있겠습니까? 큰 벌이 장차 이를 텐데 안주 없는 것은 아무 것도 아닙니다. 그리고 군주께서 그 길함을 좋아하시나 그 흉함도 방비하시기 바랍니다. 흉함이 없게 되면 방비한들 무슨 해가 있겠습니까? 만약 흉함이 있게 되면 방비하였으니 치유가 될 것입니다. 신의 점괘 해석이 틀리면 나라의 복이니, 어찌 감히 벌 받는 것을 두려워하겠습니까!" 라고 하였다. 술을 마시고 밖으로 나가 사소는 대부들에게 말하길, "남자의 전쟁이 있으면 반드시 여자의 전쟁이 있다. 만약 진나라가 남자의 전쟁으로 여융을 이기면, 여융은 반드시 여자의 전쟁으로 진나라를 이길 것이다. 어찌하면 좋은가!" 라고 하자, 里克이 말하길, "무슨 말이요?" 史蘇가 말하길, "옛날 하나라 걸이 유시씨를 치자 유시씨 사람들은 妹喜를 걸에게 보냈다. 말희가 걸에게 총애를 받자 이윤과 가까이 하면서 하나라를 멸망시켰다. 은나라 帝辛이 유소씨를 치자 유소씨 사람들은 妲己를 보냈다. 달기가 총애를 받자 교격과 가까이 하면서 은나라를 멸망시켰다. 주나라 유왕이 유포씨를 치자 유포씨 사람들은 포사를 보냈다. 포사가 유왕에게 총애를 받고 백복을 낳자, 虢石甫와 가까이 하면서, 태자 宜臼를 축출하고 백복을 세웠다. 태자는 신나라로 달아났다. 申나라 사람들과 鄫나라 사람들은 서융을 불러들여 주나라를 쳐, 주나라는 결국 멸망하였다. 지금 진나라는 덕은 부족하면서 포로로 붙잡아온 여자에 안주하고 게다가 총애를 더하고 있으니, 비록 하, 상, 주 삼대의 마지막 왕처럼 멸망한다 하여도 그렇지 않겠는가?"[2] 라고 하였다.

---

2) 獻公卜伐驪戎, 史蘇占之, 曰 : "勝而不吉." 公曰 : "何謂也?" 對曰 : "遇兆, 挾以銜骨, 齒牙爲猾, 戎·夏交捽. 交捽, 是交勝也, 臣故云."……公弗聽, 遂伐驪戎, 克之. 獲驪姬以歸, 有寵, 立以爲夫人. 公飲大夫酒, 令司正實爵與史蘇, 曰 : "飲而無肴. 夫驪戎之役, 女曰 '勝而不吉', 故賞女以爵, 罰女以無肴. 克國得妃, 其有吉孰大焉!" 史蘇卒爵, 再拜稽首曰 : "兆有之, 臣不敢蔽. 蔽兆之紀, 失臣之官, 有二罪焉, 何以事君? 大罰將及, 不唯無肴. 抑君亦樂其吉而備其凶, 凶之無有, 備之何害? 若其有凶, 備之爲瘳. 臣之不信, 國之福也, 何敢憚罰!" 飲酒出, 史蘇告大夫曰 : "有男戎必有女戎. 若晉以男戎勝戎, 而戎必以女戎勝晉, 其若之何!" 里克曰 : "何如?" 史蘇曰 : "昔夏桀伐有施, 有施人以妹喜女焉, 妹喜有寵, 於是乎與伊尹比而亡夏. 殷辛伐有蘇, 有蘇氏以妲己女焉, 妲己有寵, 於是乎與膠鬲比而亡殷. 周幽王伐有褒, 褒人以褒姒女焉, 褒姒有寵, 生伯服, 於是乎與虢石甫比, 逐太子宜臼,

史蘇가 里克에게 여자를 총애하다가 멸망한 하, 상, 주 삼대의 말기 왕의 선례를 들어 진 헌공이 驪嬉를 데려와 총애하는 것은 나라를 멸망하게 하는 징조라고 주장한다. 우리의 관심은 사소가 정리하여 설명하고 있는 세 가지 역사적 사건의 전개 양상과 틀이 구조적으로 유사하다는 점이다. 아래에서 이 세 史實에 관한 문헌 기록들을 중심으로 그 이야기의 형성 과정과 의미들을 비교 분석하려고 한다.

1. 妺喜

중국 역사에서 夏 왕조의 마지막 왕인 桀을 미혹하여 그 왕조를 멸망의 길로 빠뜨린 여인은 妺喜[3]다. 桀이 妺喜를 만나게 되는 과정에 대한 기록은 다음 몇 곳에 보인다. 앞에서 인용한 ≪國語·晉語≫에는 "옛날 하나라 걸이 유시씨를 치자 유시씨 사람들은 妺喜를 걸에게 보냈다. 말희가 걸에게 총애를 받자 이윤과 가까이 하면서 하나라를 멸망시켰다.(昔夏桀伐有施, 有施人以妺喜女焉, 妺喜有寵, 於是乎與伊尹比而亡夏.)"고 기록한다. 하왕 걸이 유시씨 부족을 치자, 유시씨 부족은 말희를 보내 걸의 총애를 받게 하여 하왕조를 멸망에 이르게 하였다고 본 것이다.

而立伯服. 太子出奔申, 申人·鄫人召西戎以伐周, 周於是乎亡. 今晉寡德而安俘女, 又增其寵, 雖當三季之王, 亦不可乎?" 林東錫, ≪國語≫, 동서문화사, 2009年12月, 507-513쪽을 참조하여 번역하였다.

3) 妺喜는 末喜, 妺嬉 혹은 末嬉로도 표기된다.

≪楚辭·天問≫에는 다음과 같은 기록이 보인다. “걸왕은 몽산을 쳐서 무엇을 얻었는가? 말희는 어찌 방자하였고, 탕왕은 왜 걸을 죽였는가?(桀伐蒙山, 何所得焉? 妺嬉何肆, 湯何殛焉?)” <천문>의 내용은 함축적이어서 정확하지 않지만, 전후 문맥을 보면 걸왕이 몽산을 쳐서 말희를 얻었는데, 말희가 걸왕과 방탕한 생활을 하게 되고 탕왕이 걸을 쳐서 죽였다라고 이해할 수 있다. 夏王 桀이 ≪國語·晉語≫에서는 有施氏를 정벌하여 妺喜를 얻었다고 하고, ≪楚辭·天問≫에서는 蒙山을 정벌하여 말희를 얻었다고 이해한다면, 말희는 조국의 복수를 위해 걸왕을 여색에 빠지게 하여 하나라를 결국 멸망에 이르게 하였다고 볼 수 있다. 그러나 ≪竹書紀年≫에는 다른 기록이 보인다. 즉 “걸왕이 민산국을 치자, 민산국은 걸왕에게 두 여인을 보냈는데, 완과 염이다. 걸은 두 여인을 받아들이고, 자식이 없자, 초화의 옥에 그들의 이름을 새겼는데, 초옥에는 완을 화옥에는 염을 새겼다. 그리고 원비를 낙수 가에 버렸는데 그가 말희다. 말희는 이윤과 교류하면서 마침내 하나라를 이간하였다.(后桀伐岷山, 岷山女于桀二人, 曰琬, 曰琰. 桀受二女, 無子, 刻其名于苕華之玉, 苕是琬, 華是琰. 而棄其元妃于洛, 曰末喜氏. 末喜氏以與伊尹交, 遂以間夏.)”[4] ≪竹書紀年≫에서는 걸왕이 岷山國을 쳐서 완과 염이라는 두 여인을 얻었고, 그 일로 인하여 元妃인 말희가 낙수 가에 버려지게 되며, 말희는 이윤과 교류하면서 하나라를 이간하였다고 기록한다.

4) 方詩銘, 王修齡, ≪古本竹書紀年輯證≫, 上海古籍出版社, 1981年2月, 16쪽.

≪國語·晉語≫, ≪楚辭·天問≫ 그리고 ≪竹書紀年≫의 말희에 관한 기록을 비교해 보면, 몇 가지 점에서 차이를 보인다. 우선 걸왕이 정벌한 곳이 ≪國語·晉語≫에서는 有施氏, ≪楚辭·天問≫에서는 蒙山, ≪죽서기년≫에서는 민산국이다. 말희와 관련된 이런 전설적 기록을 역사적 사실로 간주하여 걸왕이 정벌한 곳을 각기 다른 세 부족으로 볼 것인지, 아니면 한 사건이 서로 다른 지역의 전설 기록 과정에서 발생한 차이로 볼 것인지 의문이 생긴다.[5] 그리고 걸왕이 먼저 유시씨나 몽산을 정벌하여 말희를 얻어 총애를 하다 원비로 삼고, 그 후에 민산국을 정벌하여 완과 염이라는 두 여인을 얻은 것은 아닌가 하는 의문도 자연스럽게 할 수 있다. 그러나 위의 기록이 전설이라는 점을 감안한다면 이런 의문은 불필요하다. 중요한 점은 말희와 관련된 이런 기록이 무엇을 말하는가에 있다. 만약 기록의 차이가 단지 전설의 지역적 차이에서 연유했다면, 이야기의 핵심은 말희가 걸왕에게 간 후, 하나라가 멸망하게 되는데 결정적인 역할을 했다는데 있다. 위의 세 기록을 비교해 보면, ≪國語≫와 ≪楚辭≫의 경우는 말희가 하나라를 멸망에 이르게 한 것은 조국을 위한 복수 때문이며, ≪竹書紀年≫의 경우는 걸왕이 다른 여인을 총애

5) 羌亮夫는 ≪楚辭通故≫에서 다음과 같이 설명한다. "≪국어≫, ≪죽서≫ 그리고 <천문>의 세 가지 설명이 다른 것은 마땅히 지방 전설의 차이에서 온 것이다. 그러나 蒙과 岷은 일성지전으로 여기의 蒙山은 <우공>의 '蔡蒙旣平'의 蒙일 것이다.(≪國語≫, ≪竹書≫與<天問>三說不同, 當由地方傳說之異, 然蒙岷當爲一聲之轉, 此蒙山의 蒙當卽<禹貢>'蔡蒙旣平'之蒙.)" 昆明, 雲南人民出版社, 1999年12月, 233쪽 참조.

하자 질투 때문에 하나라를 멸망에 이르게 한 것으로 이해할 수 있다.

말희가 하 왕조를 멸망에 이르게 하는 데는 두 가지 서로 다른 기록이 보인다. 첫째는 걸이 말희를 총애하였기 때문이고, 둘째는 琬과 琰 때문에 말희가 걸의 총애를 잃었기 때문이다. 첫 번째의 桀이 妹喜를 총애하는 상황도 두 가지로 나뉘는데, 원래 후비인 말희를 총애하는 경우와 다른 나라를 정벌하여 얻은 말희를 총애하는 경우이다. ≪列女傳·孼嬖傳≫에 처음 소개되는 인물이 걸의 후비인 말희이다. 여기에서 말희는 미인이나 덕이 부족하여 나라를 어지럽게 하고 해를 끼치며, 무도한 여자로 남자 같은 성격의 소유자로 묘사된다. 여색에 빠진 걸은 밤낮으로 걸희와 궁녀들과 음주를 하고, 말희를 무릎에 앉혀 그의 말을 들으며 혼란에 빠져들어, 도를 잃고 교만과 사치를 일삼는다.[6] 여기에서 말희의 형상은 걸의 마음을 바로잡지 못하고, 오히려 방탕한 생활에 젖어들게 하여 나라를 망하게 한 악덕 후비의 모습이다. 걸이 다른 나라를 정벌하여 얻은 말희는 ≪國語·晉語≫의 기록처럼 조국을 위해 걸을 여색에 빠뜨려 나라를 멸망으로 이끄는 복수의 이미지가 강하다.

두 번째의 경우는 말희가 琬과 琰 때문에 걸에게 총애를 잃고 하나라를 멸망에 이르게 한다. 앞에서 인용한 ≪竹書紀年≫의 기록에 걸왕이 민산국을 쳐서 완과 염을 얻고, 원비인 말희를

6) “末喜者, 夏桀之妃也. 美於色, 薄於德, 亂孼無道, 女子行丈夫心, 佩劍帶冠. 桀既棄禮義, 淫於婦人,…… 日夜與末喜及宮女飮酒, 無有休時. 置末喜於膝上, 聽用其言, 昏亂失道, 驕奢自恣.” 黃淸泉注譯, ≪列女傳≫, 臺北, 三民書局印行, 1996, 344쪽.

낙수 가에 버리자, 말희는 이윤과 교류하여 하나라를 이간한다고 묘사된다. 유사한 기록이 ≪呂氏春秋·愼大≫편에도 보이는데, 비록 걸이 완과 염을 어떻게 얻게 되었는지 언급하고 있지 않지만, 하나라에 첩자로 갔던 이윤이 돌아와 상왕 탕에게 보고하는 내용에 "걸이 말희에게 미혹되고 완과 염을 좋아하여 백성들을 걱정하지 않는다(桀迷惑於末嬉, 好彼琬, 琰, 不恤其衆.)"고 말한다. 이어지는 내용에서 탕왕은 이윤과 하나라를 멸망시키기로 맹약을 하고, 이윤은 다시 하나라로 가서 말희의 말을 듣는다. 말희는 천자의 꿈에 동쪽과 서쪽에 태양이 있었는데, 서로 싸우다 서쪽 태양이 승리하였다고 말한다. 이윤이 이 이야기를 탕왕에게 말하자 탕왕은 믿고 서쪽으로부터 공격하여 승리하게 된다.[7] ≪呂氏春秋≫의 기록은 ≪竹書紀年≫의 말희가 이윤과 교류하여 하나라를 이간시킨다고 하는데, 그 구체적인 이야기를 서술하고 있는 듯하다. 비록 그 내용이 허구적인 꿈 이야기이긴 하지만, 말희가 걸왕의 꿈 이야기와 같은 사적인 내용조차 누설함으로써 많은 정보가 이윤에게 흘러들어가고, 그리하여 하나라가 결국 멸망에 이르게 된다는 것을 말한다고 본다. 말희가 왜 걸을 배반하고 이윤과 결탁하게 되었는지는 언급하고 있지 않다. 그러나 다른 전적의 기록과 비교하여 유추한다면,

7) "湯與伊尹盟, 以示必滅夏. 伊尹又復往視曠夏, 聽於末嬉. 末嬉言曰, 今昔天子夢西方有日, 東方有日, 兩日相與鬪, 西方日勝, 東方日不勝. 伊尹以告湯. 商涸旱, 湯猶發師, 以信伊尹之盟, 故令師從東方出於國, 西以進. 未接刃而桀走, 逐之至大沙, 身體離散, 爲天下戮." 陳奇猷校釋, ≪呂氏春秋≫, 臺北, 華正書局, 1985, 844쪽 참조.

말희와 완과 염이 어떻게 궁중에 들어오게 되었는지 알 수 없는 상황에서 보면, 걸이 완과 염을 총애하게 되자 질투심에서 비롯된 행동이라고 볼 수 있다.

위에서 언급한 桀과 妺喜와 관련된 기록을 근거로 하 왕조를 멸망하게 한 원인을 도표로 나타내면 다음과 같다.

夏王朝

戰爭
國語　　桀 — 有施
| 復讎　交流
妺喜　　— 伊尹(湯)

戰爭
楚辭　　桀 — 蒙山
| 復讎　滅亡
妺喜　　— 湯

戰爭
竹書紀年　　桀　—　岷山
| 嫉妬 ＼ 寵愛 | 復讎
妺喜　—　琬·琰
| 離間
— 伊尹(湯)

放蕩　　滅亡
列女傳　　桀 — 妺喜 — 湯

2. 妲己

商 왕조의 멸망과 연관된 여인은 妲己이다. 달기는 상의 마지막 왕인 紂의 후비로 알려져 있다. 하나라를 멸망에 이르게 한 여인 妹喜와 마찬가지로 妲己도 왕 紂를 만나는 과정이 유사하다. 紂王이 다른 나라를 정벌하여 얻게 되는데, 앞에서 인용한 ≪國語·晉語≫의 "은나라 帝辛이 有蘇씨를 치자 유소씨 사람들은 妲己를 보냈다. 달기가 총애를 받자 교격과 가까이 하면서 은나라를 멸망시켰다."는 기록에 의하면 달기는 유소씨 부족의 여인이다. ≪竹書紀年≫에도 "왕(紂)의 군대는 유소씨 부족을 정벌하여 달기를 얻어 돌아왔다.(王師伐有蘇, 獲妲己以歸.)"[8]와 같은 비슷한 기록이 보인다. 위의 두 기록에 의하면 상왕 紂는 유소씨 부족을 쳐서 달기라는 여인을 얻었고 그를 총애하게 되었다는 것을 알 수 있다. 아울러 유소씨 부족이 의도적으로 딸을 보내 상나라 군주를 미혹하게 하여 멸망에 이르게 함으로써 복수를 한다는 이야기로 이해할 수 있다.

달기가 紂王을 만나 후 총애를 한 몸에 받게 되면서 정치에도 간여하게 된다. 周나라 武王이 紂를 치려고 하면서 군사들에게 훈계하는 내용의 글인 ≪書經·牧誓≫편에 달기에 관한 이런 기록이 보인다. "옛사람의 말에 '암탉은 새벽에 울지 않는다. 암탉이 새벽에 울면 집안이 망한다.'라고 한다. 지금 상왕 수는 오직 여자(달기)의 말만 듣고, 그가 마땅히 지내야 할 제사를 버리고 지내지 않으며, 살아계신 왕의 부모와 동생들도 버리고 거들떠

8) 方詩銘, 王修齡, ≪古本竹書紀年輯證≫, 230쪽.

보지 않고 있다. 그리고 사방에서 죄를 짓고 도망 온 자들을 높이고 공경하며, 이들을 믿고 써서 대부와 경사로 삼고, 백성들에게 포악한 짓을 하게 하며, 상읍에서 간사하고 악독한 짓을 일삼도록 하였다.(古人有言曰, '牝雞無晨, 牝雞之晨, 惟家之索.' 今商王受, 惟婦言是用, 昏棄厥肆祀弗答, 昏棄厥遺王父母弟不迪, 乃惟四方之多罪逋逃, 是崇是長, 是信是使, 是以爲大夫卿士, 俾暴虐于百姓, 以姦宄于商邑.)"[9] 여기에서 달기는 조상에게 제사를 지내지 않고 왕족들을 돌보지도 않으며, 사방에서 도망 온 죄인들을 등용하여 백성과 나라에 나쁜 일을 저지르게 한다. 武王이 紂를 칠 때에는 달기가 후비가 되었을 때이므로, 후비로서 해야 할 제사와 왕족 간의 화합에 힘쓰지 않고, 정치에 간여함으로써 백성들을 힘든 상황에 빠지게 한 것이다. ≪書經≫의 이 내용은 유가에서 중시하는 개념인 남자는 바깥일을 주관하고 여자는 집안일을 주관한다는(男主外, 女主內) 생각이 반영되어 있다. '소위 암탉이 울면 집안이 망한다'라는 속담의 근원이 되는 이야기다. 후비로서 마땅히 해야 할 임무를 행하지 않고 왕을 종용하여 정치에 간여하는 모습을 보여준다.

달기의 모습은 사마천의 ≪史記≫와 劉向의 ≪列女傳≫에 이르면 商王 紂의 后妃로서 자행된 다양한 악행이 구체적으로 묘사된다. ≪列女傳≫은 그 내용을 보면 ≪史記≫의 기록을 근거로 작성되었으므로, 여기서는 ≪列女傳≫을 위주로 소개하기로 한다.

---

9) 金學主, ≪書經≫, 서울, 明文堂, 2002, 271쪽을 참조하여 번역하였다.

달기는 은왕 주의 후비이다. 주왕의 총애를 받았다. 주왕은 재능과 힘이 일반인보다 뛰어나고, 맨손으로 맹수를 칠 정도였다. 지혜는 간언을 거절하기에 족하고, 언변은 그릇된 것을 장식하기에 충분했다. 신하들에게 자신의 능력을 자랑하고, 천하의 제후들에게 자신의 명성을 드높이며, 스스로 다른 사람들은 모두 자기보다 못하다고 여겼다. 그리고 술을 좋아하고, 쾌락을 즐겨 달기와 한시도 떨어지지 않았다. 달기가 좋아하는 것은 귀하게 여기고, 달기가 싫어하는 것은 주살하였다. 새롭고 음탕한 노래와 북방의 비속한 춤 그리고 퇴폐적인 음악을 짓고, 진귀한 물건은 거두어 후궁에 쌓아놓고 간신과 궁녀들이 모두 바라는 만큼 갖게 하였다. 술지게미가 쌓여 언덕이 되고 술이 흘러 연못이 되었다. 매달린 고기가 숲을 이루고 사람들로 하여금 옷을 벗고 그 사이에서 서로 쫓으며 밤새도록 술을 마시게 하였으며, 달기는 그것을 좋아하였다. 그러자 백성들은 원망하고, 제후들은 배반한 자가 있게 되었다. 주왕은 불로 굽거나 지지는 형벌을 만들고, 구리기둥에 기름을 발라 숯불 위에 가로 놓고 죄인들에게 그 위를 걷게 하다가 숯불 속으로 떨어지면 달기는 좋아하였다. 비간이 간언하여 말하길, "선왕의 법을 닦지 않고 여자의 말을 들으면 재화가 곧 이를 것입니다."라고 하였다. 주왕은 분노하며 요망한 말이라 여겼다. 달기가 말하길, "제가 듣기에 성인의 심장에는 7개의 구멍이 있다고 합니다."라고 하였다. 그리하여 그의 심장을 해부하여 살펴보고 기자를 가두자, 미자는 떠나갔다. 무왕은 마침내 천명을 받고 군사를 일으켜 주왕을 쳤다. 牧野에서 전쟁을 하니 주왕의 군사들은 창을 거꾸로 들었다. 이를 보고 주왕은 廩臺에 올라 보배와 옥으로 된 옷을 입고 자살하였다. 이에 무왕은 천벌을 집행하면서 달기의 머리를 베어 작은 흰색 기에 매달아 주왕을 멸망하게 한 여인이라고 하였다. ≪서경≫에 이르길, "암탉은 아침에 울지 않는다. 암탉이 아침에 울면 집안이 망한다."라고 하고, ≪시경≫

에 이르길, "군자가 소인을 믿으니 어지러움이 더욱 심해지네. 그들은 함께 할 사람들이 아니며, 오직 왕의 병폐만 되네."라고 하니 이를 두고 한 말이다.(妲己者, 殷紂之妃也. 嬖幸于紂. 紂材力過人, 手格猛獸, 智足以距諫, 辯足以飾非, 矜人臣以能, 高天下以聲, 以爲人皆出己之下, 好酒淫樂, 不離妲己, 妲己之所譽貴之, 妲己之所憎誅之. 作新淫之聲, 北鄙之舞, 靡靡之樂, 收珍物, 積之于後宮, 諛臣群女咸獲所欲, 積糟爲邱, 流酒爲池, 懸肉爲林, 使人裸形相逐其間, 爲長夜之飮, 妲己好之. 百姓怨望, 諸侯有畔者, 紂乃爲炮烙之法, 膏銅柱, 加之炭, 令有罪者行其上, 輒墮炭中, 妲己乃笑. 比干諫曰 : "不修先王之典法, 而用婦言, 禍至無日." 紂怒, 以爲妖言. 妲己曰: "吾聞聖人之心有七竅." 于是剖心而觀之. 囚箕子, 微子去之. 武王遂受命, 興師伐紂, 戰于牧野, 紂師倒戈, 紂乃登廩臺, 衣寶玉衣而自殺. 于是武王遂致天之罰, 斬妲己頭, 懸于小白旗, 以爲亡紂者是女也. 書曰 : "牝鷄無晨, 牝鷄之晨, 惟家之索." 詩云: "君子信盜, 亂是用暴, 匪其止共, 維王之邛." 此之谓也.)[10]

≪列女傳≫의 이 기록은 ≪書經·牧誓≫편과 ≪史記·殷本紀≫를 토대로 일부 내용을 그대로 옮겨오거나 약간의 수정을 통해 달기의 역할을 두드러지게 하고 있다. 특히 비간이 주왕에게 간언을 한 후, "성인의 심장에 일곱 개의 구멍이 있다고 들었다"는 말을 한 사람이 ≪史記·殷本紀≫에서는 주왕이나, ≪列女傳≫에서는 달기가 한 것으로 기록된다. ≪列女傳≫의 기록자인 劉向이 달기의 악덕 이미지를 드러냄으로써 이야기의 극적 효과를 높이기 위해 수정을 가한 것으로 볼 수 있다. 달기는 ≪列女傳≫

10) 黃淸泉注譯, ≪新譯列女傳≫, 臺北, 三民書局印行, 1996年, 347-350쪽 참조.

의 <孽嬖傳>에 소개된 인물로 그 특징이 황제의 총애를 받고 온갖 악행을 저질러 나라를 기울게 한다. 그는 재능 있고 교만한 주왕을 자기에게서 떨어지지 못하게 하고, 자기의 好惡에 따라 행동하게 하였다. 주왕은 달기를 위해 酒池肉林의 향연을 베풀고, 사람을 불에 태워 죽이거나 심장을 도려내게 하여 그것을 즐기게 하였다. 달기로 인한 주왕의 이런 타락한 행위는 나라를 혼란에 빠지게 하여, 결국 주왕의 정벌을 받고 나라를 멸망에 이르게 한다. 군주를 미혹하여 나라를 패망하게 한 후비의 모습이다.

紂와 妲己와 관련된 기록을 근거로 商 왕조를 멸망하게 한 원인을 도표로 나타내면 다음과 같다.

商王朝

戰爭
國語 紂 — 有蘇
| 復讎 交流
妲己 — 膠鬲

戰爭
竹書紀年 紂 — 有蘇
| 復讎
妲己

放蕩 滅亡
列女傳 紂 — 妲己 — 武王
| 殺害
比干

3. 褒姒

西周의 멸망과 연관된 여인은 幽王시기의 褒姒로, 妺喜나 妲己처럼 왕이 다른 국가를 정벌하여 얻게 된다. 앞에서 인용한 ≪國語·晉語≫의 포사에 관한 기록은 조금 복잡하다. 즉 "주나라 유왕이 유포씨를 치자 유포씨 사람들은 포사를 보냈다. 포사가 유왕에게 총애를 받고 백복을 낳자, 虢石甫와 가까이 하면서, 태자 宜臼를 축출하고 백복을 세웠다. 태자는 신나라로 달아났다. 申나라 사람들과 鄫나라 사람들은 서융을 불러들여 주나라를 쳐, 주나라는 결국 멸망하였다."[11] 이 ≪國語≫의 기록에 의하면 유포씨 부족의 여인인 포사는 유왕의 총애를 받아 아들 백복을 낳고, 자기 자식을 태자로 삼기 위해 후비 신후의 아들인 태자 宜臼를 폐위시켜 축출한다. 의구는 申나라로 도망가 鄫나라와 서융과 힘을 합쳐 西周를 멸망시킨다. 포사가 서주를 멸망하게 한 직접적인 원인은 자신의 아들을 태자로 삼기 위해 원래 태자를 폐위시킨 정치적 욕망에서 비롯되었다. 말희나 달기처럼 자기 조국을 멸망시킨 것에 대한 복수의 심리에다 자기 아들을 후계자로 앉히려는 정권에 대한 야심을 드러낸다.

다른 문헌의 기록에 의하면, 포사의 탄생과 관련하여 신화적 요소가 섞여 있다. 이와 관련한 주요 문헌으로는 ≪國語·鄭語≫,

11) 유왕이 포사를 얻게 되는 과정이 ≪國語·鄭語≫에는 다른 기록이 보인다. 즉 "포나라 사람들은 그들의 군주인 褒姁가 주나라에 죄를 지어 옥에 갇히자, 이 여자[褒姒]를 주왕에게 바쳤고, 주왕은 마침내 곁에 두고 이 여자를 총애하였다.(褒人褒姁有獄, 而以爲入於王, 王遂置之, 而嬖是女也.)"

≪史記·周本紀≫ 그리고 ≪列女傳·孼嬖傳≫이 있는데, 그 내용이 대동소이하다. 먼저 ≪國語·鄭語≫에 보이는 기록의 전반부를 중심으로 살펴보기로 한다. 아래 내용은 정나라 桓公이 史伯에게 "주나라가 피폐해질 것인가?"라는 물음에 그가 답하는 내용의 일부이다.

선왕 때의 동요가 있었는데, '뽕나무 활과 箕木으로 만든 화살통을 팔러 다니는 자가 주나라를 망하게 하리라.'하였습니다. 선왕이 이 소문을 듣고 그 기물을 팔러 다니는 부부가 있자 왕은 그들을 잡아 죽이게 하였습니다. 이 때 王府의 소첩이 여아를 낳았는데, 왕의 자식이 아니었으므로 두려워 버렸습니다. 그 부부는 이 자식을 거두어 포나라로 달아났습니다. 하늘의 명이 이처럼 오래 되었는데 어찌 나라가 지탱될 수 있겠습니까? ≪訓語≫에 다음과 같은 말이 있습니다. "하나라가 쇠퇴하자 포나라 사람들의 신이 두 마리 용으로 변하여 하나라 조정에 함께 나타나 말하길, '나는 포나라의 두 임금이다.'라고 하였다. 하나라 왕 걸은 이를 죽일 것인지 여부에 대해 점을 쳤는데, 죽이든 그대로 두든 길하지 않았다. 다시 점을 쳤더니 용의 침을 받아 보관하면 길하다고 하였다. 이에 布幣를 바치고 제문을 지어 아뢰니 용이 사라지고 침만 남았다. 함을 만들어 침을 보관하고 교제를 올렸다." 은나라와 주나라 때에 이를 열어보지 않다가 여왕의 말기에 열어 보았더니, 용의 침이 궁정으로 흘렀으나 이를 제거할 수 없었습니다. 왕이 부인으로 하여금 치마를 입지 않고 시끄럽게 떠들게 하였더니, 침이 玄黿으로 변하여 王府로 들어갔습니다. 왕부의 童妾으로 아직 젖니도 갈지 않은 여아가 이 현원과 만나게 되었는데, 머리를 올리는 나이가 되자 임신을 하게 되었고 선왕 때에 아이를 낳게 되었습니다. 아비 없이 낳아 기르는 것이 두렵다

하여 버리게 되었습니다. 활과 화살통을 팔던 부부가 길에서 죽게 되었을 때, 그 부부는 밤에 아이의 애처로운 울음소리를 듣고 그 아이를 거두어 달아나 포나라로 도망한 것입니다. 포나라 사람들은 그들의 군주인 褒姁가 주나라에 죄를 지어 옥에 갇히자, 이 여자를 주왕에게 바쳤고, 주왕은 마침내 곁에 두고 그 여자를 총애하였습니다. 그리고 그를 후비로 삼고 伯服을 낳게 된 것입니다. 하늘이 이 아이를 태어나게 한 지가 오래 되어 그 해독 또한 클 것이니, 장차 주나라 군주가 음란하게 되자 그에게 더해준 것입니다.(且宣王之時有童謠曰 : '檿弧箕服, 實亡周國.' 於是宣王聞之, 有夫婦鬻是器者, 王使執而戮之. 府之小妾生女而非王子也, 懼而棄之. 此人也, 收以奔褒. 天之命此久矣, 其又何可爲乎? ≪訓語≫有之曰 : 夏之衰也, 褒人之神化爲二龍, 以同於王庭, 而言曰 : "余, 褒之二君也." 夏后卜殺之, 與去之, 與止之, 莫吉. 卜請其漦而藏之, 吉. 乃布幣焉, 而策告之, 龍亡而漦在, 櫝而藏之, 傳郊之.' 及殷周, 莫之發也. 及厲王之末, 發而觀之, 漦流于庭, 不可除也. 王使婦人不幃而譟之, 化爲玄黿, 以入于王府. 府之童妾未旣齔而遭之, 旣笄而孕, 當宣王時而生. 不夫而育, 故懼而棄之. 爲弧服者方戮在路, 夫婦哀其夜號也, 而取之以逸, 逃于褒. 褒人褒姁有獄, 而以爲入於王, 王遂置之, 而嬖是女也, 使至於爲后, 而生伯服. 天之生此久矣, 其爲毒也大矣, 將使侯淫德而加之焉.)[12]

이 기록에 의하면 포사의 탄생에 신화적 색채가 가미된다. 하나라 때 나라가 기울자, 포사국[13]의 신이 하나라 왕실에 두 마

12) 林東錫, ≪國語≫, 1044-1046쪽을 참조하여 번역하였다.

13) ≪史記·夏本紀≫: "태사공이 말하길, 禹는 姒씨 성이다. 그 후 분봉하였는데, 봉국으로 성을 삼았다. 그러므로 夏后氏·有扈氏·有男氏·斟尋氏·彤城氏·褒氏·費氏·杞氏·繒氏·辛氏·冥氏·斟(氏)

리 용으로 현현하여 포사국의 두 임금이라고 말한다. 하왕 桀은 점을 쳐보니 용의 침을 보관하면 길하다고 하여 제를 지내니 용이 사라지고 침만 남아 함에 보관하였다. 夏나라와 褒氏國 사람들의 토템신앙[14]의 대상으로서 용의 출현은 국가의 흥망을 상징한다.[15] 용이 궁중에 출현하여 하늘로 승천하지 않고 사라진 것은 하나라가 쇠퇴한 것을 나타낸다고 볼 수 있다. 함에 보관된 용의 정기의 상징인 침은 은나라와 주나라를 거쳐 厲王 말기에 열어보게 되는데, 용의 침이 궁정으로 흘러들어가나 제거할 수 없었다. 왕은 사악한 魔를 몰아내기 위해 부인으로 하여금 치마를 입지 않고 시끄럽게 떠들게 하니, 침이 玄黿으로 변하여 王府로 들어간다. 거기서 아직 젖니도 갈지 않은 童妾이 현원과 만나게 되고, 이 동첩이 머리를 올리는 나이가 되어 임신을 하고 선왕 때에 아이를 낳는다. 이처럼 포사는 용의 침이 변한 玄黿과 童妾 즉 人獸가 교합하여 출생한다. 그러나 그의 운명은 아

戈氏 등이 있었다.(太史公曰 : 禹爲姒姓, 其後分封, 用國爲姓, 故有夏后氏·有扈氏·有男氏·斟尋氏·彤城氏·褒氏·費氏·杞氏·繒氏·辛氏·冥氏·斟(氏)戈氏.)"에 의하면, 褒氏國은 夏나라 속국이었음을 알 수 있다. 北京, 中華書局, 1982年, 89쪽 참조.

14) 聞一多, ≪神話與詩≫, 臺北, 藍燈文化事業股份有限公司, 69쪽 참조.

15) ≪左傳·莊公二十三年≫: "神이 莘나라에 하강하였다. 혜왕이 내사인 과에게 묻기를, '이것은 무슨 연고인가?' 대답하길, '나라가 흥하려하면 밝은 신이 내려와 통치자의 덕을 감찰하고, 장차 망하려하여도 역시 내려와 통치자의 악을 살핍니다……'(有神降于莘. 惠王問諸內史過曰, '是何故也?' 對曰, '國之將興, 明神降之, 監其德也; 將亡, 神又降之, 觀其惡也.……'") 文璇奎, ≪春秋左氏傳≫, 明文堂, 1985年, 209쪽 참조.

비 없이 태어난 사생아로서 버려지게 되고, 활과 화살통을 파는 어느 노부부에 의해 포나라로 가게 된다. 그리고 포나라 군주인 褒姁가 주나라에 죄를 지어 옥에 갇히자 이 여자를 주왕에게 바친다. 주왕은 포나라의 여자를 총애하여 후비로 삼고 伯服을 낳는다.16)

위의 포사의 탄생과 관련하여 첨가된 신화적 이야기 속에는 하나라 말기부터 포사가 출생하는 주나라 幽王까지의 긴 시간을 설정함으로써 그의 출생에 대한 운명적인 안배가 역사성을 갖고 있음을 말하려고 한다. 하나라 말기의 액운을 감추고 있는 용의 침액이 함 속에 갇혀 있다가, 왕조 말기 현상이 나타났을 때 밖으로 나오게 예정되어 있었던 것이다. 이 침액의 현현체인 포사가 유왕과 왕조의 멸망을 함께하는 운명적인 설정은 이미 하나라 말기부터 예정되어 있었다고 보는 것이다. 포사가 태어난 후, 사생아로 버려지고, 노부부에 의해 포나라로 데려가며, 다시 포나라 왕의 贖罪物로 유왕에게 보내져 총애를 받고 왕후에 이르는 과정을 묘사한다. 그리고 덧붙여진 "하늘이 이 아이를 태어나게 한 지가 오래 되어 그 해독 또한 클 것이니, 장차 주나라 군주가 음란하게 되자 그에게 더해준 것입니다"라는 말은 포사와 유왕이 하나라 말기의 桀과 같은 운명의 길을 가게 될 것을 암시한다.

포사가 총애를 받고 후비가 된 후 백복을 낳자, 유왕이 태자

---

16) 褒姒의 신화적 내용의 상징적 의미에 대해서는 趙霈霖의 <褒姒的神話傳說及其文化思想價値>를 참조하여 서술하였다. ≪上海師範大學學報≫(哲學社會科學版), 2008年7月, 第37卷第4期, 50-56쪽 참조.

를 죽이고 백복을 태자로 삼으려 하면서 서주 멸망의 불씨는 시작된다. 당시 申后 소생의 태자 宜臼는 죽음을 피해 申나라로 도망가고, 유왕은 신나라에 의구를 요구하게 되며, 신나라는 繒나라와 西戎과 함께 西周를 쳐 멸망시킨다. ≪國語·鄭語≫의 기록에는 서주가 멸망하게 되는 과정을 태자의 폐위사건을 위주로 묘사한다. 그러나 ≪史記·周本紀≫와 ≪列女傳·孼嬖傳≫에는 포사의 "烽火戲諸侯" 이야기가 가미된다. 여기서는 ≪史記·周本紀≫의 내용을 절록하여 인용한다.

> 선왕 시기에 여아의 동요에 이르길, "뽕나무 활과 箕木으로 만든 화살통을 팔러 다니는 자가 주나라를 망하게 하리라." 하였다. 이에 선왕은 이 기물을 팔러 다니는 부부가 있다는 소문을 듣고 그들을 붙잡아 죽이게 하였다. 도망하던 길에 이전에 후궁 동첩이 버린 요망한 아이가 길 위에서 밤에 울고 있는 소리를 듣고 애처롭게 여겨 거두었다. 그 부부는 마침내 도망하여 포나라로 갔다. 포나라 사람이 죄를 짓게 되자 동첩이 버린 여자를 왕에게 들여보내 속죄하려고 했다. 이 버려진 여자는 포나라에서 왔으므로 포사가 된 것이다. 유왕 3년에 왕이 후궁에 갔다가 그 여자를 보고 총애하게 되어 아들 백복을 낳았다. 그리고 끝내 申后와 태자를 폐위시키고 포사를 후비로 삼고, 백복을 태자로 삼았다. 태사 백양이 말하길, "災禍가 이루어졌으니, 어찌할 수 없구나!"라고 하였다. 포사는 웃는 것을 좋아하지 않았다. 유왕은 포사를 웃게 하려고 온갖 방법을 썼으나 웃지 않았다. 유왕은 봉화대를 만들고 큰 북을 걸어놓고, 적이 침입해 오면 봉화를 올려 제후들을 모두 이르게 하려는 것이었다. [봉화가 오르는 것을 보고] 제후들이 모두 왔으나 쳐들어온 적이 없었고, 이를 본 포사는 크게 웃었다. 유왕은 이를 기뻐하여 자주 봉화를 올렸고,

그 후 제후들은 믿지 않게 되어 더욱 이르지 않게 되었다. 유왕은 괵석보를 경으로 삼자, 그가 정권을 휘둘렀고, 백성들은 모두 원망하게 되었다. 괵석보는 사람됨이 간교하며 아첨에 능하고 이익을 좋아했으나 왕은 그를 중용했다. 또 신후를 폐위하고 태자를 제거했다. 신후는 분노하여 繒나라와 西夷 그리고 犬戎과 함께 유왕을 공격하였다. 유왕은 봉화를 들어 제후 병사들을 불렀으나 병사들은 오지 않았다. 마침내 유왕을 여산 아래에서 죽이고 포사를 포로로 잡고 주나라의 재화를 모두 취하여 떠났다. 이에 제후들은 신후에게 가서 함께 옛 유왕의 태자 의구를 세우니, 그가 평왕이고 주나라의 제사를 받들었다.(宣王之時童女謠曰 : "檿弧箕服, 實亡周國." 於是宣王聞之, 有夫婦賣是器者, 宣王使執而戮之. 逃於道, 而見鄕者後宮童妾所棄妖子出於路者, 聞其夜啼, 哀而收之, 夫婦遂亡, 奔於褒. 褒人有罪, 請入童妾所棄女子者於王以贖罪. 棄女子出於褒, 是爲褒姒. 當幽王三年, 王之後宮見而愛之, 生子伯服, 竟廢申后及太子, 以褒姒爲后, 伯服爲太子. 太史伯陽曰 : "禍成矣, 無可奈何!" 褒姒不好笑, 幽王欲其笑萬方, 故不笑. 幽王爲烽燧大鼓, 有寇至則擧烽火. 諸侯悉至, 至而無寇, 褒姒乃大笑. 幽王說之, 爲數擧烽火. 其後不信, 諸侯益亦不至. 幽王以虢石父爲卿, 用事, 國人皆怨. 石父爲人佞巧善諛好利, 王用之. 又廢申后, 去太子也. 申侯怒, 與繒·西夷犬戎攻幽王. 幽王擧烽火徵兵, 兵莫至. 遂殺幽王驪山下, 虜褒姒, 盡取周賂而去. 於是諸侯乃卽申侯而共立故幽王太子宜臼, 是爲平王, 以奉周祀.)"

포사도 유왕의 총애를 받은 후, 왕을 妹喜나 妲己처럼 酒池肉林의 荒淫한 생활에 빠지게 한다.[17] 유왕은 잘 웃지 않은 포사

17) ≪史記·周本紀≫에는 포사의 황음한 내용에 관한 기록이 보이지 않으나, ≪列女傳·孽嬖傳≫에는 "음주에 빠져 밤낮으로 가무를 가

를 웃게 하려고 온갖 방법을 동원하지만 소용이 없었다. 그러자 봉화를 올려 적의 침입을 거짓으로 알리게 된다. 제후들이 속속 도착하나 적이 침입하지 않을 것을 보고 허탈해하며 돌아간다. 이를 본 포사는 파안대소했다고 한다. 유왕은 포사가 즐거워하는 것을 보고 이를 반복하였고 제후들은 점차 오지 않게 되었다. 봉화로 제후들을 戲弄한 행위는 결국 申나라가 鄫과 犬戎의 도움을 받고 주를 침입하였을 때, 주왕은 다른 제후들의 도움을 받지 못하여 멸망하게 된다.

이상의 문헌 기록을 종합해 보면, 포사와 관련하여 서주가 멸망하게 된 요인은 크게 세 가지가 있다. 첫째는 신화적 이야기가 가미된 포사라는 인물이 폐망에 이르는 왕조말기의 운명을 타고났다는 것이다. 둘째는 포사가 자기 아들을 태자로 삼기 위해 원래 태자를 폐위시키려는 정치적 욕망을 부렸다는 점이다. 셋째는 유왕이 포사의 환심을 사기 위해 '烽火戲諸侯'와 같은 개인의 쾌락을 위해 국가의 제도를 남용했다는 점이다. 유왕과 포사와 관련된 기록을 근거로 서주가 멸망하게 된 원인을 도표로 나타내면 다음과 같다.

까이 하였다.(飮酒流湎, 倡優在前, 以夜續晝.)"라고 기록하고 있다. 黃淸泉注譯, ≪新譯列女傳≫, 351쪽.

西周

≪國語·晉語≫

戰爭　　復讎　　交流

幽王 — 有褒 — 褒姒 — 虢石甫 — 伯服

| 太子位爭奪

申國 — 申后　　　　— 宜臼

≪國語·鄭語≫, ≪史記·周本紀≫

有獄　　代贖

幽王 — 有褒 — 褒姒(神話暗示, 烽火戱諸侯) — 伯服

| 太子位爭奪

申國 — 申后　　　　— 宜臼

4. 맺는 말

夏, 商, 周 三代의 멸망과 妺喜, 妲己, 褒姒와의 관계에서 가장 정형화된 틀을 보여주는 기록은 ≪國語·晉語≫에 보인다. 晉 獻公이 驪戎을 정벌하려 할 때, 史蘇가 전쟁을 일으키는 것이 불길하다고 간언하면서, 夏, 商, 周 三代가 전쟁을 통해 얻은 여인 때문에 멸망한다는 선례를 들어 설명한다. 즉 夏 桀王은 有施氏를 쳐서 妺喜를 얻고, 말희는 총애를 받게 되자 이윤과 교류하여 하를 멸망시킨다. 殷 紂王는 有蘇氏를 쳐서 妲己를 얻고, 달기는 총애를 받자 膠鬲과 가까이 하면서 은을 멸망시킨다. 周 幽王은 有褒氏를 쳐서 褒姒를 얻고, 포사는 총애를 받고 백복을 낳자,

虢石甫와 가까이 하면서, 태자 宜臼를 축출하고 백복을 세운다. 태자가 신나라로 도망가자, 외가인 申나라 사람들은 鄫나라와 서융과 힘을 합쳐 주나라를 멸망시킨다. 이처럼 史蘇가 진 헌공이 驪戎과 전쟁을 일으킨 것을 반대하는 입장에서, 夏, 商, 周 三代가 전쟁을 통해 얻은 여인 때문에 멸망하게 되었음을 설명한다. 史蘇의 관점에서 보면, 전쟁을 통해 노획한 妹喜, 妲己, 褒姒는 모두 자기 조국을 위해 먼저 왕의 총애를 얻고, 伊尹, 膠鬲, 虢石甫 등과 의도적으로 교류하여 나라를 멸망에 이르게 하는 보복행위를 한 것이다. 다시 말해, 왕조를 멸망으로 이끌었던 역사의 선례를 보면 그 배경에는 전쟁-여인-보복으로 이어지는 일정한 틀이 있음을 史蘇는 역사적 교훈으로 제시한 것이다.

妹喜와 관련한 ≪竹書紀年≫의 기록에는 桀王이 岷山國을 쳐 琬과 琰이라는 두 여인을 얻게 되고, 원비였던 말희를 洛水 가에 버리자, 말희는 伊尹과 교류하여 하나라를 이간하였다고 한다. 이 기록에 의하면, 걸왕이 전쟁을 통해 다른 여인을 노획해 와 총애하자, 원비였던 말희는 이를 질투하여 하나라를 멸망에 이르게 한, 전쟁-여인-질투의 틀을 볼 수 있다.

妲己와 관련된 ≪史記≫와 ≪列女傳≫의 기록에는 그의 악행이 구체적으로 언급된다. 그녀는 평상시 여색으로 왕을 미혹하게 하여 酒池肉林에 빠져 방탕하고 荒淫한 생활을 하게 하는 것 외에, 구리 기둥을 데워 죄인들로 하여금 그 위를 올라가서 걷다가 불구덩이에 떨어지는 것을 보고 즐긴다거나, 충신 비간의 심장에 7개의 구멍이 있는가를 보기 위해 심장을 도려내게 하는 등 극악한 면이 강조되어 묘사된다. 특히 ≪書經·牧誓≫편의

“암탉이 새벽에 울면 집안이 망한다.”라는 유가사상을 계승하여 부덕한 후비가 정치에 간여함으로써 충신과 백성들이 억울하게 죽거나 잔혹한 고통에 시달리게 되면, 결국 나라가 어지럽게 되어 멸망하게 된다는 것을 보여준다.

褒姒와 왕조의 멸망과 관련된 기록은 비교적 다양한 각도에서 조망된다. 먼저 그의 탄생과 관련하여 설정된 신화적 이야기는 서주 왕조가 그에 의해 멸망할 것이라는 운명적인 암시라고 본다. 다음으로 유왕의 후비가 된 포사는 웃는 것을 좋아하지 않자, 유왕은 그의 환심을 사기 위해 봉화로 제후를 희롱하는 행위까지 하게 되어 제후들의 신뢰를 잃게 된다. 그리고 정치적 욕망 때문에 자기 소생의 伯服을 태자로 삼기 위해 태자인 宜臼를 폐위시키자, 의구는 어머니 나라인 申으로 도망간다. 申나라는 鄫과 犬戎의 도움을 받아 주를 침입하였을 때, ‘烽火戲諸侯’의 행위로 신뢰를 잃은 유왕은 다른 제후들의 도움을 받지 못하고 멸망하게 된다. 왕조의 멸망이 포사에 이르러서 신화적 이야기가 가미됨으로써 운명적인 안배처럼 보이게 한 점, 국가의 운명과 제후 간 신뢰의 중요성, 그리고 정치적 과욕이 부른 화근 등이 포사와 관련된 기록에서 보여준 교훈이라 할 수 있다.

遇不遇와 人物

제4장 伊尹

1. 탄생과 성장
2. 君臣會同
3. 夏나라에서의 활동
4. 맺는 말

제4장

伊尹

하(夏) 왕조 말기에서 상(商) 왕조 초기에 탕 임금을 도와 상 왕조 건국에 공헌했다고 전해지는 이윤(伊尹)은 도대체 어떤 우불우의 인생을 살다간 인물이었을까? 전래문헌과 출토문헌에 전해지는 그에 관한 기록을 일별해 보면 매우 다양한 모습을 그려볼 수 있다. 동일한 인물이 왜 다양한 형상으로 묘사되는지에 대해, 이윤의 출생과 성장, 군주와의 회동, 그리고 하나라에서의 활동을 중심으로, 특히 출토문헌에서 새롭게 확인되는 내용을 근거로 그 이유를 짚어보고, 의미를 추적하여 밝혀보고자 한다.

근대에 들어 갑골문이 연구되면서 상 왕조 초기 이윤의 역사적 역할에 대한 새로운 학설이 제시되었다. 張光直 교수는 케임브리지 대학의 구디(Jack Goody) 교수의 "귀족제와 왕족제에서 자주 보이는 계승제도인 소위 '윤번 계승제(Circulating sucession)'"[1] 이론을 근거로, "상나라가 건국되면서 탕(湯)이 왕이 되었는데, 그

1) 張光直著, 河永三譯, ≪중국 청동기 시대≫, 서울, 학고방, 2013, 338쪽 참조.

는 A그룹의 우두머리로 집정했다. 이윤(伊尹)은 아마도 B그룹의 우두머리로서 탕(湯)을 보좌했을 것이다. 이런 식의 안배는 탕이 살아있던 시절에는 별다른 풍파를 일으키지 않았다."[2]고 한다. 장교수의 주장처럼, 상 왕조 초기에 A, B 두 그룹의 정치 세력이 교대로 정권을 장악했는지에 대한 문제는 아직 확정된 학설이 아니며, 제론의 여지가 충분히 있다고 본다. 李忠林은 이런 주장이 성립할 수 없음을 논증한다. 그에 의하면 두 정치 세력이 함께 정권을 유지하며 윤번으로 정권을 장악하는 이두정치(二頭政治) 제도는 부계사회가 성립되기 이전인 모계사회 혹은 모계사회와 부계사회의 과도기에 존재했던 계승제도로 본다. 그러므로 부계세습제도가 확립된 상 왕조 초기에는 존재할 수 없는 제도로 여긴다.[3] 어찌 됐든 장교수의 주장은 문헌전통에 보인 이윤의 형상과 다르다는 것을 알 수 있다.

본 장의 관심은 전래문헌 기록과 출토문헌 기록을 중심으로 이윤이라는 인물을 재조명해보는 데 있다. 동한 왕충의 ≪論衡·逢遇≫에 이윤에 대한 다음과 같은 묘사가 나온다. "혹은 지조는 같으나 군주가 다르면, 또한 우와 불우가 있게 되니 이윤과 기자가 이들이다. 이윤과 기자는 모두 재능은 갖추었으나, 이윤은 재상이 되고 기자는 노예가 되었으니, 이윤은 성탕을 만나서고, 기자는 상주를 만나서다. 무릇 현명함으로 어진 군주를 섬기니, 군주가 잘 다스리려고 하고 신하가 어진 재능으로 보조하여,

---

2) 상게서, 350쪽 참조.

3) 李忠林, <伊尹身份與二頭政治>, ≪甘肅社會科學≫, 2005年 第4期, 192-195쪽 참조.

나아가고 버림이 우연히 합치된 것이니, 그 우(遇)함이 진실로 마땅하다. 현명함으로 나쁜 군주를 섬기니, 군주는 잘 다스리려 하지 않은데 신하가 충성스런 행위로 보좌하여 지조와 뜻이 어긋나니, 불우(不遇)함이 진실로 마땅하다.(或操同而主異, 亦有遇不遇, 伊尹·箕子是也. 伊尹·箕子, 才俱也, 伊尹爲相, 箕子爲奴 ; 伊尹遇成湯, 箕子遇商紂也. 夫以賢事賢君, 君欲爲治, 臣以賢才輔之, 趨舍偶合, 其遇固宜 ; 以賢事惡君, 君不欲爲治, 臣以忠行佐之, 操志乖忤, 不遇固宜.)"[4] 왕충은 신하의 우불우(遇不遇) 측면에서 賢臣이 賢君을 만난 전형으로 이윤을 예로 들고 있다. 동한 후반부를 살았던 왕충에게 이윤은 어진 신하로서 어진 임금을 만나 자신의 정치적 이상을 실현한 인물로 인식되고 있다. 그러나 그 삶의 구체적 궤적을 살펴보면 순탄한 여정만은 아니었음을 알 수 있다.

1. 탄생과 성장

이윤이라는 인물의 역사적 史實에 대해 우리는 아무것도 단언할 수 없다. 중국의 많은 상고사 인물들이 그렇듯이 신화적 요소와 史實이 혼재되어 있기 때문이다. 그러나 그의 역사적 의미와 관련한 논의는 여전히 가치가 있다. 왜냐하면 그는 이미 중국의 夏末商初에 관한 역사서에 엄연히 등장하고 그 기록을 통해 중국인들에게 역사적 인물로 2천여 년 동안 각인되고 영향

---

4) 黃暉, ≪論衡校釋≫, 北京, 中華書局, 1990, 2쪽 참조.

을 끼쳐왔기 때문이다.

이윤의 탄생과 관련하여 우리가 알 수 있는 최소한의 사실은 다음과 같은 내용일 것이다. 그의 성은 이(伊)이고, 이름은 지(摯)이며, 윤(尹)은 그의 관명이었을 것이다.[5] 이윤은 태어나자마자 공상(空桑)에 버려져 유신씨(有莘氏)의 여자가 거두어 키웠다는 이야기와, 혹은 유신씨가 아이를 군주에게 보이자, 군주는 주방장에게 기르게 하였고, 자라서 능력이 있자 윤(尹)으로 삼았다는 것이 그의 탄생 성장과 관련한 내용의 골간이다. 그러나 이윤의 탄생과 관련된 문헌 기록은 신화적 색채가 농후하다. 문헌의 출현시기로 보아 비교적 초기 기록으로 여겨지는 ≪楚辭·天問≫에는 다음과 같은 시적 표현이 보인다. "탕왕이 동쪽으로 순수하시다가 유신국에 이르자 어떻게 이윤을 찾아내어 좋은 아내 얻었을까? 물가의 나무에서 어린애를 얻었는데, 그들은 어찌 싫어하여, 아이를 유신 부족의 여인에게 보냈을까."[6] 이 <天問>의 내용은 함축적이긴 하지만, 우리에게 탕왕이 순수 중에 유신국에 도달하여 이윤이라는 어진 사람을 알게 되었고, 이윤을 얻으려다 좋은 아내까지 얻게 되었으며, 이윤은 원래 물가의 나무 아래에 있는 것을 유신씨가 발견하여 키웠다는 정보를 제

5) "제문심(齊文心)의 연구에 의하면 '윤(尹)'은 상(商)의 관명이고 '이(伊)'는 이강(伊江) 유역의 국가 이름이라고 한다. 그렇다면 '이윤(伊尹)'은 상 왕조의 설립자를 도왔던 '이국(伊國)'의 '윤직(尹職)' 관원이었다는 말이 된다." 사라알란 지음, 오만종 옮김, ≪거북의 비밀-중국인의 우주와 신화≫, 서울, 예문서원, 2002년, 82쪽 참조.

6) "成湯東巡, 有莘爰極, 何乞彼小臣, 而吉妃是得? 水濱之木, 得彼小子, 夫何惡之, 媵有莘之婦?" 洪興祖, ≪楚辭補注≫, 臺灣, 天工書局印行, 108쪽 참조.

공한다. <천문>에는 이윤의 어머니가 누구이며, 어떻게 태어나게 되었고, 무엇 때문에 나무 아래에 버려지게 되었는지에 대한 언급이 없다. ≪呂氏春秋·本味≫에는 더욱 완정한 이야기가 보인다.

> 유신씨의 여자가 뽕잎을 따다가 공상에서 아이를 얻어 군주에게 드렸다. 그 군주는 요리사로 하여금 그 아이를 기르게 하였다. 그 소이연을 살펴보니 다음과 같다. 그의 어머니는 이수 강변에 살았는데, 임신을 하였을 때 꿈속에 신이 나타나 말하길 "절구에서 물이 흘러나오면 동쪽으로 가고 돌아보지 말아라"고 했다. 다음 날 절구에서 물이 나오는 것을 보고, 이웃에 알리고는 동쪽으로 10리쯤 가다가 뒤돌아보니 마을이 완전히 물로 범람해 있었다. 그리고 그녀의 몸은 공상으로 변해버렸다. 그러므로 그를 이윤이라 불렀다. 이것이 이윤이 공상에서 태어난 연유이다.(有侁氏女子採桑, 得嬰兒于空桑之中, 獻之其君. 其君令烰人養之. 察其所以然, 曰, 其母居伊水之上, 孕, 夢有神告之曰: 臼出水而東走, 毋顧. 明日, 視臼中出水, 告其鄰, 東走十里而顧, 其邑盡爲水, 身因化爲空桑, 故命之曰伊尹. 此伊尹生空桑之故也.)[7]

7) 陳奇猷, ≪呂氏春秋校釋≫, 臺北, 華正書局, 1985年, 739쪽 참조. 陳氏는 高誘의 주를 인용하여 "侁은 莘으로 읽고,(侁讀曰莘)" "烰는 庖와 같다.(烰猶庖也)"고 한다. 王逸의 ≪楚辭章句≫注도 이윤의 탄생과 관련한 유사한 기록이 보인다. "이윤의 어머니가 임신을 하였을 때 꿈에 신녀가 그에게 말하길, '절구에서 개구리가 나오면 급히 떠나고 돌아보지 말라' 하였다. 얼마 지나지 않아 절구에서 개구리가 나오자 어머니는 떠나 동쪽으로 가다가, 읍을 돌아보니 모두 홍수에 잠겼음을 알게 되었다. 어머니도 익사하여 공상의 나무가 되었다. 물이 빠진 후 어린애가 물가에서 울고 있어 어떤 사람이 그를 데려다 키웠다. 자란 후 특별한 재능이 있었다. 유신씨는 이윤이 나무에서 데려온 것을 싫어하여 媵臣으로 보냈다.(伊尹

<本味>편의 이 이야기는 우리에게 이윤의 탄생과 관련하여 더 많은 정보를 제공해 준다. 두 자료가 하나로 합쳐진 형태로 구성된 이야기는, 먼저 유신씨의 여자가 뽕잎을 따다가 아이를 얻어 군주에게 드렸고, 군주는 그 아이를 요리사에게 주어 기르게 하였다는 내용이 첫 부분을 구성한다. 그리고 그 까닭을 설명하는 부분이 다음 내용이다. 이수강변에 살았던 이윤의 어머니는 임신 중에 꿈속에 신이 현현하여 절구에서 물이 흘러나오면 동쪽으로 가고 뒤를 돌아보지 말라는 소리를 듣는다. 다음날 절구에서 물이 나오는 것을 보고 이웃에게 알리고 동쪽으로 가다가 뒤를 돌아보니 마을이 홍수에 범람한 것을 보게 되고 자신은 공상으로 변한다. 이윤의 이 탄생 신화는 사라 알란 교수의 지적처럼 상 왕조 사람들과 연관된 부상(扶桑)전설, 십일(十日)신화, 홍수신화와 밀접하게 관련된다. 그는 공상과 부상이 상왕조 신화의 구조 속에서 서로 연결되며 아울러 대립 위치에 있는 공동(空桐)과도 서로 연결된다고 주장한다.[8] 이윤의 탄생 신

母姙身, 夢神女告之曰, '臼竈生鼃, 亟去無顧.' 居無幾何, 臼竈中生鼃, 母去東走, 顧視其邑, 盡爲大水, 母因溺死, 化爲空桑之木. 水乾之後, 有小兒啼水涯, 人取養之. 旣長大, 有殊才. 有莘惡伊尹從木中出, 因以送女也.)" 洪興祖, ≪楚辭補注≫, 108쪽 참조. 이 두 자료의 내용상의 차이점은 두 가지이다. 먼저 ≪呂氏春秋≫에서는 절구에서 물이 나오고, 왕일의 注에서는 개구리가 나온 점이 다르다. 그리고 다른 하나는 ≪呂氏春秋≫에서는 탕이 이윤의 어질다는 소문을 듣고 그를 얻기 위해 유신씨에게 청혼을 하여 이윤이 媵臣으로 탕에게 가게 되나, 왕일 注에서는 유신씨가 이윤을 나무에서 데려온 것을 싫어하여 잉신으로 보내버린 점이다. 譚生力, <由清華簡'赤鳥咎之集湯之屋'看伊尹傳說>, ≪文藝評論≫, 2013.10, 4-5쪽 참조.

화가 상 왕조 창건과 관련된 신화와 밀접하게 연관되어 있다는 점은 그가 상 왕조 초기에 매우 중요한 인물이었다는 것을 단적으로 말해준다.

2. 君臣會同

夏末 商初의 중국역사에서 이윤은 탕을 도와 하를 멸망시키고 상 왕조를 세운 개국공신의 역할을 수행하였다고 한다. 그 과정에서 이윤이 한 행적을 구체적으로 살펴보면 매우 다양한 모습이 보인다. 먼저 이윤이 탕을 만나는 군신상회(君臣相會)의 과정에 대한 기록의 경우, 그 양상을 신간군(臣干君)과 군구신(君求臣)의 두 가지로 분류할 수 있다. 흥미로운 점은 사마천의 ≪史記·殷本紀≫에 군신상회의 두 가지 모습이 동시에 보인다는 것이다.

> 이윤의 이름은 아형이다. 아형은 탕 임금을 만나고자 하였으나 방법이 없었다. 그래서 유신씨 부족 여자의 媵臣이 되어 솥과 도마

---

8) "그라네는 공상(空桑)과 부상(扶桑)을 동일시였으며, ≪귀장≫에서는 희화(羲和)를 공상과 관련지어 언급하였다. 그러나 부상 테마의 변형에서 서방의 나무는 '공동(空桐)'이라고 불린다. 공동은 '제(帝)'가 거주하는 '공상(空桑)'과 상반되게 죽음과 불명예를 나타내는 암흑의 장소로, 이는 이윤이 정치를 제대로 하지 못한 태갑(太甲)을 유배시키고 또 성탕이 숨을 거둔 곳이 바로 이 공동이기 때문이다. 서로 대응되는 관계에 있는 공상과 공동은 이처럼 왕조 창건과 관련한 신화에서 중요한 부분을 차지한다." 사라 알란 지음, 오만종 옮김, ≪거북의 비밀-중국인의 우주와 신화≫, 82-85쪽 참조.

> 를 메고 가, 맛으로 탕 임금에게 유세하여 왕도를 이루게 하였다. 혹은 말하길, 이윤은 처사로서 탕 임금이 사람을 보내 맞이하게 하였는데, 다섯 번 반복한 후에 기꺼이 가서 탕 임금을 따르기로 하여, 소왕과 아홉 군주의 일들을 말하였다. 그러자 탕 임금은 등용하여 국정을 위임하였다. 이윤은 탕을 떠나 하로 갔는데 하나라 정치가 추악하다고 여기고 다시 박으로 돌아왔다. 북문으로 들어가다가 탕의 신하 여구와 여방을 만났는데, 돌아온 이유를 설명하는 <여구>와 <여방>을 지었다.(伊尹名阿衡. 阿衡欲奸湯而無由, 乃爲有莘氏媵臣, 負鼎俎, 以滋味說湯, 致于王道. 或曰, 伊尹處士, 湯使人聘迎之, 五反然後肯往從湯, 言素王及九主之事. 湯擧任以國政. 伊尹去湯適夏. 旣醜有夏, 復歸于亳. 入自北門, 遇女鳩·女房, 作女鳩女房.)[9]

한 초기에 사마천이 참고한 사료(史料)에 이런 두 유형의 자료가 동시에 존재했음을 반영하는 대목이다. 먼저 이윤이 군주를 만나려고 한 경우이다. 이윤이 탕 임금을 만나려고 했으나 만날 방법이 없자 주도적으로 유신씨 여자의 잉신이 되었고, 이를 통해 탕 임금에게 요리 맛으로 유세할 수 있는 기회를 얻게 된다. 요리 맛으로 유세했다는 내용은 유신씨 부족의 군주가 이윤을 주방장에게 키우게 한 탄생고사와 관련되며, 이윤이 요리에 능통하게 된 배경과 연결된다. 아울러 이윤은 유신씨의 여자를 통해 탕을 만날 수 있다는 것을 어느 정도 예측하였음을 보여준다.

위와는 다른 자료를 근거로 한 것으로 보이는 기록이 이어진다. 탕 임금이 은거하고 있는 처사 이윤을 맞이하기 위해 다섯

9) 司馬遷, ≪史記≫, 北京, 中華書局, 1982年第2版, 94쪽 참조.

번이나 사람을 보내 겨우 그의 마음을 얻어 국정을 맡기게 된다. 사마천은 또 ≪尙書·胤征≫편의 기록을 인용하여 이윤이 탕을 떠나 하나라로 간 사실을 함께 기록하고 있다.10) 이윤이 하나라로 간 이유에 대해 공영달은 ≪尙書正義≫에서 다음과 같이 설명한다. "탕 임금이 이윤을 걸에게 공납하여 진실로 걸을 돕고자 한 것이며, 이윤의 현명함을 이용하여 다스리기를 바랐기 때문이다. 그러나 이윤이 바르게 보좌할 수 없어 비로소 하를 정벌하게 되었다. 그러나 보낼 때는 걸을 칠 뜻이 없었기 때문에 이윤을 공납하여 돕게 한 것이다."11) 이는 전통적 유가의 이해이다. 공영달은 당시 이윤의 행적에 대한 다른 관점인 ≪孫子兵法·用間≫편의 기록을 함께 인용하고 있다. 즉 "옛날 은이 흥기할 때 이윤은 하에 있었으며, 주가 흥기할 때 여아는 은에 있

10) ≪尙書·胤征≫에 보이는 이윤에 대한 기록은 그의 역사적 사실에 대한 초기의 모습이라 할 수 있다. 즉 "이윤은 은의 수도 박을 떠나 하로 갔는데, 夏王 桀의 통치를 나쁘다고 여기고 다시 박으로 돌아갔다. 북문으로 들어가다가 은자인 여구와 여방을 우연히 만나 <여구>와 <여방>을 지었다.(伊尹去亳適夏. 旣醜有夏, 復歸于亳. 入自北門, 乃遇汝鳩汝方. 作汝鳩汝方)" ≪十三經注疏≫1, ≪尙書≫, 臺中, 藍燈文化事業公司, 105쪽 참조.

11) "湯欲以誠輔桀, 冀其用賢以治, 不可匡輔, 乃始伐之. 此時未有伐桀之意, 故貢伊尹使輔之." ≪十三經注疏≫1, ≪尙書≫, 臺中, 藍燈文化事業公司, 105쪽 참조. 漢 趙岐≪孟子·告子下≫의 注에도 유사한 기록이 보인다. "이윤은 탕을 위해 걸에게 바쳐졌는데, 등용하지 않자 탕에게 돌아왔다. 탕은 다시 바쳤으며, 이와 같이 하길 다섯 차례였다. 그 이유는 백성을 구제할 생각이었으며 베풀 수 있는 기회를 얻기를 바랐던 것이니 자기의 도를 행하려는 것이다.(伊尹爲湯見貢於桀, 不用以歸湯, 湯復貢之. 如何者, 五. 思濟民, 冀得施, 行其道也.)" ≪十三經注疏≫8, ≪孟子≫, 臺中, 藍燈文化事業公司, 135쪽 참조.

었다. 이것은 그들로 하여금 간첩활동을 하게 한 것을 말한다.(昔殷之興也, 伊尹在夏, 周之興也, 呂牙在殷. 言使之爲反間也.)"[12] 병가에서는 이윤이 하나라에 간 이유를 은을 위해 첩보활동을 하러 간 것으로 본다.

위의 자료에는 이윤이 탕 임금을 만나는 과정에 이윤이 주도적으로 탕을 만나려 하거나 탕이 처사인 이윤을 맞이하려 한 두 가지 경우가 있다. 그리고 이윤과 탕이 만난 후 이윤이 탕을 떠나 하로 갔는데, 이 또한 두 경우가 존재한다. 하나는 탕이 이윤을 하나라에 공납하여 하를 돕게 하려한 경우와 이윤이 탕을 위해 하로 간첩활동을 하러 간 경우이다.

먼저 이윤이 탕을 만나려 한 경우를 살펴보자. 신하가 자신의 정치적 이상을 실현할 수 있도록 권력의 보호막이 되어줄 수 있는 뜻이 통하는 군주를 찾아간다는 의미이다. 이윤에게는 문헌 전통에서 '솥을 지고 탕을 찾아감(負鼎干湯)'이라는 형상으로 그의 행적을 개괄한다. 그 이유는 아마 ≪史記·殷本紀≫의 "솥과 도마를 지고 맛으로 탕 임금에게 유세하다(負鼎組, 以滋味說湯)"는 기록 때문일 것이다. 실제로 이윤이 탕 임금을 만나려고 했다는 기록은 위에서 인용한 ≪史記·殷本紀≫를 제외하고 보이지 않는다. 단지 ≪呂氏春秋·本味≫편에 "탕이 이윤의 소문을 듣고 사람을 보내 유신씨에게 그를 청하였으나 유신씨가 거절했다. 이윤 또한 탕에게 귀의하려고 했으므로, 이에 탕이 유신씨의 여자를 부인으로 혼인을 청하였다. 유신씨가 기뻐하여 이윤을 잉신으로 삼아 딸을 시집보냈다.(湯聞伊尹, 使人請之有侁氏.

12) 상게서, 105쪽.

有侁氏不可. 伊尹亦欲歸湯. 湯於是請取婦爲婚. 有侁氏喜,以伊尹爲媵送女.)"[13]는 내용이 보인다. 이는 이윤의 탄생 관련 이야기와 연결되며, 유신씨에게서 양육된 이윤이 탕에게 귀의할 뜻이 있다는 정도의 정보만 있을 뿐이다. ≪呂氏春秋·本味≫의 기록은 아마도 전국시기에 유행하던 내용에 가까울 것이며, ≪史記·殷本紀≫의 기록은 아마 사마천의 손을 거치면서 신하가 적극적으로 군주를 찾는 형상을 드러낸, 즉 이윤의 간탕(干湯) 행위를 강조한 변모된 모습이 아닐까 추측된다.

반면, 탕이 현자인 이윤을 구한 경우는 군주가 나라를 잘 다스리기 위해 어진 신하를 구하는 매우 전형적인 구현(求賢)행위이다. ≪墨子·貴義≫편에 탕 임금이 이윤을 만나러 가는 과정이 묵자와 초나라 혜왕(惠王)의 신하 목하(穆賀)와의 대화 중에 보인다. 목하가 묵자의 훌륭한 말씀이 신분이 비천하다는 이유 때문에 초왕에게 쓰이지 않을까 염려된다고 하자, 묵자가 변론한다.

> 주군(목하)께서는 탕 임금에 관한 말을 들은 적이 있겠지요. 옛날에 탕 임금이 이윤을 만나러 가면서 팽씨의 아들로 하여금 말을 몰게 하였습니다. 팽씨의 아들이 중도에 묻기를, '왕께선 어디를 가시려는 것입니까?' 탕이 말하길, '이윤을 만나러 가는 길이네.' 팽씨의 아들이 말하길, '이윤은 천하의 천한 사람입니다. 만약 왕께서 그를 보고자 하신다면 명령을 내려 불러 물으셔도 그는 명령을 받아들일 것입니다.' 탕이 말하길, '자네가 알 바 아니네. 지금 여기에 약이 있

13) 陳奇猷校釋, ≪呂氏春秋≫, 臺北, 華正書局, 1985, 739쪽, 참조.

어 그것을 먹으니, 귀가 더욱 총해지고 눈이 더욱 밝아진다면 나는 반드시 기뻐하면서 억지로라도 그것을 먹을 것이네. 지금 이윤은 우리나라에 있어서 양의와 양약과 같은 존재인데, 그대는 내가 이윤을 만나는 것을 바라지 않고 있네. 이것은 그대가 내가 훌륭하게 됨을 바라지 않는다는 것이야.' 그리하여 팽씨의 아들을 내리게 하고 말을 몰지 못하게 하였습니다. 탕 임금이 진실로 그렇게 하였고, 그렇기 때문에 나라를 잘 다스릴 수 있었습니다.(且主君亦嘗聞湯之說乎. 昔者湯將往見伊尹, 令彭氏之子御. 彭氏之子, 半道而問曰, "君將何之?" 湯曰, "將往見伊尹." 彭氏之子曰, "伊尹天下之賤人也. 若君欲見之, 亦令召問焉, 彼受賜矣." 湯曰, "非女所知也. 今有藥此, 食之, 則耳加聰, 目加明, 則吾必說而强食之. 今夫伊尹之于我國也, 譬之良醫善藥也, 而子不欲我見伊尹, 是子不欲吾善也." 因下彭氏之子不使御. 彼苟然, 然后可也.)[14]

위 인용문에서는 탕 임금이 이윤과 같은 훌륭한 인물을 얻으려는 매우 적극적인 의지가 돋보인다. 묵자는 탕 임금이 이윤을 만나기 위해 가는 도중에 군주가 천한 신하를 만나러 가는 것에 반대를 한 말몰이꾼의 건의를 듣고, 군주가 훌륭한 신하를 만나러 가는 것은 마치 사람에게 良醫나 良藥이 필요하듯 절실하다고 주장한다. 훌륭한 신하는 좋은 약처럼 군주의 귀와 눈을 더욱 총명하게 할 수 있다는 의미에서 그 필요성과 절심함이 설득력을 갖는다. 탕 임금이 이윤을 구하는 행위는 ≪孟子·萬章上≫에서 더욱 이론적 체계를 갖추게 된다.

---

14) 孫詒讓, ≪墨子閒詁≫, 臺北, 華正書局, 1987, 402-404쪽 참조. 우리말 번역은 김학주 역저, ≪墨子≫, 서울, 명문당, 2003, 649-651쪽 참조하였다.

만장이 묻기를, "사람들이 이윤은 요리법으로 탕 임금에게 관직을 요구했다고 하는데 그런 일이 있었습니까?" 맹자가 말하길, "아니네, 그렇지 않네. 이윤이 유신씨의 들에서 농사를 지으면서 요순의 도를 즐기고 있었는데, 그 의가 아니고 그 도가 아니면 천하를 그에게 녹으로 준다 하여도 돌아보지 않았다.……탕 임금이 사람을 보내 재물로 그를 초빙하였으나 태연하게 말하길, '내가 탕이 초빙하기 위해 보낸 재물로 무엇을 할 것인가? (그에게 간다면) 내가 어찌 논밭에 살면서 요순의 도를 즐기는 것과 같으랴?' 탕 임금이 세 차례나 사람을 보내 그를 초빙하자, 그때야 번연히 태도를 바꾸어 말하길, '내가 논밭에 살면서 그렇게 함으로써 요순의 도를 즐기는 것이, 어찌 이 임금을 요순과 같은 임금으로 만드는 것과 같을 것인가?……나는 요순의 도를 가지고 탕 임금에게 관직을 요구했다는 말은 들었어도 요리법으로 했다는 말은 들어보지 못했다.'"(萬章問曰, "人有言, '伊尹以割烹要湯,' 有諸?" 孟子曰, "否, 不然, 伊尹耕於有莘之野, 而樂堯舜之道焉. 非其義也, 非其道也, 祿之以天下, 弗顧也.……湯使人以幣聘之, 囂囂然曰, '我何以湯之聘幣爲哉? 我豈若處畎畝之中, 由是以樂堯舜之道哉?' 湯三使往聘之, 旣而幡然改曰, '與我處畎畝之中, 由是以樂堯舜之道, 吾豈若使是君爲堯舜之君哉?……吾聞其以堯舜之道要湯, 未聞以割烹也.)[15]

만장이 스승인 맹자에게 이윤이 탕 임금에게 요리의 일로 관직을 구하는 일이 있었는가를 묻는다. 이 질문은 유가의 입장에서 보면, 오직 실리만을 추구하였던 전국시기에 군신 간의 관계에 대한 매우 민감한 문제였을 것으로 생각된다. 제후들은 국가

15) ≪孟子≫, ≪四書五經≫, 北京, 中國書局, 1985, 73-74쪽 참조.

의 부강을 위해 훌륭한 신하가 필요했고, 신하는 자신의 정치적 이상을 펼 무대가 필요한 상황이었다. 군주는 왕으로서 위엄을 지킬 것인가 아니면 그것을 버리고 나라를 지킬 것인가의 문제를 두고 고민해야 했고, 신하는 군사(君師)의 체면을 유지하면서 자신의 이상을 실현해야 했기 때문에, 때론 군신 간의 보이지 않은 힘겨루기가 이루어졌을 것이다. 만장은 탕과 이윤의 君臣會同이 어느 경우였는가를 묻고 있다. 맹자는 이윤의 편에서 군주가 신하에게 세 차례나 사신을 보내는 등 충분한 禮가 갖춰진 후에 그의 초빙을 받아들인다는 논의를 편다. 한편 아예 요리법으로 탕에게 관직을 요구한 사실조차도 부정한다. 여기에서 이윤은 탕을 도와 요순의 도를 펼치려는 이상적 신하의 전형으로 거듭난다.

그렇지만 이윤이 탕 임금에게 요리법으로 통치술을 비유하여 유세했다는 기록은 유관 문헌에 매우 보편적으로 보인다. 통치술을 요리에 비유하는 사고는 ≪노자·60장≫에 이미 보인다. 즉 "큰 나라를 다스리는 것은 작은 물고기를 요리하는 것과 같다.(治大國, 若烹小鮮.)"고 말한다. 작은 물고기는 큰 물고기와는 달리 버릴 것이 없다. 또 작은 불로 서서히 구어야 비로소 완정함을 유지하며 전체적으로 익힐 수 있다. 마찬 가지로 대국을 다스리는 것도 정치 제도나 법령을 너무 조급히 바꾸지 말고 조용히 처리해야 온전한 대국의 모습을 그대로 유지할 수 있다는 것이다.[16] 노자는 작은 물고기 요리 방법의 특성을 들어 대국을

16) 김충열, ≪김충열교수의 노자강의≫, 예문서원, 2004, 275-279쪽 참조.

다스리는 일에 비유한다. ≪左傳·昭公二十年≫에 보이는 晏嬰과 齊景公과의 대화에서도 요리법과 치국에 관한 내용이 오간다. 제경공이 사냥에서 돌아와 공자 梁丘據만이 마음에 맞는다(和)고 말하자, 안영은 그는 맞장구치는(同) 사람이지 마음을 맞추는 사람(和)이 아니라고 말한다. 그리고 마음을 맞추는 것과 국을 만드는 일이 같다고 하면서 군신간의 관계를 설명한다. 요리사가 국을 만들 때 물고기나 고기를 넣고 나무를 때서 삶고 조미료로 맛을 내는데, 부족하면 채우고 지나치면 덜 듯, 신하는 군주가 좋다고 하더라도 좋지 못한 점이 있으면 그것을 말하여 시정하도록 해야 한다. 또 군주가 좋지 않다 하더라도 좋은 점이 있으면 그 점을 말하여 좋지 않은 점을 제거하도록 하는 것과 같다. 양구거는 군주가 좋다고 하면 무조건 좋다하고, 좋지 않다고 하면 무조건 좋지 않다고 말하니, 이는 물에 물로 맛을 맞춘 셈이니 누가 맛있게 먹을 수 있겠는가. 맞장구치는 동(同)은 안 된다는 것이 이와 같다고 말한다.[17)]

≪呂氏春秋·本味≫편에 이윤이 탕 임금에게 요리의 지극한

---

17) 齊侯至自田, 晏子侍于遄臺, 子猶馳而造焉. 公曰, “唯據與我和夫!” 晏子對曰, “據亦同也, 焉得爲和?” 公曰, “和與同異乎?” 對曰, “異. 和如羹焉, 水, 火, 醯, 醢, 鹽, 梅, 以烹魚肉, 燀之以薪, 宰夫和之, 齊之以味, 濟其不及, 以洩其過. 君子食之, 以平其心. 君臣亦然. 君所謂可而有否焉, 臣獻其否以成其可; 君所謂否而有可焉, 臣獻其可以去其否, 是以政平而不干, 民無爭心.……今據不然. 君所謂可, 據亦曰可; 君所謂否, 據亦曰否. 若以水濟水, 誰能食之? 若琴瑟之專壹, 誰能聽之? 同之不可也如是.” 원문에 대한 우리말 요약이며, 번역은 文璇奎譯著≪春秋左氏傳≫, 서울, 명문당, 1985年, 210-212쪽 참조하였다.

맛(至味)으로 통치술을 비유하여 설명하는 내용은 안영이 제경공을 설득한 방법과 유사하다. 탕 임금이 '至味'를 얻는 방법에 대해 묻자 이윤은 대답한다. 천자의 나라만이 비로소 지극한 맛을 내는 요소들을 구비할 수 있다. 먼저 맛을 결정하는 요인들을 설명하는데, 물이냐 뭍이냐에 따라, 육식이냐 초식이냐에 따라 요리재료 본원의 맛이 다르고, 물의 양이나 불의 강약으로 이런 본원의 맛을 조절할 수 있다. 달고 시고 쓰고 맵고 짠 다섯 가지의 맛도 첨가량의 先後多少 배분에 따라 조화를 이룰 수 있고, 또한 솥 안에서의 맛의 변화는 음양의 변화나 사시의 운행처럼 지극히 오묘하여 말로 형용할 수 없는 부분이 있다고 말한다. 이어서 각 지역의 肉之美者, 魚之美者, 菜之美者, 和之美者, 飯之美者, 水之美者, 果之美者, 馬之美者들을 나열하는데, 그 포괄하는 권역이 중국 전역을 망라하니 천자가 아니면 이런 맛들을 한 곳에 모이게 할 수 없다는 것이다.[18] 이윤이 탕 임금에게 하고 있는 말은 모두 지극한 맛을 얻기 위해 요리 대상의 근원적 특성, 요리방법, 훌륭한 요리 재료의 선별 등 요리에 관한 세세한 설명처럼 보인다. 그러나 이를 통치 방법에 관한 이야기의 시각에서 보면 또한 구체적인 통치술을 요리법에 비견하여 설명하고 있음을 알 수 있다. 물의 양이나 불의 강약 조절 혹은 조미료의 적절한 배분 등은 통치술에, 각 지역의 요리 재료는 통치 대상에 비유됨을 읽어내는 것은 어렵지 않다. ≪呂氏春秋≫는 이윤과 탕 임금의 대화를 통해 전국시기 말기에 필요했던 통

18) ≪呂氏春秋·本味≫편의 유관 원문은 陳奇猷校釋 ≪呂氏春秋≫, 740-741쪽, 참조.

일된 중국의 통치 이상과 군주의 스승(君師)으로서의 재상 이미지를 그려내고 있다.[19)]

군신의 회동과정에서 보인 이윤의 요리사 이미지는 최근 정리 공포되고 있는 ≪清華大學藏戰國竹簡≫(第三册) 중의 <赤鳥咎之集湯之屋>편에도 보인다. 이야기는 탕 임금이 적구(赤鳥咎)를 활로 쏴 잡아 이윤에게 요리하도록 하는 내용으로부터 시작된다.

> 옛날에 적구라는 새가 있었는데, 탕왕의 집에 날아들자 탕왕이 활로 그를 쏴 잡고, 소신 이윤에게 명하여 말했다. "맛있는 탕을 만들게, 내가 그것을 먹을 것이네." 탕이 어디론가(□) 떠났다. 이윤이 탕을 이미 만들었을 때, 탕왕의 부인인 임황이 이윤에게 말했다. "그대가 만든 탕을 나에게 맛보게 하게." 이윤은 감히 맛보게 하지 못하여 말했다. "탕왕께서 저를 죽일 것입니다." 임황이 이윤에게 말했다. "네가 나에게 맛보게 하지 않으면 내가 역시 너를 죽일 것이다. 이윤은 당하에서 임황에게 탕을 드렸다. 임황은 이윤으로부터 탕을 받아 맛을 보자, 이내 환해지면서 사황의 밖까지 보이지 않은 것이 없었다. 이윤도 탕의 나머지를 받아 맛을 보니 역시 환해지면서 사해 밖까지 보이지 않은 것이 없었다."(曰古有赤鳥咎, 集於湯之屋, 湯射之, 獲之, 乃命小臣曰: "旨羹之, 我其享之." 湯往□. 小臣旣羹之, 湯后妻紝巟謂小臣曰: "嘗我於爾羹." 小臣弗敢嘗, 曰: "后其殺我." 紝巟謂小臣曰: "爾不我嘗, 吾不亦殺爾." 小臣自堂下授紝巟羹. 紝巟受小臣而嘗之, 乃昭然, 四荒之外, 無不見也. 小臣受其餘而嘗之, 亦昭然, 四海之外, 無不見也.)[20)]

---

19) 이 단락의 서술은 鄭瑞俠, <寓大道于庖藝之中-伊尹, 庖丁形象的典型意義>, ≪遼寧大學學報≫, 2006年9月, 第34卷 第5期, 53-55쪽을 참조하였다.

전통문헌에 보이지 않은 탕왕 부인의 이름인 임황(紝巟)이 처음 나오는 이 도입부분의 이야기에서도 이윤은 요리사로서의 역할이 분명히 드러난다. 탕왕이 활로 잡은 적구(赤鳥咎)가 무슨 새인지 확실하지 않지만,[21] 이윤에게 탕을 만들어 놓기를 명한 후 떠난다. 탕이 만들어지자 탕왕 부인인 임황이 그것을 먼저 먹고 눈이 밝아졌고, 이윤도 만찬가지로 탕을 먹은 후 사해 밖까지 꿰뚫어 보는 안목을 갖게 된다. 죽간 정리자들의 주장처럼 비록 무속적 색채가 농후하지만, 이윤의 요리사로서의 능력은 여전히 돋보인다. 이윤과 탕왕의 이야기가 초나라 지역에서 변형되어 신비한 요소가 가미되었고 탕왕이 직접 이윤이 만든 탕을 먹지는 않았지만, 신하로서 이윤이 군왕을 도와 정치적 안목을 넓혀준다는 측면에서 보면 죽간의 이야기 역시 전통 문헌에서 보여주는 이야기와 암시하는 의미는 같다고 할 수 있다. 허과(許科)의 연구에 의하면, 요리의 시조로서 이윤은 生食에서 熟食으로 변해가는 즉 자연생활에서 문화생활로의 변화를 완성해 가는 중간단계의 매개 역할을 했다고 본다.[22] 요리사로서의 이

20) 清華大學出土文獻研究與保護中心編, ≪清華大學藏戰國竹簡≫(參), 上海, 中西書局, 2012年12月, 166-170쪽 참조.

21) ≪清華大學藏戰國竹簡≫ 정리자들은 ≪楚辭·天問≫편 "고니를 옥 장식 솥에 삶아 드리니 탕왕이 맛을 보네.(緣鵠飾玉, 后帝是饗.)"의 王逸 注에, "후제는 탕왕을 말한다. 이윤이 처음 벼슬하려 할 때, 고니 탕을 옥 장식의 솥에 삶아 탕에게 바치니 탕이 훌륭하다고 여겨 마침내 재상으로 삼았다.(后帝謂殷湯也, 言伊尹始仕, 因緣烹鵠鳥之羹, 脩玉鼎, 以事於湯, 湯賢之, 遂以爲相也.)"의 내용에 근거하여, 적구(赤鳥咎)를 고니(鵠)로 본다.(상게서, 168쪽) 侯乃峰은 그의 논문 <≪赤鵠之集湯之屋≫的'赤鵠'或當是'赤鳩'>(www.bsm.org.cn/)에서 비둘기(鳩)로 본다.

윤에게 이런 문명 발전 과정에서의 역할을 부여할 수 있는지는 의문이다.

3. 夏나라에서의 활동

이윤이 하나라에 가서 간첩활동을 했다는 기록은 앞에서 인용한 ≪孫子兵法·用間≫편에 보인다. 孫子는 최고로 지혜로운 자를 첩자로 써야 성공할 수 있다고 하는 관점에서 伊尹과 呂牙를 인용하고 있다.[23] 이러한 견해는 물론 병가의 관점이다. 유가의 입장에서 보면 성인으로 여기는 이윤을 모욕하는 느낌이 들 수 있다.[24] 그러나 다른 문헌에도 유사한 기록이 상당수 보이는 것으로 보아, 당시 이윤이 하나라에 간 사건을 역사적 사실로 받아들였음을 알 수 있다. 淸華簡에 보이는 이윤 관련 문헌인 <尹至>, <尹誥>, <赤鳥咎之集湯之屋>[25] 등에 보이는 기록은 이 점을 방증해 준다. 아래에서는 문헌 기록과 청화간의 기록

---

22) 許科, <伊尹傳說的結構分析>, ≪甘肅社會科學≫ 2008年, 第2期, 115-116쪽 참조.

23) "옛날 은이 흥기할 때 이윤은 하에 있었으며, 주가 흥기할 때 여아는 은에 있었다. 그러므로 명철한 군주와 현명한 장군은 가장 지혜로운 자를 첩자로 삼아 반드시 큰 공을 이룰 수 있는 것이다.(昔殷之興也, 伊尹在夏, 周之興也, 呂牙在殷. 故明君賢將, 能以上智爲間者, 必成大功.) 李零, ≪<孫子>十三篇綜合研究≫, 北京, 中華書局, 2006年, 89쪽 참조.

24) 李零, ≪<孫子>十三篇綜合研究≫, 438쪽 참조.

25) <尹至>, <尹誥>는 ≪淸華大學藏戰國竹簡≫(壹)에 보이고, <赤鳥咎之集湯之屋>는 ≪淸華大學藏戰國竹簡≫(參)에 보인다.

내용을 중심으로 이윤이 하나라에 가서 어떤 활동을 했는가를 살펴보려 한다.

문헌 기록에 의하면 이윤이 하나라에 간 것은 탕 임금이 그를 파견하여 하나라를 살피게 할 목적이었다. ≪呂氏春秋·愼大≫편에 그 구체적 내용이 보인다. "걸왕이 무도하고 포악하고 사나우며 완고하고 탐욕스러워, 천하가 떨며 무서워하고 걱정하였다. ……탕왕은 두렵고 천하가 평안치 않을까 걱정되어 이윤을 보내 난폭한 하나라를 살피게 하려 했으나 믿지 않을까 걱정하여 탕이 친히 이윤을 활로 쐈다.(桀爲無道, 暴戾頑貪, 天下顫恐而患之, ……湯乃惕懼, 憂天下之不寧, 欲令伊尹往視曠夏, 恐其不信, 湯由親自射伊尹.)" 高誘는 주에서 하나라가 이윤의 망명을 믿지 않을까 하여 이런 苦肉之策을 썼다고 한다.[26] 이윤이 하에 도착한 후, 桀王의 조정에서 어떤 활동을 하였는지 구체적으로 알 수 없다. 그러나 이윤이 하에서 첩보임무를 성공적으로 완수할 수 있었던 것은 걸의 원비(元妃) 말희(末嬉)[27]와 교유할 수

26) 陳奇猷校釋, ≪呂氏春秋≫, 843-848쪽 참조. 高誘의 주에 의하면, "하나라에서 이윤을 믿지 않을까 하여 말을 퍼뜨리며 친히 이윤을 활로 쏴서 이윤이 죄가 있어 망명하였다는 것을 보임으로써 하나라로 하여금 그를 믿게 하려한 것이다.(恐夏不信伊尹, 故由揚言而親自射伊尹, 示伊尹有罪而亡, 令夏信之也.)" 또 다른 문헌 전통에 의하면 탕왕이 이윤을 夏 걸왕에게 추천하였다고도 한다. 趙岐의 주에 의하면, "이윤은 탕에 의해 걸에게 바쳐졌는데, 걸이 등용하지 않자 탕에게 돌아갔다. 탕은 다시 바쳤는데 그렇게 다섯 차례나 한 것은 백성을 구제할 것을 생각하고 도가 시행될 수 있기를 바랐기 때문이다.(伊尹爲湯見貢於桀, 桀不用而歸湯, 湯復貢之, 如此者五, 思濟民, 冀得施行其道也.)" 焦循, ≪孟子正義≫, 中華書局, 北京, 1987, 829쪽 참조.

있었기 때문이라는 내용은 유관 문헌에서 어느 정도는 확인할 수 있다.[28] 걸이 민산부족을 점령한 후 얻은 완(琬)과 염(琰)이라는 두 여인 때문에 원비인 말희를 내쳤고, 소외를 당한 말희는 이윤을 돕게 된 것이다.[29]

그러나 清華簡의 <赤鳥咎之集湯之屋>편에서는 이윤이 하나라에 가게 된 경위와 그곳에서의 적응상황에 대한 또 다른 이야기를 전해준다. 죽간의 대체적 줄거리는 다음과 같다. 탕왕의 집에 적구라는 새가 날아들자 탕왕은 활로 쏴 잡았다. 그리고 이윤에게 탕을 만들게 명하고 어디론가 떠난다. 탕이 만들어졌을 때 탕왕의 부인 임황(紝巟)이 먼저 그 탕을 먹게 되고 이윤도 맛을 본 후 모두 눈이 밝아지게 된다. 이를 알게 된 탕왕이 분노하자 이윤은 두려워 하나라로 도망간다. 도망 중에 탕왕이 주술을 걸

---

27) 末喜는 妹喜 혹은 末嬉 등으로도 쓰인다.

28) ≪呂氏春秋·愼大≫: "이윤은 또 다시 가서 난폭한 하나라를 살피고 말희에게 사정을 들었다.(伊尹又復往視曠夏, 聽於末嬉.)"는 기록이 있다.(844쪽 참조) ≪竹書紀年≫에는 이와 관련한 비교적 자세한 기록이 보인다. "제후 걸이 민산부족을 치자 민산부족은 두 여자를 걸에게 보냈으니 완과 염이다. 걸은 두 여자를 받아들였으나 자식이 없었다. 그들의 이름을 소화의 옥에 새기니, 소는 완이고 화는 염을 가리킨다. 그리고 원비를 낙수에 내치니 말희씨였다. 말희씨는 이윤과 교류하였고 마침내 하나라를 이간하였다.(后桀伐岷山, 岷山女于桀二人, 日琬, 日琰. 桀受二女, 無子, 刻其名于苕華之玉, 苕是琬, 華是琰. 而棄其元妃于洛, 日末喜氏. 末喜氏以伊尹交, 遂以間夏.)" 方詩銘, 王修齡, ≪古本竹書紀年輯證≫, 上海古籍出版社, 1981, 16쪽 참조.

29) 劉國忠, <清華簡<赤鳥咎之集湯之屋>與伊尹間夏>, ≪深圳大學學報≫(人文社會科學版), 2013年 第30卷, 65쪽 참조. 이윤의 하나라에서의 활동에 관한 논술은 劉國忠 논문의 도움을 받았음을 밝힌다.

어 이윤이 길에 눕게 된다. 까마귀들이 날아와 이윤을 먹으려 할 때 무당 까마귀가 날아와 이윤을 보호하고, 걸왕이 상제의 저주로 병이 들었으니 가서 고치게 한다. 그리고 이윤은 무당 까마귀의 지시대로 걸에게 나아가 그의 병을 고치게 된다는 내용이다.[30] 비록 주술적 색채가 농후하지만, 전래문헌에는 보이지 않은 다음 두 가지 내용은 주목을 요한다. 첫째는 이윤이 탕왕으로부터 걸왕에게 가게 된 이유가 문헌기록에 보이는 '파견되었다'는 내용과 달리 이윤이 탕왕의 명령을 제대로 이행하지 못한 데서 비롯되었다는 점이다. 그리고 둘째는 이윤이 하나라에 가서 활동하는데 걸왕을 치료함으로써 자연스럽게 적응하게 되었다는 점이다.

淸華竹簡의 내용은 이윤이 탕왕의 명을 제대로 이행하지 못해 분노를 샀기 때문에 그를 배반하고 하나라에 망명하였다고 한다. 이는 문헌 전통에서 강조하는 이윤의 현명한 신하로서의 이미지와 어긋난다. 현명한 신하로서 이윤은 성군인 탕왕을 등질 수 없기 때문이다. 어찌 됐든 죽간의 내용은 이윤이 상왕을 떠나간 것에 대한 역사적 배경을 설명해 주고 있는 귀중한 자료라 할 수 있다.

상왕을 피해 망명을 하였든 혹은 하나라에 바쳐져 근무하게 되었든, 하나라에 도착한 이윤은 桀王 정치 아래에서 백성들의 난맥상을 목도한다. 청화죽간의 <尹至>편에 이와 관련한 구체적 기록이 보인다. 도입부분은 이윤이 하나라에서 돌아와 탕왕

30) 淸華大學出土文獻硏究與保護中心編, ≪淸華大學藏戰國竹簡≫(參), 166-170쪽의 釋文과 주석을 참조하여 정리하였다.

을 알현하는 것으로 시작한다.

이윤이 하에서 박(상의 도읍)으로 가서 탕에게 알현했다. 탕이 말하길, "왔는가, 그대에게 좋은 생각이 있는가." 이윤이 말하길: "왕이여, 제가 온지 10여일이 되었습니다. 저는 하나라 백성들이 선량하여 걱정이 됩니다(?). 하의 걸왕은 그 뜻이 백성들과 어긋납니다. 완(琬)과 염(琰)을 총애하고 백성들을 염려하지 않습니다. 백성들이 수군거리며 말하길, '우리는 당신과 함께 망하길 바라네.' 재앙과 학대와 피곤과 포악과 병이 만연하니 다스림이 전혀 없네. 하나라에 길흉의 징조가 있었는데 서쪽과 동쪽에 나타나 하늘에서 빛났네. 백성들이 모두 말하길, '우리가 곧 화를 당하겠네.' 모두 말하길, '어찌 동쪽에 나쁜 징조가 나타나지 않은 것인가? 이제 어찌하란 말인가?'" 탕이 말하길 "그대는 나에게 하 백성의 고통이 이와 같은 지경에 이르렀다고 말하는 것인가?" 이윤이 말하길, "이와 같습니다." 탕이 이윤에게 맹서하길, 이제 하 백성들의 큰 어려움을 무마시켜야겠네. 탕은 불복한 제후국을 가서 치고, 이윤이 전략을 도모하였으니, 그의 덕이 잘못함이 없었다. 서쪽으로부터 서쪽 읍과 싸워 이기고, 하나라에 전승하여, 하의 도주병들은 수지역으로 들어가 싸우자, 탕이 말하길, "하나도 남기지 말라" 하였다.(惟尹自夏徂亳, 逯至在湯. 湯曰: "格, 汝其有吉志." 尹曰: "后, 我來, 越今旬日. 余閔其有夏衆ロ吉好, 其有后厥志其爽, 寵二玉, 弗虞其有衆. 民噂曰: '余及汝皆亡.' 惟災虐極暴瘇, 亡典. 夏有祥, 在西在東, 見彰于天, 其有民率曰: '惟我速禍'. 咸曰: '胡今東祥不彰? 今其如台?'" 湯曰: "汝告我夏隱率若時?" 尹曰: "若時." 湯盟誓及尹, 玆乃柔大縈. 湯往征弗服, 摯度, 摯德不僭. 自西捷西邑, 戡其有夏. 夏播民入于水曰戰, 帝曰: "一勿遺.")[31]

---

31) <尹至>편의 우리말 해석은 劉國忠, ≪走近清華簡≫(北京, 高等

하나라로부터 돌아온 이윤은 탕왕에게 걸왕 통치 하의 사회상을 낱낱이 보고한다. 먼저 걸왕이 二玉인 琬과 琰을 총애한 점을 지적한다. 앞에서 언급하였듯이, 桀은 이 두 여인을 얻은 후 元妃인 末嬉를 내쳤다고 하는데, 이는 그의 음탕한 면을 지적하고 있다.[32] 이어서 애민정신이 없음을 드러낸다. 걸왕이 백성들을 걱정하지 않은 통치자라는 형상은 ≪史記·夏本紀≫의 기록에 의해서도 증명된다. 즉 "걸왕은 덕에 힘쓰지 않고 폭력으로 백성을 상하게 하니, 백성들이 견디지 못했다.(桀不務德而武傷百姓, 百姓弗堪)"[33]한다. 그리고 음탕하고 애민의 마음이 없는 통치자에 대한 백성들의 반응이 어떤가를 폭로한다. 재앙과 폭정이 만연하니 통치자에 대한 원망과 분노를 표출하며, 백성들은 모두 왕과 함께 망하길 염원한다. ≪尚書·湯誓≫편에 이와 유사한 표현이 보인다. "하나라 왕은 백성의 힘을 다 소진하게 하고 고을을 무너뜨리니, 백성들은 태만하고 협력하지 않으며, 말하길, 이 해는 언제 없어질 것인가? 우리는 당신과 함께 망했으면 한다. 하나라의 덕이 이와 같으니 짐이 반드시 치러 가야겠다. (夏王率遏衆力, 率割夏邑, 有衆率怠弗協. 曰, 時日曷喪, 予及汝皆亡. 夏德若茲, 今朕必往.)"[34] 비록 탕왕의 말을 기록하고 있지만, 원래 이윤이 탕에게 건의한 말이었다고 본다면, <尹至>편의 내용과 그 전후 맥락이 유사한 것은 당연하다 할 것이다. 이어지

教育出版社, 2011, 121-124쪽)의 釋文簡注를 참조하여 번역하였다.

32) 注 22참조.

33) 司馬遷, ≪史記≫, 北京, 中華書局, 1982年 第2版, 8쪽 참조.

34) 金學主譯著, ≪書經≫, 서울, 明文堂, 2002年, 161쪽 참조.

는 내용은 하늘에 나타난 길흉의 징조이다. 하늘의 동서 양쪽에 길흉의 징조가 나타났는데, 백성들은 동쪽에 나쁜 징조가 나타나기를 바란다. 그리고 탕왕은 이윤과 맹서를 하며, 하나라 백성들이 폭정의 고통에 시달리고 있음을 확인하고 서쪽으로부터 하나라를 치기 시작한다. ≪呂氏春秋·愼大≫에는 유사한 내용이 더욱 구체적 맥락 속에서 기록된다. "탕은 이윤과 맹서를 하고 반드시 하나라를 멸할 뜻을 보인다. 이윤은 다시 가서 난폭한 하나라를 살피고, 말희에게서 정보를 듣는다. 말희가 말하길, '어제 밤 천자가 꿈을 꿨는데, 서쪽에 해가 있고 동쪽에도 해가 있었으며, 두 해가 서로 다투다가 서쪽 해가 이기고 동쪽 해는 졌다.' 이윤이 이 꿈 내용을 탕에게 아뢰었다. 상나라에 가뭄이 들었으나 탕은 여전히 군사를 일으켰고 이윤과의 맹서를 지켰다. 그래서 병사들에게 명령하여 동쪽에서부터 나라를 떠나 서쪽에서 진격하게 하였다.(湯與伊尹盟, 以示必滅夏. 伊尹又復往視曠夏, 聽於末嬉. 末嬉言日, '今昔天子夢西方有日, 東方有日, 兩日相與鬪, 西方日勝, 東方日不勝.' 伊尹以告湯. 商涸旱, 湯猶發師, 以信伊尹之盟, 故令師從東方出於國, 西以進.)"[35] 천명의 예시로 여겨지는 현상으로 태양이 하늘의 동서 양쪽에 나타난다. 그러나 <尹至>편에서는 실제 현상으로 묘사되고, <愼大>편에서는 천자의 꿈에 현현된 현상으로 기록된다. 뿐만 아니라, 이윤은 이런 비밀스런 하늘의 예시를 桀의 부인 末嬉의 입을 통해 듣게 되고, 이를 근거로 하나라의 공격을 서쪽으로부터 개시한다. 구체적 서술의 차이에도 불구하고, 요점이 탕왕이 하나라를 공격하는

---

35) 陳奇猷校釋, ≪呂氏春秋≫, 844쪽 참조.

정당성을 하늘이 예시하고 있다는 점은 같다.

<尹至>편의 논지는 이윤이 탕왕에게 하나라의 정치상황을 보고하는 내용으로, 걸왕이 음탕하고 애민 정신이 부족하여 백성들이 폭정에 시달리고 있으며, 백성들이 모두 걸왕과 함께 망하기를 염원한다. 그리하여 하늘도 예시를 통해 하나라가 패망하는 뜻을 보였으니, 이에 따라 걸을 공격한다는 내용이다. 위에서 보듯이 <尹至>편의 이윤과 탕왕의 관계에 대한 내용에 대해, 우리는 유관 문헌에서 유사한 기록을 모두 찾아 볼 수 있었다. 이러한 사실이 시사한 바는 아마도 전국시기에 이윤의 행적에 대해 상당히 축약된 형태로 다양하게 기술되고 있었다는 것이다. 이를 근거로 보면 당시에 이윤에 대한 공통된 인식, 즉 하나라로부터 탕왕에게 돌아와 걸왕 통치하의 정치상황을 보고하였고, 탕왕이 이를 근거로 하나라를 공격하게 되는 데 중요한 역할을 하였다는 인식이 당시에 점차 형성되었다고 볼 수 있다.

4. 맺는 말

본 장에서는 夏末商初의 인물인 이윤의 행적에 대해 그 인생의 전반 부분을 살펴보았다. 전래문헌에 의하면 그의 출생과 관련하여 신화적 요소가 강한 기록이 보이며, 이윤이 탕왕을 만나는 과정은 서술성이 강한 내용으로 묘사되고, 하나라에서의 활동에 관해서는 이윤이 걸왕을 버리고 탕왕에게 돌아오는 바른 도덕적 선택을 한 이미지를 강하게 부각시킨다. 출토문헌의 기록 역시 전래문헌에서 대부분 그 내용을 확인할 수 있음으로써 이들 기록의 신뢰성이 입증되었으며, 나아가 전래문헌에 없는 내용을 보충하는 부분도 있다.

이윤의 탄생과 관련한 기록이 신화적 요소가 농후하며, 특히 이들 내용이 상 왕조의 건국신화와 밀접하게 연관되어 있는 것으로 보아, 이윤이 당시에 매우 중요한 인물이었음을 보여준다. 갑골문에 보이는 이윤관련 祭祀卜辭도 이점을 방증한다. 董剛의 연구에 의하면,[36] 갑골복사에 보이는 제사 대상은 商代의 先公, 先王, 先妣, 각종 자연신 그리고 이윤과 같은 종실 이외의 功臣들이다. 이윤에게 제사지내는 내용의 卜辭가 실제로 많은 양이 발견된 것으로 보아 상대 후손들에게 있어서 그 위상의 중요성을 짐작할 수 있게 한다.

이윤이 탕왕을 만나게 되는 과정은 두 형식이 존재한다. 사마천의 ≪史記·殷本紀≫에는 군신회동의 두 형식이 혼합된 형태로 기록되어 있다. 즉 이윤이 탕왕을 만나러 간 경우와 탕왕이 은거하고 있는 이윤을 구하는 경우이다. 먼저 신하인 이윤이 솥과 도마를 지고 탕왕을 만나려했다는 기록은 전국시기에 선비들이 자신의 정치적 이상을 실현할 군주를 찾아다녔던 시기의 의식이 반영된 형태로 볼 수 있다. 그리고 탕왕이 어진 신하를 구하는 모습의 기록은 춘추시기 이후 군주가 어진 선비(君師)를 구하는 이상적 군신관계 형태의 묘사로 볼 수 있다. 이윤의 요리사로서의 신분과 왕을 만난 후 요리방법으로 정치를 논하는 이야기는 유관문헌에 보이는 비교적 일관된 서술이다. 서사가

---

36) 董剛, <古本 ≪竹書紀年≫所謂太甲殺伊尹與甲骨卜辭不協>, ≪青年文學家≫, 2010年第1期, 126쪽 참조.

많이 가미된 이런 기록들은 우리에게 이윤이 요리사로서 생식 생활에서 숙식(熟食)생활로의 전환을 가져다준 인류문명 발전의 공헌자로서의 형상이나, 요리사의 낮은 신분에서 재상의 높은 지위에 오른 고난을 극복하고 성공한 이미지, 요리 방법에 빗대어 정론을 펼친 정치가의 모습 등을 상상하게 한다.

이윤이 탕왕의 신임을 받은 후 다시 하나라로 가게 되는데, 탕왕이 하나라의 상황을 염탐하기 위해 이윤을 보낸 경우와 탕왕과의 반목 때문에 하나라로 망명한 경우로 기술 내용이 나뉜다. 그러나 결과적으로 걸왕 통치하에서 하나라 백성들이 폭정에 시달리는 것을 목격하고 상나라로 다시 돌아간다. 그리고 탕왕을 도와 하나라를 정복하고 상 왕조를 건국하게 되는데 개국공신의 역할을 하게 된다.

그 후 이윤은 외병(外丙), 중임(仲壬), 태갑(太甲), 옥정(沃丁)시기까지 살면서 상 왕조 건국초기의 기틀을 마련하는데 중요한 역할을 한 것으로 기록되기도 하지만, ≪竹書紀年≫에는 반대로 이윤이 태갑을 추방하고 왕위를 찬탈한 것으로 되어있다.[37)]

---

37) "중임이 죽고 이윤은 태갑을 동지역에 추방하고 스스로 왕위에 섰다. 이윤이 즉위하고 태갑을 추방한 지 7년 만에 태갑은 동지역으로부터 몰래 탈출하여 이윤을 죽였다.(仲壬崩, 伊尹放太甲于桐, 乃自立也. 伊尹卽位, 放太甲七年, 太甲潛出自桐, 殺伊尹.)" 方詩銘, 王修齡, ≪古本竹書紀年輯證≫, 23쪽 참조.

遇不遇와 人物

제5장 荊軻

1. 초기 문헌 기록에 보이는 荊軻 형상
2. 후대 시가 속에 드러난 荊軻 형상
3. 맺는 말

제5장

荊軻

1. 초기 문헌 기록에 보이는 荊軻 형상

중국 전국시기(기원전 475-221) 말에 살았던 荊軻는 어떤 우불우의 인생을 살았던 인물이었을까? 최근까지도 영화나 연극의 주제로 부활하는 그의 형상은 무슨 의미가 있는가?[1] 본 장에서는 먼저 형가에 관한 초기의 기록들에 보이는 그의 형상을 분석하고, 다음으로 후대 시가 작품에 드러나는 그의 형상을 비교함으로써 이들 형상이 어떻게 변해왔는가를 살펴보려고 한다.

형가에 관한 대표적인 초기의 기록은 ≪사기·자객열전≫과 ≪戰國策·燕策·燕太子丹質于秦≫ 그리고 ≪燕丹子≫를 들 수 있다. 이들 세 기록은 大同小異하며, 그렇기 때문에 이들 기록 사이에는 어느 것이 먼저이고 어느 것이 나중인가의 先後가 문제된

1) 영화로 제작된 작품으로는 "荊軻刺秦王", "英雄", "荊軻傳奇" 등이 있고, 연극으로는 노벨상 수상작가 莫言의 "我們的荊軻"가 있다.

다. ≪사기≫의 기록을 중심으로 ≪戰國策≫과 ≪燕丹子≫와의 비교를 통해 형가의 형상이 역사적 기술 과정에서 어떤 차이를 드러내는지 논술할 것이다.

먼저 ≪사기≫와 ≪전국책≫의 기록 차이를 비교해 보자. 張海明의 연구에 의하면,[2] 이 두 기록 간의 관계에 대한 기존의 관점을 세 가지로 정리한다. 첫째는 ≪전국책≫이 ≪사기≫의 기록을 베꼈다고 보고,[3] 둘째는 ≪사기≫가 ≪戰國策≫이 근거한 문헌으로부터 베꼈다고 여기며,[4] 셋째는 ≪사기·자객열전≫

---

2) <≪史記·荊軻傳≫與≪戰國策·燕太子丹質于秦≫關係考論>, ≪清華大學學報(哲學社會科學版)≫, 2013年第1期(第26券). 아래의 관련 내용은 본 논문을 참고하여 서술함.

3) 이 관점은 明人 鄧以贊이 ≪史記評林≫에서 제시한 다음의 견해로부터 시작된다. "이 형가의 일은 모두 公孫季功과 董仲舒 두 사람이 서술한 내용이다. 지금 ≪전국책≫에 기록된 내용과 이 기록이 대략 다르지 않은 것은 무슨 이유인가? 어찌 劉向이 ≪전국책≫을 교정하면서 <형가열전>의 내용을 가져다 더한 것이 아니겠는가?(此則荊軻事, 皆公孫, 董生二人所述者. 乃今 ≪國策≫所載與此略不甚異, 何也? 豈劉子政校≪國策≫摭此傳以附益之耶?)" 그 후 清人 吳見思, 方苞, 吳汝綸 등과 근대 학자로는 諸祖耿, 繆文遠, 張清常, 王延棟, 徐克文 등도 유사한 주장을 한다. 구체적 내용은 張海明의 상게 논문 94-95쪽 참조. 장해명은 나열하고 있는 자료들을 趙生群 <論≪史記≫與≪戰國策≫的關係>(≪南京大學學報≫, 1990年第1期)와 徐克文 <司馬遷作≪史記≫未采≪戰國策≫說>(≪遼寧大學學報≫, 1988年第1期)에서 轉引하였음을 각주에서 밝히고 있다.

4) 이 주장은 최초로 班固의 ≪漢書·司馬遷列傳≫의 다음 기록에 근거한다. "그러므로 사마천은 ≪좌전≫, ≪국어≫를 근거로 하고, ≪세본≫, ≪전국책≫을 채록하며, ≪초한춘추≫를 기술하고 그 후의 일들을 이어서 漢代까지 서술하기에 이른다.(故司馬遷據 ≪左氏≫, ≪國語≫, 采≪世本≫, ≪戰國策≫), 述≪楚漢春秋≫, 接

의 대부분의 내용은 ≪전국책≫이 근거한 문헌에서 왔지만, 荊軻가 秦王을 찌르는 부분의 내용은 사마천이 지었다고 본다.[5] 이어서 장해명은 두 책의 기록 내용과 기존 연구결과를 비교분석하면서 다음의 결론에 이른다. 사마천은 夏無且의 구술 내용과 다른 방법을 통해 얻어들은 내용 외에도, 확실히 또 다른 早期 원본을 참고하였다고 본다. 이 조기 원본은 사마천에게 형가가 진왕을 시해하기 이전의 史實에 대한 어떤 내용을 제공했을 것이며, <荊軻傳>[6] 전반부 자료의 주요 근거였다고 본다. 아울러 劉向의 ≪전국책≫ 편찬 내용에 태자단과 형가와 관련한 이

其後事, 訖于天漢.)"(≪漢書≫, 中華書局, 2737쪽) 반고의 의도는 劉向이 ≪戰國策≫을 편찬하면서 근거한 문헌을 사마천이 참고하였음을 말하려는 것이다. 그러나 司馬貞이 ≪史記集解序·索隱≫에서 지적하고 있듯이 "이는 반고가 후에 붙여진 이름을 취하여 기록한 것으로 사마천 시기에 이미 ≪전국책≫이라 불린 것이 아니다.(此是班固取其後名而書之, 非遷時已名≪戰國策≫也.)"(瀧川龜太郎撰, ≪史記會注考證≫, 臺北, 漢京文化事業有限公司印行, 1983년, 21쪽) 그러므로 사마천이 ≪戰國策≫과 동일한 성질의 문헌을 참고한 것으로 보고, 직접 베끼지 않았다는 것이다. 1973년 馬王堆에서 출토된 ≪戰國縱橫家書≫의 일부는 ≪史記≫와 ≪戰國策≫에 동시에 보이며, 문자 또한 거의 차이가 없어, 사마천이 ≪史記≫를 집필하면서 근거한 전국시기 史料와 유향이 ≪戰國策≫을 교정하면서 사용한 자료가 거의 동일할 수 있다는 근거를 제공한다.

5) 이 관점은 司馬貞이 ≪史記刺客列傳·索隱≫에서 말한 다음 기록에 근거한다. "贊論에서 公孫季功과 董仲舒가 나를 위해 말했다고 칭하는 것으로 보아 형가전은 전국책을 축약하지만 또한 異聞을 별도로 기록하고 있다.(贊論稱公孫季功, 董生爲余道之, 則此傳雖約戰國策, 而亦別記異聞.)"(瀧川龜太郎撰 ≪史記會注考證≫, 1028쪽)

6) <형가전>은 <자객열전>의 형가 부분을 의미한다. 아래에서 편의상 때에 따라 이 표현을 쓴다.

러한 원본이 포함되어 있었을 것이며, 단지 그 원본의 형식이 ≪史記·荊軻傳≫과 비교해 거칠었을 것으로 추정한다.[7] 어찌됐든 우리가 소위 사마천이 참고하였을 가능성이 있는 조기 원본을 확인할 수 없는 한, ≪史記·荊軻傳≫과 ≪戰國策·燕策·燕太子丹質于秦≫의 선후를 결단하는 것은 유보하기로 한다. 논의를 위해 보다 중요한 점은 <형가전>의 내용이 <燕太子丹質于秦>보다 시작 부분과 끝 부분이 더 있음으로 해서 이야기의 전체적 구성이 더욱 완전하다는 것이다. <燕太子丹質于秦>의 이야기 구성은, 첫째는 형가와 태자단의 만남 그리고 함께 진왕 시해 도모, 둘째는 형가의 진왕 시해, 셋째는 연나라의 멸망, 넷째는 고점리의 진왕 시해 부분의 간단한 언급으로 나눌 수 있다.[8] 그러나 <형가전>에는 처음 시작 부분에 형가의 신상내력과 교유정황에 대한 소개가 상당 부분 할애된다. 사마천은 이 도입부의 내용을 통해 형가 형상에 대한 윤곽을 그려내고 있다.

사마천이 <형가전>의 시작 부분에서 開宗名義로 언급하고 있

---

7) 張海明, <≪史記·荊軻傳≫與≪戰國策·燕太子丹質于秦≫關係考論>, 113쪽 참조.

8) ≪戰國策·燕太子丹質于秦≫의 이 부분은 간략하게 언급되고 있다. 즉 "그 후 형가의 빈객이었던 고점리는 축을 타는 능력으로 진시황제를 접견하였고, 축으로 진시황제를 쳐 죽여 연나라를 위해 보복을 하려했으나 적중시키지 못해 살해당했다.(其後荊軻客高漸離以擊筑見秦皇帝, 而以筑擊秦皇帝, 爲燕報仇, 不中而死.)"(張淸常, 王延棟, ≪戰國策箋注≫, 天津, 南開大學出版社, 1993년, 848쪽) ≪戰國策≫의 이 간단한 언급과 사마천 <형가전>의 마지막 부분의 내용과의 관계가 어떤지는 알 수 없다. ≪戰國策≫이 <형가전>을 근거로 축약한 것인지, 사마천이 ≪戰國策≫의 내용을 근거로 이야기를 구성한 것인지 단정할 수 없다.

는 형가의 특징은 "독서와 검술을 좋아한다(好讀書擊劍)"는 것이다. 문무를 겸비한 형가가 楡次 지역에서 蓋聶과 검술을 논하다 부릅뜬 그의 눈에 놀라 꽁무니를 감추고, 邯鄲에서는 魯句踐과 도박을 하다 질시하는 그를 피해 도망친다. 사마천은 이렇게 문제의 정면 해결을 회피하는 형가의 형상을 소개함으로써 복선을 깐다. 연나라에 이르러서는 개 잡는 백정들과 축 연주자 고점리와 저잣거리에서 날마다 술을 마시고, 취하면 노래를 부르다 울기도 하며, 마치 주위에 아무도 없는 듯 했다고 한다. "비록 평소에 술꾼들과 교유하였으나, 그는 사람됨이 침착하고 깊이가 있으며 책을 좋아하였고(雖游於酒人乎, 然其爲人沈深好書)", 사귀었던 사람들은 모두 어질며 호걸들로 뛰어난 자들이었다. 그래서 연나라의 處士였던 田光 선생도 그가 평범한 인물이 아님을 알아보고 잘 대했다. 이와 같이 도입부에서 보여주는 형가는 두 가지 서로 다른 형상이 충돌된다. 즉, 문무를 겸비한 호걸 형상과 힘든 상황을 피하려는 회피적 형상이다.

이어서 형가와 태자단의 만남 그리고 함께 진왕 시해를 도모하는 과정에서 보인 형가의 형상은 지극히 인간적 동정심이나 결단력이 부족한 성격으로 비친다. 태자단이 형가를 만나기까지는 두 사람의 천거 과정을 거친다. 먼저 진나라 장수 樊於期가 연나라로 망명하자 태자단이 그를 받아들인다. 그러자 스승인 鞠武가 반대하며 국사를 도모할 인물로 田光선생을 소개한다. 전광선생은 늙음을 핑계로 다시 荊軻를 태자단에게 소개하고, 헤어질 때 태자단이 국가의 대사이므로 비밀로 해줄 것을 부탁한다. 전광선생은 형가를 만나 자초지종을 이야기하고, 목숨을 끊음으로써 누설하지 않을 것임을 증명한다. 이런 과정을 거쳐 형가는 마침내 태자단을 만나 전광선생의 죽음 소식을 알리고, 그가 죽은 이유를 밝힌다. 태자단은 자기의 본뜻은 큰일을 이루기 위한 것이지 비밀이 지켜지기 위해 전광선생이 죽기를 바란 것이 아니었음을 말한다. 물론 전광선생도 그런 의도를 충분히 알았을 것이다. 그러나 그가 죽음을 선택한 것은 자기의 죽음이 형가를 자극하여(欲自殺以激荊卿) 태자단의 권유가 받아들여지기를 희망했기 때문이었을 것이다. 형가는 전광선생의 죽음에 대해 별다른 반응을 보이지 않았고, 태자단의 진왕 시해 요구에 처음에는 "이 일은 국가의 대사인데 신은 어리석어 사신의 일을 맡을 수 없을까 걱정된다.(此國之大事也, 臣駑下, 恐不足任使.)"는 이유로 거절한다. 그리고 태자단이 재차 요청을 하자 허락한다. 형가는 오래도록 진나라로 출발을 하지 않으며, 진왕을 만나기 위한 신표로 진의 장수였던 樊於期의 목을 가져가야 한다고 요구하고, 친히 그를 찾아가 설득하여 그의 목을 얻는다. 그러고도 여전히 함께 동행하고 싶은 자신의 빈객을 기다린다는 이유로 출발을 하지 않는다. 그러나 태자단은 혹시 마음이 바뀐 것인가 의심하고 함께 가기로 한 秦舞陽을 먼저 출발시키자고 하자, 형가는 비로소 진나라로 출발한다. 이런 과정에서 느껴지는 형가의 형상은 확실히 자신을 인정하고 천거한 전광선생의 죽음에 대한 무반응과 일을 성공하기 위해 남의 목숨을 쉽게 취하는 냉혹한 인간성을 보여주고 있다. 아울러 명확하게 설명을 하고 있지 않지만 빈객을 기다려야 한다는 구실로 출발을 자꾸 지연하는 것 같은 태도는 무언가 결단력이 없어 보인다.

형가에게 보이는 또 다른 형상은 진왕 시해를 허락한 후 태자단이 베푼 여러 가지 호의를 다 받아들인 점이다. 태자단은 형가에게 "상경으로 벼슬을 높이고, 최고급 객사에 머물게 하였다. 그리고 태자는 매일 그의 집에 가서 고급 음식[太牢: 牛, 羊, 豕을 갖춘 제사]을 제공하고 기이한 물건들을 들여보내며, 수레와 미녀들을 보내 형가의 욕망을 마음껏 누리게 하여 그의 뜻을 즐겁게 하였다.(尊荊卿爲上卿, 舍上舍. 太子日造門下, 供太牢具, 異物閒進, 車騎美女恣荊軻所欲, 以順適其意.)" 비록 구체적 언급은 없지만, 형가는 태자단의 이런 물질적 호의를 받아들인 것으로 보인다. 이는 刺客 聶政이 嚴仲子가 준 "황금 백일(黃金百溢)"을 비록 개를 잡는 백정 생활을 하고 있지만, 어머니를 봉양하는 데는 충분하므로 "당신이 준 황금을 받을 수 없다(不敢當仲子之賜)"고 거절한 행위와 대비된다.[9]

자객으로서 형가의 이런 형상은 궁중에서 진왕을 시해하는 과정 중 보인 그의 태도에서 반전된다. 형가는 13살 때 살인을 하였다는 秦舞陽을 조수로 데리고 진나라에 도착한다. 그는 뇌

9) <형가전>에 보인 자객으로서 형상에 부합하지 않은 형가의 성격에 대해, 孟蒙은 다음 몇 가지를 들고 있다. 첫째, 형가는 정면 투쟁을 회피하고 자객으로서의 혈기와 무예정신이 결여되어 있다. 둘째, 일처리가 우유부단하고, 결단력이 부족한 성격이며, 선비는 자기를 알아주는 이를 위해 죽는다는 자객의 특성이 부족하다. 셋째, 물질적 향락을 기꺼이 받아들인다. 넷째, 심지어 목표를 달성하기 위해 다른 사람의 이익을 희생한다. 본 논문의 자객으로서 부정적 형상에 대한 논의는 孟蒙의 논점을 참조하여 논술하였다. <論≪史記·刺客列傳≫中荊軻形象的複雜性>, ≪三峽論壇≫, 2014年 第5期, 總第278期, 98쪽 참조.

물로 寵臣 蒙嘉를 매수하여 진왕을 친견할 수 있게 된다. 진나라는 외교사절을 맞이하는 최고의 儀典인 九賓의 禮를 갖추어 연나라의 사신을 맞이한다. 성대한 儀典 앞을 지나면서 진무양은 안색이 변하고 두려움에 떨게 된다. 형가는 침착하게 그를 돌아보며 웃고, 진왕에게 조수가 변방의 촌놈이어서 천자를 아직 만나보지 못하여 두려워한다고 해명하고 그가 들고 있던 督亢의 지도가 든 상자를 들고 진왕 앞으로 간다. 그리고 들고 간 지도를 펴자 나타난 비수로 진왕을 시해하려 했으나 실패한다. 그리고 스스로 임무를 완성할 수 없음을 알고, 기둥에 기대어 웃으며 다리를 벌리고 앉아 진왕을 욕한다. 진왕 시해 과정에서 보여준 형가의 침착한 태도는 두려움으로 안색이 변하고 오금을 절었던(色變振恐) 秦舞陽과 비교하면 자객으로서의 그 진가를 보여준 것이다.

사마천이 묘사하고 있는 형가의 형상은 다양하다. <형가전> 도입부에서 드러난 문무를 겸비한 호걸로서 독서를 좋아하고 침착하고 깊이(沈深)가 있는 그의 성격은 진왕을 시해하는 과정에서 자객으로서의 진면목이 그대로 드러났다고 할 수 있다. 그러나 어려운 상황을 회피하거나 인간적 동정심의 결여, 또는 결단력이 부족한 성격, 물질적 욕망을 탐하는 것 같은 자객으로서 보여서는 안 될 형상이 묘사된다. 사마천이 형가의 형상에 자객으로서의 긍정적 요소와 부정적 요소를 중첩하여 그린 이유는 무엇일까? 어렵지 않게 추측할 수 있는 이유는 사마천이 진나라가 六國을 멸망시키고 통일한 역사의 흐름을 인정하고, 따라서 진왕 시해가 실패로 끝날 수밖에 없는 역사적 추세를 수용하였기 때문이다. 진왕 시해가 실패할 수밖에 없는 이유를, 사마천은 진나라의 육국통일이라는 역사의 필연적 추세에 항거하는 형가의 성격 속에 자객으로서의 부정적 요소를 투사시킴으로써, 그의 비극적 운명을 암시하고 있다고 본다. 孟蒙은 그 이유를 다음과 같이 설명한다. "사마천은 어떤 의미에서 실패의 원인이 자객의 비극적 성격에 있을 뿐만 아니라, 더욱 중요한 원인은 역사의 필연적 추세의 탓으로 돌려야 할 것이다. 사마천이 인물을 그려낼 때 다음과 같은 숨은 의미를 포함하고 있을 것이다. 가령 형가가 아니더라도, 진왕 시해가 성공할 가능성은 매우 적었을 것이다."10)

2. 후대 시가 속에 드러난 荊軻 형상

자객으로서 갖추어야 할 자질의 측면에서 볼 때 <자객열전>에 보인 형가의 형상은 서로 상충된다. 사마천의 언급처럼 형가는 "독서와 검술을 좋아하고(好讀書擊劍)" "사람됨이 침착하고 깊이가 있으며 책을 좋아하고(其爲人沈深好書)", 易水 강변에서 "바람 소슬하게 불어 역수 차가운데, 장사가 한번 가면 돌아오지 못하겠네.(風蕭蕭兮易水寒, 壯士一去兮不復還.)"라는 노래를 부르며 뒤돌아보지 않고 진나라로 떠나는 죽음을 두려워하지 않는 강개한 모습과, 진나라 황궁에서 황제의 시해 과정에서 보여준 그의 침착하고 여유 있는 모습은 결코 평범한 사람이 할

10) 孟蒙, <論≪史記·刺客列傳≫中荊軻形象的複雜性>, 101쪽 참조.

수 있는 행동이 아니다. 자객으로서 갖추어야할 극한 상황에서 냉정하게 평정심을 유지하는 최고의 덕목을 보인 것이다. 그의 이러한 자질과 어긋나게 보이는 겁쟁이처럼 어려운 상황을 회피하는 모습이나 결단력이 부족한 성격, 물질적 향락을 받아들이는 태도들은 자객으로서 갖추어야할 요건이 아닐 것이다. 물론 이런 자객으로서 부정적 요소로 보이는 행위에 대해 형가 본인은 사소한 일로 치부하고 무시했다고 간주할 수 있다. 형가의 이런 중의적 형상에 대해 후대의 문인들은 어떻게 읊고 있는지 살펴보자.

서진시기의 작가 左思(250?-305?)의 시가작품[11] 중에 8편으로 구성된 咏史詩가 있다. 그의 咏史詩는 단지 역사적 사실을 읊은 것이 아니라, 역사적 사실을 빌어 자신의 생각과 사회에 대한 비판을 썼다는 점에서 그 가치를 평가받고 있다.[12] 8편의 咏史詩 중에서 여섯 번째가 형가에 관한 시이다.

荊軻飮燕市,	형가는 연나라 시장에서 술을 마실 때,
酒酣氣益震.	술기운 거나하면 기개 더욱 떨쳤네.
哀歌和漸離,	형가의 슬픈 노래에 고점리가 화답하니,
謂若傍無人.	옆에 사람이 없는 듯하였다 하네.
雖無壯士節,	비록 장사의 절개 없으나,

11) 左思(250?-305?)의 시가작품은 단지 14편만 전한다.

12) 張培恒, 駱玉明, ≪中國文學史≫(上海, 復旦大學出版社, 1996年, 347쪽 참조)에서 "좌사의 작품은 옛것을 빌어 지금을 풍자하며 개인의 회포를 펴냈으니, 영사시의 창조적 변화를 가져왔다."고 말한다.

與世亦殊倫. 세상 사람들과 역시 달랐네.
高眄邈四海, 고고한 눈빛으로 사해를 아득히 보니,
豪右何足陳! 고관명문인들 어찌 족히 말하리.
貴者雖自貴, 귀한 자 비록 스스로 귀하다 하지만,
視之若埃塵. 그들을 티끌처럼 여겼고.
賤者雖自賤, 천한 자 비록 스스로 천하다고 하지만,
重之若千鈞. 그들을 천균처럼 귀중하게 여겼네.

시의 1, 2, 3, 4구는 형가가 연나라에 도착한 후의 생활모습을 그리고 있고, 이어지는 시구에서는 작가의 형가 형상에 대한 판단을 읊고 있다. <형가전>에 의하면 "형가가 연나라에 도착하고 나서 연의 개백정과 축을 잘 타는 고점리를 좋아하게 되었다. 형가는 술을 좋아하여 날마다 개백정과 고점리와 연나라 시장에서 술을 마셨는데, 술이 오른 후에는 고점리가 축을 타고 형가는 연주에 맞춰 시장에서 노래를 부르며 서로 즐거워하였다. 그리고 얼마 후 서로 울기를 곁에 아무도 없는 듯하였다."[13]고 한다. 좌사는 <형가전>의 내용을 근거로 시의 앞부분에서 그의 삶의 모습을 묘사한 후, "비록 장사의 절개는 없으나 세상 사람들과 다르다"고 형가를 평가한다. '壯士의 절개가 없다'는 것은 형가가 연나라에 오기 전에 榆次에서 蓋聶을 피해 달아나고, 邯鄲에서는 魯句踐을 피해 도망간 사실과 연나라에서 보여준 술주정뱅이 같은 그의 삶의 모습을 지칭할 것이다. 좌사는 형가에게

13) ≪史記·刺客列傳≫: "荊軻旣至燕, 愛燕之狗屠及善擊筑者高漸離. 荊軻嗜酒, 日與狗屠及高漸離飮於燕市, 酒酣以往, 高漸離擊筑, 荊軻和而歌於市中, 相樂也, 已而相泣, 旁若無人者."

자객으로서 갖추어야할 장사의 절개가 없는 점을 지적하고 있다. 그러나 그가 '세상 사람들과 다른 점'은 가치판단이 다르다는 것이다. 즉 스스로를 귀하다고 여기는 사람들은 티끌처럼 가볍게 여기고, 스스로를 천하게 여기는 사람들은 오히려 귀중하게 여기는 그의 가치관에 있다고 묘사한다. 따라서 형가는 제후들을 오가면서 비록 교유하는 사람들은 어질고 호방하며 덕망있는 사람들이었으나, 연나라에서는 또 개백정과 악사와 매일 술을 마시는 생활을 한 것이다. 그의 이런 호방한 생활 태도는 좌사가 언급한 '장사의 절개가 없는' 행위가 사소한 일에 얽매이지 않으려는 의도적인 태도가 아닌가 의심케 한다. 좌사는 형가가 蓋聶과 魯句踐을 피하고 시정잡배와 교유한 것을 그의 가치판단에 따른 것으로 보고, 힘을 과시하는 壯士의 행위를 가볍게 여기고 세상의 가치판단을 넘어서는 정신적 호방함에 더욱 의미를 두는 모습으로 형가의 형상을 묘사한다. 특히 형가가 태자단을 만나기 이전의 행위 속에 이미 자객으로서 잠재된 정신적 자질을 보유하고 있음을 보여주고 있다.

唐代의 시인 周曇도 左思와 유사한 형가의 형상을 7언절구로 묘사한다. 그의 <荊軻> 시는 다음과 같다.

反刃相酬是匹夫, 칼날을 되받아 서로 응수하는 것은 필부이니
安知突騎駕群胡? 돌연히 말 타고 진나라로 나아갈 것을 어찌 알았을까?
有心爲報懷權略, (知己를 위해) 보답할 마음으로 책략을 품었으니
可在於期與地圖. 樊於期의 머리와 督亢의 지도에 있었네.

1, 2구와 관련된 <형가전>의 이야기는 다음과 같다. 형가가

蓋聶과 검술을 논하였는데, 蓋聶이 화가 나서 노려보자 형가는 아무런 말도 없이 나가 버린다. 그러자 어떤 사람이 다시 불러오자고 제안한다. 그러나 蓋聶은 이전에 내가 검술을 논하다가 노려본 적이 있으니, 아마 감히 머물러 있지 않을 것이라고 하였다. 실제로 형가는 그가 머물렀던 집을 떠나버렸다. 마치 蓋聶을 두려워하여 떠난 것처럼 묘사된다. 첫 구에서 묘사된 "칼날을 되받아 서로 응수하는 것은 필부이다"는 蓋聶을 지칭하는 것으로, 사소한 승부에 연연하는 필부가 형가의 마음을 어찌 이해할 수 있었겠는가? 형가의 형상은 蓋聶과 대비되면서 검술의 승부를 초월하고 知己를 위해 목숨을 내걸고서 진왕을 시해하기 위해 진나라로 향하는 의연한 자객의 모습이다.

陶淵明(365-427)은 30구의 5언시를 통해 형가의 진왕 시해 과정을 비교적 상세하게 묘사하고 있다. 이 시는 宋 武帝 永初 2년(421)에 쓰였으니, 도연명은 劉裕(무제)가 晉의 정권을 빼앗은 것을 싫어하여, 형가와 같은 인물이 진을 위해 복수해주기를 바랬다. 따라서 몸을 사리지 않은 형가의 의로운 정신과 용맹함을 의도적으로 그려냈다고 볼 수 있다.[14] 그의 시 <咏荊軻>는 다음과 같다.

燕丹善養士, 연나라 태자단은 선비들을 잘 보살폈는데,
志在報强嬴. 그 뜻은 강한 진나라에 보복하는 데 있었네.
招集百夫良, 백 리에 한 명씩의 용사를 모집하여,

14) 于植元, 孫紹華, 闞紀新, ≪中華史詩咏史詩本事≫, 廣西民族出版社, 2000, 65-66쪽 참조.

歲暮得荊卿. 한 해가 저물 즈음에 형경을 얻었네.
君子死知己, 군자는 지기를 위해 죽는다 하니,
提劍出燕京; 형가는 검을 들고 연나라를 출발하였네.
素驥鳴廣陌, 흰말은 넓은 길에서 울고,
慷慨送我行. 강개한 마음으로 나를 전송하네.
雄發指危冠, 분노한 머리카락 우뚝 솟은 관을 향하고,
猛氣冲長纓. 맹렬한 기운 긴 갓끈을 솟구치게 하네.
飮餞易水上, 역수 가에서 전별의 술 마시니,
四座列群英. 모든 좌석에 뭇 영웅들 나열하였네.
漸離擊悲筑, 고점리가 슬픈 축 타니,
宋意唱高聲. 송의가 격앙된 소리로 노래를 부르네.
蕭蕭哀風逝, 소슬히 애달픈 바람 불자,
淡淡寒波生. 담담히 차가운 파도가 이네.
商音更流涕, 상음 소리에 눈물 더하고,
羽奏壯士驚. 우음의 연주에 장사의 마음 놀라네.
心知去不歸, 마음으로 아니 가면 돌아오지 못하고,
且有後世名. 후세에 이름은 남긴다는 것을.
登車何時顧, 수레에 올라 돌아볼 틈도 없이,
飛蓋入秦庭. 날 듯 빠른 수레 진나라 조정으로 들어가네.
凌厲越萬里, 분연히 만 리 길을 넘고,
逶迤過千城. 굽이굽이 천 개의 성을 지났네.
圖窮事自至, 지도가 펴지자 비수가 드러나 자연스럽게 시해 사건이 일어나자,
豪主正怔營. 진왕은 마침 놀랐네.
惜哉劍術疏, 애석하도다, 검술이 서툴러,
奇功遂不成. 기이한 공 끝내 이루지 못했네.
其人雖已没, 그 사람은 이미 죽었으나,
千載有餘情. 천년이 지난 지금도 여운의 정 남아있네.

위 시의 내용은 크게 세 부분으로 나눌 수 있다. 먼저 형가가 자기를 알아주는 사람을 위해 죽음을 각오하고 진나라로 떠나게 되는 과정이다. 그리고 형가가 진왕을 시해하기까지의 과정이며, 마지막으로 시해의 실패와 아쉬움을 표현한 부분이다. 도연명은 시작 부분에서 형가가 진왕을 시해하게 된 합당한 이유를 "군자는 지기를 위해 죽는다."라고 명확히 설명한다. 사실 사마천은 <형가전> 앞부분의 내용에서 형가가 진왕을 왜 시해하게 되었는지 확실하게 묘사하지 않는다. 형가가 태자단을 만나기 이전까지의 내용을 보면, 형가의 교유관계, 태자단과 진왕과의 원한관계 성립 과정, 보복을 위해 스승인 鞠武에게 계책을 물음, 국무의 전광선생 추천, 전광선생의 형가 추천, 그리고 전광선생의 자결 등이다. 그리고 태자단은 형가에게 진나라가 연나라를 침공하게 되었을 때 연나라는 방어할 힘이 없으니, 천하의 용사를 얻어 진나라에 사신으로 보내 진왕을 위협하여 제후들의 침략당한 땅을 되찾아 주고, 제후들과 합종하여 진나라에 대항하면 물리칠 수 있다고 설득한 후, 사신의 업무를 맡아줄 것을 간절하게 청한다. 그러나 형가는 국가의 막중한 대사이므로 감당할 수 없다는 이유로 거절한다. 그러자 태자단이 다시 한 번 머리를 조아리며 사양하지 말기를 간청하자, 형가가 비로소 수락한다. 형가가 비록 태자단의 요청을 수락하지만, 단지 <형가전>의 내용만을 고려해 본다면 수락하게 된 뚜렷한 명분이 드러나지 않는다. 특히 도연명이 제시한 "군자는 지기를 위해 죽는다."는 태자단이 형가를 지기로 여길만한 행위가 보이지 않는다.

그러나 ≪燕丹子≫의 내용을 보면 태자단이 형가를 만난 후, 몇 가지 구체적인 행동을 통해 충분히 그를 지기로 대접하는 모습이 드러난다. 첫째 태자단이 형가를 지기로 대접하는 모습은 그를 마중하는 태도에서 보인다. 형가가 전광선생의 소개로 연나라에 왔을 때, 태자단은 친히 마차를 몰고나와 상석을 내주었고, 형가는 사양하지 않고 수레 손잡이를 잡고 올라탔다.[15] 그리고 태자단의 집에 이르러 빈객들이 자리를 잡고 앉자, 형가는 스스로 태자단을 지기로 생각한다고 말한다. "전광선생께서 태자의 인자하고 친애하는 풍모에 대해 찬양하시고, 태자가 불세의 인물로 고상한 행위는 하늘에 닿고 찬미의 소리는 귀에 가득하다고 말하였습니다. 그래서 제가 위나라의 도읍을 떠나 연나라로 오는 길이 험난하여도 힘들게 여기지 않고, 먼 길을 아득하다고 여기지 않았습니다. 지금 태자께서 저를 오랜 사귐의 은혜로써 예우하고 새로운 사람을 공경하듯 접대하니, 제가 사양하지 않은 것은 선비는 지기에게 신뢰를 보여야했기 때문입니다."[16] 형가는 태자단이 자기를 맞이하는 태도에서 그를 지기로 생각한 것이다. 그 후 태자단은 3년 동안 형가와 함께 한 식탁에서 식사하고 한 침상에서 잠을 자면서 그의 마음을 얻기 위해 정성을 다한다. 하루는 태자단과 형가가 동궁에서 연못을 감

15) "荊軻之燕, 太子自御虛左, 軻援綏不讓." ≪燕丹子≫, ≪四部備要≫子部, 中華書局, 卷下, 1쪽.

16) "軻言曰, 田光褒揚太子仁愛之風, 說太子不世之器, 高行厲天, 美聲盈耳. 軻出衛都, 望燕路, 歷險不以爲勤, 望遠不以爲遐. 今太子禮之以舊故之恩, 接之以新人之敬, 所以不復讓者, 士信於知己也." ≪燕丹子≫, 1쪽.

상하다가 형가가 개구리에게 기와 조각을 던지자, 태자단은 사람을 시켜 쟁반에 금덩어리를 가져다 던지게 하고, 없어지면 계속 가져오게 하였다. 그러나 형가는 태자단의 금덩이가 아까워서가 아니라 팔이 아파서 멈춘다고 말한다. 태자단의 마음을 시험하는 듯한 말투다. 그후 태자단은 형가와 함께 천리마를 탔는데, 형가가 천리마의 간이 맛있다고 하자 곧바로 말을 죽여 간을 내왔다. 그리고 秦의 장군 樊於期가 도망쳐 오자, 태자단은 華陽臺에서 주연을 베풀고 술을 마시며 미녀로 하여금 가야금을 연주하게 했을 때, 형가가 미인의 손이 아름답다고 말하자, 태자는 즉시 미인의 손을 잘라 옥쟁반에 받쳐 그에게 주었다. 태자단의 이와 같은 행위는 형가로 하여금 태자가 자기를 지기로 여기고 있다고 느끼기에 충분했다. 도연명이 시의 첫 부분에서 강조하는 자객으로서 형가가 지기를 위해 진왕 시해의 길을 기꺼이 선택하는 형상은 사마천의 <형가전> 내용보다는 오히려 ≪燕丹子≫의 내용을 근거한 것으로 보인다. 뿐만 아니라 易水 가에서 전별할 때 <형가전>에는 보이지 않고 ≪燕丹子≫에만 보이는 宋意 같은 인물을 등장시킨 것도 도연명이 ≪燕丹子≫의 내용을 참고했다는 방증이다. 그러나 張海明은 ≪燕丹子≫가 도연명(421年)보다 늦은 江淹(474년 이전)의 손에 의해 쓰였다고 주장한다. 그리고 宋意를 언급한 것은 ≪淮南子·泰族訓≫의 "고점리와 송의는 축을 두드리며 역수 가에서 노래를 불렀다.(高漸離宋意爲擊筑而歌于易水之上.)"는 기록을 참고하였다고 본다.[17] 그

17) 張海明, <≪燕丹子≫與≪史記·荊軻傳≫之關係>, ≪北京師範大學學報≫, 2012年 第6期(總第234期), 21-37쪽 참조.

러나 태자단이 형가를 지기로 여기고 보여준 여러 가지 행동들과 宋意를 언급한 사실과 관련하여 보면 도연명이 ≪燕丹子≫의 내용을 보았을 가능성이 높다. 만약 이런 가설이 옳다면 張海明의 ≪燕丹子≫가 江淹에 의해 쓰였다는 주장은 재론해야할 것이다.

도연명이 묘사하고 있는 형가는 자기를 알아주는 태자단을 위해 기꺼이 진왕 시해의 길을 떠나는 전통적 선비정신을 갖춘 자객형상이다. 그러나 진왕 시해에 결국 실패하게 된 것을 아쉬워하면서 그 원인을 검술의 미비에 있다고 말한다. 진왕 시해 과정을 묘사하는 <형가전>과 ≪燕丹子≫를 비교해 보면, 전자가 도연명이 말하는 실패의 원인이 검술능력의 부족에 있다는 내용과 가깝다. 두 곳의 묘사 내용을 비교해 보자.

> 진왕이 지도를 폈고, 다 펴지자 비수가 드러났다. 형가는 왼손으로 진왕의 소매를 잡고 오른손으로 비수를 들어 진왕을 찔렀다. 몸에 닫지 않았으며, 진왕은 놀라 몸을 당겨 일어나자 소매가 잘렸다. 진왕은 검을 뽑으려 했지만 검이 길어 뽑지 못하고 검 집만 잡고 있었다. 당시 당황하고 검이 견고하게 꽂혀 있어 곧바로 뽑을 수 없었다. 형가는 진왕을 쫓았고 진왕은 기둥을 돌아 달아났다. 군신들이 모두 놀랐으나 갑자기 일어난 일이라 어찌할 바를 몰랐다.……[진왕은] 급하여 아래 병사를 부를 겨를이 없었고, 그래서 형가는 진왕을 쫓을 수 있었다. 병사들은 황급하였으나 형가를 칠 무기가 없어 맨손으로 함께 그를 쳤다.……진왕은 기둥을 돌며 달아났으나 병사들은 황급하여 어찌할 줄을 알지 못했다. 좌우의 신하들이 말하길, "왕께서는 검을 메십시오." 검을 메고서야 마침내 칼을 뽑아 형가를 쳐, 그의 왼쪽 다리를 베었다. 형가는 쓰러진 채 비수를 꺼내 진왕

에게 던졌으나 맞추지 못하고 구리 기둥을 맞혔다. 진왕은 다시 형가를 쳐서 형가는 여덟 군데나 상처를 입었다.[18]

진왕이 지도를 펼치니, 지도가 다 펴지자 비수가 나왔다. 형가는 왼손으로 진왕의 옷소매를 잡고, 오른손으로 [칼을 잡고] 그의 가슴을 겨누며 죄상을 나열하여 말하길, "그대는 연나라를 저버린 지 오래되었고, 다른 제후국들을 탐하고 포악하게 대하고도 만족할 줄 몰랐으며, 번어기는 죄가 없는데도 그의 가족을 죽였다. 내가 오늘 다른 국가들을 위해 원수를 갚겠다. 지금 연나라 왕의 모친이 병이 들어 나에게 약속을 재촉하였으니, 나의 계획을 따르면 살 것이고, 따르지 않으면 죽을 것이다." 진왕이 말하길, "오늘 일은 그대의 계획을 따를 것이니, 가야금 한 곡 듣고 죽었으면 하네." 궁녀를 불러 가야금을 타게 하였는데, 노래 소리는 다음과 같았다. "비단 실로 짠 홑옷 당기면 찢어지네. 팔 척의 병풍 뛰어넘을 수 있고, 녹로의 검 등에 지면 뽑을 수 있네." 형가는 음을 해석할 수 없어서, 진왕은 가야금 소리를 듣고 검을 등에 지고 칼을 뽑았다. 그리고 소매를 떨치고 병풍을 넘어 도망갔다. 형가는 비수를 뽑아 그에게 던졌으나, 진왕의 귀를 가르고 지나가 구리 기둥에 불꽃을 튀기며 꽂혔다. 진왕은 돌아와 형가의 양손을 잘랐다.[19]

---

18) 秦王發圖, 圖窮而匕首見. 因左手把秦王之袖, 而右手持匕首揕之. 未至身, 秦王驚, 自引而起, 袖絕. 拔劍, 劍長, 操其室. 時惶急, 劍堅, 故不可立拔. 荊軻逐秦王, 秦王環柱而走. 羣臣皆愕, 卒起不意, 盡失其度.……方急時, 不及召下兵, 以故荊軻乃逐秦王. 而卒惶急, 無以擊軻, 而以手共搏之.……秦王方環柱走, 卒惶急, 不知所爲, 左右乃曰: "王負劍!" 負劍, 遂拔以擊荊軻, 斷其左股. 荊軻廢, 乃引其匕首以擿秦王, 不中, 中桐柱. 秦王復擊軻, 軻被八創. ≪史記·刺客列傳≫, 2534-2535쪽.

19) 秦王發圖, 圖窮而匕首出. 軻左手把秦王袖, 右手椹其胸, 數之

<형가전>에 묘사되고 있는 진왕시해 과정에서 형가가 진왕을 죽일 수 있는 기회는 최소한 세 번은 있었다. 첫 번째는 지도가 다 펼쳐지고 비수가 드러나자 비수를 잡고 진왕을 찔렀을 때이고, 두 번째는 진왕이 검을 뽑지 못한 채로 도망하고 있을 때이며, 세 번째는 진왕에게 비수를 던졌을 때이다. 세 차례 모두 성공하지 못한 것은 형가의 검술 능력 부족으로도 볼 수 있다. 청대의 시인 馮廷櫆는 <荊卿故里>에서 이 점을 지적하며 다음과 같이 읊는다. "괜히 조나라 徐夫人에게 비수를 구하고, 누가 형가에게 번어기의 수급을 들게 하였는가. 일찍이 남쪽으로 와 한단의 거리를 지날 때, [魯句踐은] 형가에게 검술이 뛰어난가를 물었었는가."[20] 사마천은 <형가전> 마무리 부분에서 魯句踐이 형가가 진왕을 시해하려고 했다는 소식을 듣고 다음과 같은 혼잣말을 했다고 기록하고 있다. "슬프도다! 애석하게도 형가는 찌르는 검술을 익히지 않았구나. 내가 이전에 정말로 그를 알아보지 못했구나. 예전에 내가 그를 꾸짖었을 때, 그는 나를 그와 같은 부류의 사람으로 여기지 않았었구나."[21] 魯句踐은 이전에

曰, "足下負燕日久, 貪暴海內, 不知饜足. 於期無罪而夷其族, 軻將爲海內報讐. 今燕王母炳, 與軻促期, 從吾計則生, 不從則死." 秦王曰, "今日之事, 從子計耳. 乞聽琴聲而死." 召姬人鼓琴, 琴聲曰, "羅縠單衣, 可掣而絕. 八尺屏風, 可超而越. 鹿盧之劍, 可負而拔." 軻不解音, 秦王從琴聲負劍拔之, 於是奮袖超屏風而走. 軻拔匕首擲之, 决秦王耳, 入銅柱, 火出燃. 秦王還, 斷軻兩手. ≪燕丹子≫, 8쪽.

20) "……空向夫人求匕首, 誰令豎子把頭顱. 南來曾過邯鄲道, 試問人知劍術無." ≪中華史詩咏史詩本事≫, 912쪽.

21) 嗟乎, 惜哉其不講於刺劍之術也! 甚矣吾不知人也! 曩者吾叱之,

형가와 장기를 두다가 다투게 되었을 때, 자신이 형가를 꾸짖자 그가 아무 말도 없이 떠나버렸던 일을 기억하며 한 말이다. 노구천은 형가가 용기 있는 진정한 자객임을 인정하지만 검술능력이 부족하여 시해에 성공하지 못함을 아쉬워한 것이다.

그러나 ≪燕丹子≫에서는 진왕 시해 과정이 사뭇 다르게 묘사되고 있다. 지도가 다 펼쳐지고 비수가 드러나자 형가는 비수를 잡고 바로 진왕을 찌르지 않고 그의 잘못을 낱낱이 밝히며 위협하다가 죽일 수 있는 기회를 놓친다. 그리고 또 진왕이 가야금 소리를 들어보고 죽게 해달라는 요청을 들어주면서 진왕이 형가의 손아귀를 벗어날 수 있는 기회를 주게 된다. 가야금 소리를 듣고 진왕이 도망가자 형가는 비수를 던지나 적중시키지 못한다. 이처럼 ≪연단자≫에서 묘사된 형가는 진왕의 죄목을 나열하고, 게다가 진왕의 요청을 들어주다가 그를 시해할 수 있는 기회를 놓친 어리석은 모습이 드러난다. 청대의 張弘敏은 <咏史>에서 형가의 이런 형상을 다음과 같이 그려내고 있다. "검술이 정통하지 못하다고 논하지 말더라도, 형가는 어찌 그리 어리석었는가. 살아있는 만승의 군주인 진왕을 위협하려 했으니, 이 일은 도모하여 성공하기 매우 어려웠네.……진왕의 가슴을 급히 찔렀다면, 많은 사람의 분노를 조금은 풀었을 텐데. 어찌하여 독항의 지도를 펴고, 진왕시해의 일을 오래도록 머뭇거렸는가. 슬프구나! 태자단에게 보답하려는 마음 공연히 일월과 함께 역사에 빛나니."[22] 張弘敏은 형가가 검술실력이 부족하여 진왕

彼乃以我爲非人也! ≪史記·刺客列傳≫, 2538쪽.

22) 劍術莫論疎, 荊卿一何愚. 生劫萬乘主, 此事大難圖.……急剚嬴

시해에 성공하지 못한 점은 차치하고, 그의 어리석은 점을 강조한다. 진왕을 시해하려고 했으면 찌를 수 있는 기회가 왔을 때 급히 행동에 옮겼어야 했는데, 지도가 다 펴지고 비수가 드러났을 때, ≪연단자≫의 기록처럼 죄목을 나열하며 머뭇거리다가 기회를 놓치게 된 것이다. 결과적으로 태자단을 향한 그의 마음만 역사에 일월처럼 빛나게 되었지, 진왕을 시해하여 역사를 바꾸지는 못한 아쉬움을 남겼다고 여긴다. 일찍이 당나라 때의 汪遵은 형가의 이런 형상을 <易水>에서 잘 표현하고 있다. "공연히 비수만 갈았지 진왕 시해를 성공하지 못하고, 가야금 소리 연주되자 [진왕은 도망가고] 잘못 옷소매만 남겼네. 그리고 곧 진나라의 귀신이 되어, 청사에 괜히 열사의 이름만 남겼네."[23] 汪遵은 ≪연단자≫에서 묘사되고 있는 진왕이 가야금 한 곡 듣기를 부탁하자 형가가 그의 요청을 들어주게 되면서 진왕이 도망할 수 있는 기회를 제공하게 된다는 내용을 근거로 시해 실패에 대한 아쉬움을 표현하고 있다. 柳宗元도 형가의 행위를 어리석다고 여기는데, 그 이유는 魯나라 장수 曹沫이 齊桓公을 칼로 위협하여 齊나라가 빼앗은 魯나라 땅을 돌려받았던 행위[24]를 본받으려 하였기 때문으로 본다. <咏荊軻>에서 "……진왕의 권력은 속임수를 근본으로 하고 있으니, 시해의 일이 제환공과 달랐네. 어찌하여 조말을 본받았는가, 실로 용감하나 어리석었

政胸, 群憤亦少舒. 如何批督亢, 猶事久踟躕. 嗟哉報丹心, 空與日月俱. ≪中華史詩咏史詩本事≫, 908쪽.

23) 匕首空磨事不成, 誤留龍袂待琴聲. 斯須却作秦中鬼, 靑史徒標烈士名. ≪中華史詩咏史詩本事≫, 151쪽.

24) 曹沫에 관한 이야기는 ≪史記·刺客列傳≫, 2515-2516쪽 참조.

네."[25] 柳宗元의 생각은 조말이 제환공을 칼로 위협하여 전쟁에서 잃은 땅을 돌려받기로 하였으나, 제환공은 풀려난 후 화가나 약속을 어기고 曹沫을 죽이려하였다. 그러나 관중이 조그만 일에 신뢰를 잃으면 제후의 지지를 받을 수 없게 된다고 만류하자 약속대로 빼앗을 땅을 돌려준다. 그러나 진왕에게는 관중과 같은 훌륭한 재상이 있지도 않고 진왕 자신도 속임수로 권력을 잡은 통치자이니 칼자루 하나로 그를 시해하려고 한 것은 무모하고 어리석은 행위로 본 것이다.

이처럼 후대의 시인들은 형가가 진왕 시해를 실패한 것에 대한 아쉬움을 표현하면서, 그 원인을 <형가전>의 기록에서 비교적 잘 드러나는 형가의 검술 미숙에 있다고 보기도 하고, 혹은 ≪연단자≫의 기록에서 비교적 잘 드러나는 형가의 어리석음에 있다고 보기도 한다. 혹은 하늘의 뜻으로 돌리기도 한다. 청초의 시인인 梁佩蘭은 <易水行>에서 다음과 같이 읊는다. "형가가 진왕을 찌르지 못한 것은 하무저가 궁전에서 약주머니를 던졌기 때문이네. 시해계획이 성공하지 못한 것은 실로 하늘의 뜻이니, 진왕은 간담이 떨어졌으나 형가는 죽었네. 한번 죽음으로 태자에게 보답하였으나 사구에서 장량이 진왕을 시해했던 것도 이와 같지 않았는가?(……荊卿不得刺秦王, 無且在殿提藥囊. 爲謀不成實天意, 祖龍膽落荊卿死. 一死可以報太子, 君不見沙丘之椎亦如此.)" 梁佩蘭은 궁중의 御醫였던 夏無且가 약주머니를 던져 진왕이 죽음을 피할 수 있었던 것은 역사의 운명적 선택으로 어

25) ……秦皇本詐力, 事與桓公殊. 奈何效曹子, 實謂勇且愚. ≪中華史詩咏史詩本事≫, 152쪽.

찌 하늘의 뜻이 아니겠는가? 라고 아쉬움을 표현한다.

3. 맺는 말

형가는 사마천 <형가전>의 초반부에 문무를 겸비한 호걸 형상과 힘든 상황을 회피하려는 소극적 형상이 중첩되어 나타나고, 태자단에게 시해를 허락한 후에는 인간적 동정심이나 결단력이 부족한 성격으로 비쳐진다. 그리고 진왕을 시해하는 과정에서 보인 침착한 태도는 앞에서 드러난 자객으로서 부정적 형상을 가리기에 충분하다. 그러나 형가가 결국에는 진왕 시해에 실패하여 후세의 많은 문인들의 아쉬움의 대상이 되면서, 실패의 원인을 그의 검술의 미비나 성격에서 드러나는 결단력의 부족으로 묘사하기도 하고, 혹은 하늘의 뜻으로 돌리기도 한다.

또는 형가가 조수로 함께 데리고 간 진무양의 탓으로 돌리기도 한다. 周曇은 <秦武陽>[26]에서 다음과 같이 읊는다. "어린 나이에 괜히 장사의 명성을 얻어, 형가의 조수가 되어 그의 일 그르쳤네. 당시 진왕이 기둥을 돌아 도망갈 때 형가를 도왔다면, 누가 진무양 때문에 일을 이루지 못했다 말하리.(丱歲徒聞有壯名, 及令爲副誤荊卿. 是時環柱能相副, 誰謂燕囚事不成.)" 周曇은 진나라 궁중에 들어가 겁을 먹은 진무양이 형가가 진왕을 시해하는 과정에 아무런 행동도 취하지 못한 점을 아쉬워한 것이다.

---

26) ≪燕丹子≫에는 '秦武陽'으로 되어 있고, ≪史記·刺客列傳≫에는 '秦舞陽'을 되어 있다.

청대의 袁枚는 <易水懷古>에서 진왕을 시해하려 했던 모든 영웅들이 진나라를 결국 멸망의 길로 이끌었던 趙高 한 명보다 못하다는 아쉬움을 역사를 회고하며 다음과 같이 묘사한다. “진왕 시해를 시도한 모든 영웅들이 조고 한 사람만 못함을 탄식하네.(嘆息諸英雄, 不如一趙高.)”[27]

<자객열전>에 보이는 荊軻에게는 다양한 형상이 중첩되어 있다. 정의를 위해 폭군을 제거하기 위해 의연히 자기 몸을 희생한 협객의 형상과 결국 실패로 끝나게 됨으로써 부여된 비극적 영웅의 형상, 아울러 시해 실패의 원인으로 제시된 여러 가지 복선들은 결단력이 부족한 평범한 사내의 형상까지도 갖게 한다. 이렇게 상반되기까지 한 형가의 다중 형상은 후대 시인의 동정과 아쉬움의 붓 끝에서 실패의 원인을 찾아 밝혀주려는 노력으로 표현되기도 하고, 역사의 흐름을 읽어내고 받아들임으로써 순응하려는 필치로 묘사되기도 한다. 자신들의 처지를 반영한 후대 시인들의 이런 시가작품이 끊임없이 창작되는 현상은 또한 형가의 형상이 시대를 초월한 현실적 의의를 갖고 있음을 말하고 있으며, 최근까지도 영화 연극에서 형가 주제의 작품이 등장하는 이유이기도 하다.

27) ≪中華史詩咏史詩本事≫, 910쪽.

제6장 韓信

제6장

韓信

楚漢戰爭에서 유방을 도와 漢 왕조를 세우는데 가장 큰 전공을 세운 사람으로 韓信을 들 수 있다. 그가 어떤 우불우의 인생을 살았는가에 관한 기록은 사마천 ≪史記·淮陰侯列傳≫에 자세히 기록되어 있다. 사마천은 한신의 일생을 평범한 서민으로서의 삶과 능력 있는 장군으로서의 모습 그리고 후반부에 정치의 희생물로 생을 마감하는 역동적이며 비극적인 인물로 묘사한다. 한신의 인물형상에 관한 기존의 연구는 주로 사마천의 <淮陰侯列傳>을 근거로 하거나,[1] 또는 범위를 확대하여 후대 시인들이 한신에 관하여 읊은 시가를 근거 자료로 활용하여 진행되었다.[2] 본 장에서는 기존의 연구 성과를 바탕으로 <淮陰侯

1) 이에 관한 주요 논문으로 劉秋月, <論≪史記·淮陰侯列傳≫中韓信形象>, ≪文學教育≫, 2015年1月; 鄭慶民, <韓信形象淺析-讀≪史記·淮陰侯列傳≫>, ≪渭南師範學院學報≫, 2003年 增刊(增總第9期)이 있다.

2) 이에 관한 주요 논문으로 王慧, <唐詩中的韓信形象接受研究>, 西南大學碩士學位論文, 2014年5月; 蔡丹, <古代詩人接受≪史

列傳>과 후대 시가에 그려진 한신 형상과의 관계를 중심으로 논술하려고 한다.

사마천 ≪史記·淮陰侯列傳≫의 기록에 의하면, 한신의 생애는 세 시기로 나눌 수 있다. 첫째 시기는 고향 淮陰에 있으면서 아직 세상으로 나가지 않았을 때이고, 둘째 시기는 세상에 나가 공을 세우고 유방을 도와 항우를 쳐부셨을 때까지이며, 셋째 시기는 한신이 죽을 때까지이다. 첫째 시기인 한신이 고향인 회음을 떠나기 전에는 가난한 평민으로 남에게 의지하면서 살아 모두가 싫어하였다고 한다.[3] 그러나 사마천은 이 시기의 한신에 관한 몇 가지 매우 흥미로운 사건들을 기록하고 있다. 즉 한신이 南昌 亭長의 집에 기탁하여 몇 달을 살았으나 亭長 아내가 귀찮아하여 절교하고 떠난 이야기, 빨래하는 아낙(漂母)에게 밥을 얻어먹고 보답하겠다고 말한 이야기, 고향 불량배의 가랑이 사이를 기어지나간 이야기 등이다. 젊었을 때의 한신에 관한 이런 기록들은 의리를 중시하고, 모욕을 참아내며, 은혜에 보답하려는 형상을 보여준다. 둘째 시기에는 고향을 떠나 유방을 섬기게 되고 대장군으로 임명되어 각종 전투에서 승리를 거둔다. 이 시기에 부각되는 한신의 형상은 군사적 역량을 마음껏 발휘하는 장수의 모습이다. 셋째 시기에는 한신이 초왕에서 회음후

記≫論稿>, 陝西師範大學博士學位論文, 2012年5月; 郭小楠, <論古代詩人對韓信悲劇形象的接受>, ≪咸陽師範學院學報≫, 第28卷 第1期, 2013年1月 등이 있다.

3) "始爲布衣時, 貧無行, 不得推擇爲吏, 又不能治生商賈, 常從人寄食飮, 人多厭之者." ≪史記·淮陰侯列傳≫(北京, 中華書局, 1892年11月, 第2版), 2609쪽.

로 봉해지는 과정과 여후와 소하의 모략에 속아 죽게 되는 비극적인 모습이 그려진다. 한신의 일생을 통한 이러한 모습들은 후대 시인들에 의해 다양한 각도에서 재조명되고 있다. 따라서 사마천의 <회음후열전>에 그려진 한신의 형상이 후대 시인의 詩 속에 어떻게 서로 연관되어 재탄생되고 있는가를 중심으로 살펴볼 것이다.

1. 忍辱과 報恩의 형상

한신과 관련하여 우리에게 가장 익숙하고 흥미로운 이야기는 아마도 그에 관한 젊었을 때의 기록일 것이다. 사마천의 기록에 의하면, 그는 젊었을 때 고향에서 칼을 차고 다닐 정도로 호기로운 사내였으나, 남의 가랑이 사이를 기어나가는 굴욕적인 행동을 한 장면이 묘사된다. 그에 관한 기록을 보자. "회음의 도살자 무리 중 한신을 업신여기는 자가 한신에게 말했다. '너는 비록 체구가 장대하고 검을 차고 다니기를 좋아하지만, 마음속은 겁이 많은 자이다.' 그리고 여러 사람들 앞에서 그를 모욕하며 말했다. '네가 죽음을 두려워하지 않으면 나를 찌르고, 죽음이 두려우면 내 가랑이 사이를 지나가라.' 이에 한신은 그를 한참을 가만히 쳐다보더니 몸을 숙여 가랑이 아래로 기어지나갔다. 온 시내 사람들이 모두 한신을 비웃으며 겁쟁이라고 하였다."[4] 시

4) "淮陰屠中少年有侮信者, 曰: '若雖長大, 好帶刀劍, 中情怯耳.' 衆辱之曰: '信能死, 刺我, 不能死, 出我袴下.' 於是信孰視之, 俛出袴下, 蒲伏. 一市人皆笑信, 以爲怯." ≪史記·淮陰侯列傳≫,

정잡배의 가랑이 사이를 지나가는 굴욕을 당하는 한신의 모습은 후에 백전백승의 지략과 용맹을 겸비한 장군의 모습과 극명한 대비를 이룬다. 따라서 이 기록은 도리어 사소한 일에 흥분하지 않고 굴욕을 견뎌내는 비범한 성격의 소유자로 한신의 형상을 비쳐준다.

이러한 한신의 성격은 후대 시인의 붓 끝에 자주 포착된다. 唐의 李白은 <贈新平少年>의 시작부분에서 다음과 같이 묘사한다. "한신이 회음에 있었을 때, 젊은이들이 서로 그를 멸시했네. 몸을 굽혀 가랑이 사이를 지나니 기골도 없는 듯하였으나, 굳센 마음은 의지하는 바가 있었으리. 한번 유방을 만나게 되자, 호통치는 위엄이 이때부터 생겨났네.(韓信在淮陰, 少年相欺凌. 屈體若無骨, 壯心有所憑. 一遭龍顏君, 嘯咤從此興.)"[5] 고향에서 다른 젊은이들이 한신을 무시했을 때, 마치 줏대도 없는 듯 굴욕을 받아들였으나 그는 마음 속에 비범한 뜻을 품고 있었을 것이다. 그러므로 후에 유방을 만나자 곧바로 장군으로서의 자신의 뜻을 펼칠 수 있었던 것으로 본다. 明의 錢謙益은 한신이 樊噲 등과 같은 무리라는 사실을 부끄럽게 여긴 사실[6]과 胯下之辱의 사건을 대비시킴으로써 그의 비범함을 드러내고 있다. "새가 다하면 활을 숨긴다는 한신에 관한 고사가 아득하니, 영웅은 끝내 사람들의 아낌을 받지 못한 것인가? 일생에서 남의 가랑이 사이

2610쪽.

5) 劉學軍, 徐業龍編著, ≪國士無雙-歷代詩人咏韓信≫, 南京, 南京大學出版社, 2009年4月, 9쪽 참조.

6) "信知漢王畏惡其能, 常稱病不朝從. 信由此日夜怨望, 居常鞅鞅, 羞與絳灌等列." ≪史記·淮陰侯列傳≫, 2628쪽.

를 기어서 지나갈 수 있었으나, 장수 번쾌 등과 어깨를 나란히 한 것을 부끄럽게 여겼네.(鳥盡弓藏事惘然, 英雄終不受人憐. 生平胯下能蒲伏, 只是羞隨噲等肩.)"[7] 한신의 영웅적 史蹟은 사람들의 뇌리에서 잊혀져가고 있다. 그렇지만, 그의 일생에서 남의 가랑이 사이를 지나간 굴욕적인 사실이 있다하더라도, 번쾌와 같은 용맹한 장수들과 동등하게 취급받은 것을 부끄럽게 여긴 점은 분명 그의 남다른 점으로 볼 수 있다고 한 것이다.

또한 굴욕을 당한 젊었을 때에 아무도 한신의 비범함을 알아보지 못한 점을 지적하기도 한다. 淸의 汪正綱은 다음과 같이 묘사한다. "일찍이 한나라 역사에서 일등공신으로 기록되었고, 새가 다하자 활을 감췄다는 고사의 인물로 여겨져 그대를 애석해하였네. 가랑이 사이를 지날 때 그대가 진정한 국사임을 누가 알았으리, 장군단 앞에서 비로소 대장군임을 다투어 알아보았네.(曾披漢史溯元勛, 鳥盡弓藏痛惜君. 胯下誰知眞國士, 壇前爭識大將軍.)"[8] 혹은 단순히 胯下之辱의 사건만을 묘사하며, 한신이 이런 일을 당하게 된 연유를 검을 차고 다니기를 좋아하는 그의 행위에서 비롯되었다고 지적한다. 淸의 劉沁區는 다음과 같이 읊는다. "가랑이 사이를 지나는 굴욕을 당함에 이유가 없었겠는가, 검을 차고 다녔으니 불량소년들의 분노를 샀을 것이네. 만약 낚시도구를 휴대하고 다녔으면 누가 어부에게 용기가 있는지 겁이 많은지를 물었겠는가.(莫云胯下辱無因, 佩劍應生惡少嗔. 若使往來携釣具, 誰將勇怯問漁人.)"[9] 胯下의 굴욕적인 사건을

7) 劉學軍, 徐業龍編著, ≪國士無雙-歷代詩人咏韓信≫, 139쪽 참조.
8) 劉學軍, 徐業龍編著, ≪國士無雙-歷代詩人咏韓信≫, 271쪽 참조.

혈기가 왕성한 젊은이들 사이에 일어날 수 있는 일로 일반화시킨 것이다. 그러나 이는 사마천이 <회음후열전>에서 이 사건을 기록한 의미를 간과하고 젊었을 때의 사건으로만 국한시켜 본 것이다.

한신에 관한 젊었을 때의 기록으로 우리의 주목을 끄는 또 다른 사건은 아마 빨래하던 아낙(漂母)과 관련된 일일 것이다. 南昌 亭長의 집에서 여러 차례 밥을 얻어먹던 한신은 그 기간이 오래되자 정장의 부인이 귀찮게 여겨 어느 날 일부러 아침밥을 차려주지 않았다. 그러자 한신은 절교하고 떠나버렸다. 그리고 자주 굶게 되었고 이를 본 어느 빨래하던 아낙이 수십일 동안 밥을 먹여주었다. 이를 고맙게 여긴 한신은 훗날 반드시 보답하겠다고 말한다. 그러나 그 아낙은 사내가 제 앞가림도 못하여 불쌍하기 때문에 도와준 것뿐 어찌 보답을 바라고 한 일이겠는가라고 핀잔을 준다.[10] 한신은 후에 齊王에서 楚王으로 옮겨갔을 때 그 아낙을 불러 千金을 주어 보답한다. 그리고 南昌 亭長에게도 百錢을 하사하고, 덕을 끝까지 베풀지 못한 그의 寡德한 점에 대해 훈계한다. 그리고 가랑이 사이를 지나가게 했던 사내도 불러 中尉의 벼슬을 내린다.[11] 이처럼 한신은 젊어서 받았

9) 劉學軍, 徐業龍編著, ≪國士無雙-歷代詩人咏韓信≫, 196쪽 참조.

10) 常數從其下鄕南昌亭長寄食, 數月, 亭長妻患之, 乃晨炊蓐食. 食時信往, 不爲具食. 信亦知其意, 怒, 竟絕去. 信釣於城下, 諸母漂, 有一母見信飢, 飯信, 竟漂數十日. 信喜, 謂漂母曰:"吾必有以重報母." 母怒曰:"大丈夫不能自食, 吾哀王孫而進食, 豈望報乎!" ≪史記·淮陰侯列傳≫, 2609쪽.

11) 漢五年正月, 徙齊王信爲楚王, 都下邳. 信至國, 召所從食漂母, 賜千金. 及下鄕南昌亭長, 賜百錢, 曰:"公, 小人也, 爲德不卒." 召

던 작은 은혜에도 보답을 할 뿐만 아니라, 자기에게 모욕을 주었던 사내에게도 호의를 베푸는 以德報怨의 가슴을 지닌 인물로 묘사된다. 한신의 이런 성격은 그가 후에 유방을 배반하지 않았을 것이라는 중요한 추론의 근거로 제시되기도 한다.

입은 은혜는 반드시 보답한다는 한신의 성격에 대해 후대 시인들은 자주 한신의 유방에 대한 충성심과 연결하여 묘사한다. 明의 楊美益은 <過韓信嶺>에서 다음과 같이 읊는다. “항우를 물리쳐 유방을 황제의 尊位에 이르게 한, 공로의 절반은 한신의 몫이었네. 한신은 빨래하던 아낙이 배고플 때 밥을 먹여주던 은혜를 잊지 않았는데, 여후는 어찌하여 은혜에 인색했던가.(蹙項方成皇帝尊, 功勞一半屬王孫. 不忘漂母饑時飯, 漢后何如却少恩.)”[12] 楊美益은 유방이 초한전쟁에서 항우를 물리치고 천하를 통일하는데 한신의 공이 절반을 차지할 정도이며, 또 젊어서 밥을 먹여주던 아낙의 은혜조차 잊지 않고 후한 보답을 한 한신이므로, 결코 유방이 자기를 대장군으로 임명한 은혜를 잊고 반란을 일으키지 않았을 것이다. 그런데, 여후는 유방이 陳豨를 치러간 틈을 타 한신을 속여 죽였으니, 이는 매우 寡恩한 행위라고 비평한다. 여후의 이런 행위는 물론 유방의 속내를 대변하는 것으로 평가되기도 한다. 그의 이런 과덕한 행위는 武涉과 蒯通이 천하를 삼분하여 차지할 것을 적극적으로 권유했을 때 이를

辱己之少年令出胯下者以爲楚中尉. 告諸將相曰:“此壯士也. 方辱我時, 我寧不能殺之邪? 殺之無名, 故忍而就於此.” ≪史記·淮陰侯列傳≫, 2626쪽.

12) 劉學軍, 徐業龍編著, ≪國士無雙-歷代詩人咏韓信≫, 108쪽 참조.

끝까지 거절한[13] 한신의 지조 있는 행동과 극히 대조적이다. 明의 陳文燭은 한신의 이런 심사를 잘 표현해내고 있다. "굶주렸을 때, 밥을 먹여주던 은혜조차 보답하려 했는데, 하물며 대장군이 되어 漢의 劉家왕조를 이루게 한 은혜에 대해서야.(饑時一飯尙欲酬, 況乃大將成炎劉.)"[14] 淸의 包彬도 다음과 같이 한신의 심사를 읽어내고 있다. "새가 다하면 활을 감추게 되는 것은 역사의 추세라며, 천추의 청사는 한신의 史蹟을 평가하네. 그러나 보잘 것 없는 한 끼의 은혜조차 보답하려 했고, 기꺼이 한왕의 신하가 되려고 애썼으니 어찌 그를 배반하였겠는가.(鳥盡良弓勢必藏, 千秋靑史費評章. 區區一飯猶圖報, 爭肯爲臣負漢王.)"[15] 역사에서 한신의 죽음을 鳥盡弓藏과 같은 필연적 결과처럼 기록하지만, 유방을 배반했다는 역사적 평가만은 그의 受恩必報의 행적으로 보아 사실이 아님을 역설하고 있다. 明의 袁崇煥은 <韓淮陰侯廟>에서 한신의 행위를 정신적 측면에서 승화시키고 있다. "한 끼의 은혜도 그대는 보답할 줄 알았으니. 고상한 기풍 세속의 귀를 놀라게 하였네. 어찌하여 은혜에 보답할 수 있었는가, 화가 은혜를 받을 때 시작한다는 것을 알았기 때문이네. 장부가 하는 일이란 공을 이루고 자신은 죽는 일이라네. ……만약 괴통의 말을 들었다면, 자신의 명예 이미 오명에 연루되었을 것이네. 죽은 후 그대의 명성 이루었으니, 여후를 원망할 것 없네.(一飯君知報, 高風振俗耳. 如何解報恩, 禍爲受恩始.

13) ≪史記·淮陰侯列傳≫, 2622-2626쪽 참조.

14) 劉學軍, 徐業龍編著, ≪國士無雙-歷代詩人咏韓信≫, 123쪽 참조.

15) 劉學軍, 徐業龍編著, ≪國士無雙-歷代詩人咏韓信≫, 243쪽 참조.

丈夫亦何爲, 功成身可死.……若聽蒯通言, 身名已爲累. 一死成君名, 不必怨呂雉.)"[16] 袁崇煥은 받은 은혜를 갚은 것은 은혜를 받은 순간부터 화가 잉태된다고 생각했기 때문이라고 말한다. 은혜를 입은 것도 복이니, 복에 화가 잠재되어 있다고 여기는 다분히 도가적인 사고방식이다.[17] 그러나 '功成不居'의 도가적 처세는 아니더라도, 공을 이룬 후 유방을 배반하지 않은 유가적 충절을 지켰기에 몸은 죽었어도 일신의 명예는 더럽히지 않게 되었다고 본다.

2. 將帥로서의 형상

소하는 유방에게 한신을 소개하면서 "천하를 다투고자 한다면 한신이 아니면 함께 일을 도모할 자가 없을 것입니다.(必欲爭天下, 非信無所與計事者.)"[18]라고 했는데, 이는 한신의 군사적 능력을 간파한 그의 안목을 보여주는 말이다. 한신은 고향 회음을 떠나 유방을 도와 항우를 물리치고 천하를 평정하기까지 수많은 전공을 세운다. 앞에서 인용한 楊美益의 시에서 "항우를 물리쳐 유방을 황제의 尊位에 이르게 한 공로의 절반은 한

---

16) 劉學軍, 徐業龍編著, ≪國士無雙-歷代詩人咏韓信≫, 140쪽 참조.

17) ≪老子≫ 제13장의 "총애를 받든 욕을 당하든 놀란 듯하라(寵辱若驚)"라든가, 제58장의 "화는 복이 깃들어 있고 복은 화가 잠복해 있다(禍兮, 福之所倚, 福兮, 禍之所伏.)"고 말하는 노자의 생각을 한신의 보은 행위의 기저라고 추론한 것이다.

18) ≪史記·淮陰侯列傳≫, 2611쪽.

신의 몫이었네."라고 하듯이, 유방도 천하통일에 가장 중요한 역할을 했던 세 사람 중 한 사람으로 한신을 언급한다. "장막 안에서 계책을 세워 천리 밖에서 승리를 이끌어내는 데 나는 장량만 못하고, 나라를 진압하고 백성을 무마하며 군량을 공급하여 보급이 끊이지 않게 하는 데 나는 소하만 못하며, 백만의 군대를 연합하여 싸우면 반드시 이기고 공격하면 반드시 취하는 데 나는 한신만 못하다. 이 세 사람은 모두 뛰어난 인물로 내가 그들을 쓸 수 있어 천하를 취할 수 있었던 것이다. 항우는 범증 한 명이 있었으나 그를 쓸 수 없어 나에게 사로잡히게 된 것이다."[19] 천하를 평정한 유방은 雒陽에서 초한전쟁을 승리로 이끈 가장 중요한 공신으로 張良, 蕭何, 韓信을 들고 있다. 이들 중에서 한신의 군사적 능력에 대한 긍정적 평가는 한신이 유방에게 한 말과 서로 상응한다. 유방이 한신에게 "나는 병사를 몇 명이나 거느릴 수 있겠는가?"라고 묻자, 한신은 "폐하께서는 10만 정도 거느릴 수 있을 뿐입니다."라고 대답한다. 그러자 유방은 "그대는 어떠한가?"라고 묻자, "신은 많으면 많을수록 좋습니다."라고 대답한다. 이에 왕은 웃으며 "많으면 많을수록 좋다고 하면서 어찌하여 나에게 붙잡혔는가?"라고 묻는다. 그러자 한신

19) "夫運籌策帷帳之中, 決勝於千里之外, 吾不如子房. 鎭國家, 撫百姓, 給餽饟, 不絕糧道, 吾不如蕭何. 連百萬之軍, 戰必勝, 攻必取, 吾不如韓信. 此三者, 皆人杰也, 吾能用之, 此吾所以取天下也. 項羽有一范增而不能用, 此其所以爲我擒也." ≪史記·高祖本紀≫, 381쪽. 항우는 垓下전쟁에서 패하여 烏江을 건너려다 유방 속하의 장군 王翳와 그의 사졸들에게 살해되었다. ≪史記·項羽本紀≫, 336쪽 참조.

은 "폐하께서는 병사를 거느릴 수는 없으나 장수를 거느리는 데는 뛰어나십니다. 그리하여 제가 폐하께 사로잡히게 된 것입니다. 그리고 폐하의 능력은 하늘이 내려주신 것으로 사람의 힘이 아닙니다."[20] 한신은 스스로 군사적 능력의 측면에서 보면 유방보다 뛰어나다고 자임하나, 통치자의 능력으로 보면 유방이 보이지 않은 천부적 통솔력을 갖추었음을 인정한다. 한신이 비록 보다 더 큰 차원에서 유방의 능력을 드러냄으로써 어색한 국면을 모면했으나, 한신의 말에 유방은 자존심이 어느 정도 상처를 받았을 것이다. 이처럼 사마천의 붓 끝에 그려지는 유방과 한신 사이의 미묘한 긴장감은 군주를 능가하는 한신의 장수로서의 군사적 능력에서 기인한다.

사실 유방은 초한전쟁 과정에서 자주 한신의 군사력을 약화시키는 조치를 취한다. 이는 한신이 군사력을 갖는 것에 대해 유방이 일찍부터 경계하고 있었음을 보여준다. 그러한 예는 <회음후열전> 곳곳에 보인다. 유방은 蕭何의 건의를 받아들여 한신을 대장군으로 삼고, 그로부터 항우를 치기 위한 전략 '漢中對策'을 듣는다. 이를 듣고 유방은 한신을 만난 것이 늦었다고 여길 정도로 그의 능력을 인정한다. 그리고 한신의 계책에 따라 장군들을 배치하여 三秦을 평정하고, 漢王 2년에는 函谷關을 나와 魏와 河南지역을 수복하고 韓과 殷王을 항복시킨다. 그리고 齊, 趙와 함께 楚 項羽를 공격한다. 추측컨대 이 과정에서 유방

20) 上問曰: "如我能將幾何?" 信曰: "陛下不過能將十萬." 上曰: "於君何如?" 曰: "臣多多而益善耳." 上笑曰: "多多益善, 何爲爲我禽?" 信曰: "陛下不能將兵, 而善將將, 此乃信之所以爲陛下禽也. 且陛下所謂天授, 非人力也." ≪史記·淮陰侯列傳≫, 2628쪽.

은 한신의 군사적 능력을 충분히 목도하고, 승전으로 인해 그의 군사력이 강해지는 것을 염려하여 약화시키는 일관된 조치를 취했다고 볼 수 있다. 사마천은 <회음후열전>에서 그 이유를 명백히 설명하고 있지는 않으나, 다음과 같은 일련의 사건은 그의 의도적 안배임을 엿볼 수 있다.

첫 번째는 漢王 2년에 일어난다. 4월에 유방이 彭城 전쟁에서 패한 후, 6월에 魏王 豹가 부모의 병을 핑계로 위나라로 돌아가 漢을 배신하고 楚와 화친하자, 8월에 한신을 좌승상으로 삼아 魏를 치게 한다. 한신은 거짓으로 군사들로 하여금 배를 타고 臨晉을 건너는 척하고, 복병들은 夏陽에서 木罌缶를 타고 강을 건너 安邑을 치고 魏王 豹를 사로잡았다. 그리고 張耳와 함께 동쪽으로 代를 침략하여 代의 재상 夏說을 사로잡았다. 그러자 유방은 사람을 보내 한신의 정예 병사들을 거두어 滎陽으로 가 楚와 대치했다.[21] 한신이 승리한 후 유방은 그의 정예 병사들을 거두어 간 것이다.

두 번째는 韓信이 張耳와 함께 井陘口에서 조나라 군대를 대파하고, 李左車의 계책을 받아들여 燕나라를 진압한다. 그 후 유방이 成皐에서 항우의 포위를 탈출하여 새벽에 張耳와 韓信이

21) 漢之敗卻彭城, 塞王欣, 翟王翳亡漢降楚, 齊趙亦反漢與楚和. 六月, 魏王豹謁歸視親疾, 至國, 卽絕河關反漢, 與楚約和. 漢王使酈生說豹, 不下. 其八月, 以信爲左丞相, 擊魏. 魏王盛兵蒲坂, 塞臨晉, 信乃益爲疑兵, 陳船欲度臨晉, 而伏兵從夏陽以木罌缶渡軍, 襲安邑. 魏王豹, 引兵迎信, 信遂虜豹, 定魏爲河東郡. 漢王遣張耳與信俱, 引兵東, 北擊趙代. 後九月. 破代兵, 禽夏說閼與. 信之下魏破代, 漢輒使人收其精兵, 詣滎陽以距楚. ≪史記·淮陰侯列傳≫, 2613-2614쪽.

머문 조나라 성으로 와서 두 사람의 군사 통솔권을 빼앗고, 장이로 하여금 조나라를 지키게 한다. 그리고 한신을 相國으로 삼아 조나라의 동원되지 않은 병사를 거두어 제나라를 치게 한다.[22] 이때도 유방은 한신에게서 趙와 燕을 점령하면서 거느린 병사들을 빼앗고, 한신으로 하여금 전쟁 경험이 없는 병사들을 동원하여 齊나라를 치게 한 것이다.

세 번째는 한신이 제나라와 초나라의 연합군을 쳐부수고 齊王이 된 후, 유방을 도와 항우를 垓下에서 물리치나, 유방은 그의 군대를 빼앗고 漢王 5년 正月에 楚王으로 삼는다. 유방은 한신의 군사적 근거지인 제나라의 왕위를 박탈하고, 멀리 초나라의 왕으로 삼은 것이다.

네 번째는 제후의 회동을 명목으로 한신을 陳으로 오게 하여 사로잡고 雒陽으로 압송한 후, 淮陰侯로 봉한 사건이다. 유방은 한신을 제후왕에서 강등하여 淮陰侯로 삼고 자신의 통제 범위인 낙양에 머물게 한다. 그리고 한신은 유방이 陳豨를 치러갔을 때, 끝내 呂侯의 속임수에 빠져 長樂宮의 鍾室에서 죽게 된다. 여후가 한신을 죽인 사건에 대해, 유방의 지시가 있었는지, 여후가 스스로 유방의 심사를 헤아리고 남편의 心患을 제거하기 위해 한 일인지 분명하지 않다. 그러나 유방이 진희의 반란을 정벌하고 돌아와 여후로부터 한신이 죽었다는 말을 듣고 "한편으로 기뻐하고 한편으로 가련하게 여겼다(且喜且憐之)"[23]는 기록을 보면, 두 사람의 마음이 서로 일치한 부분이 있었다고 볼 수 있

22) ≪史記·淮陰侯列傳≫, 2615-2619쪽 참조.

23) ≪史記·淮陰侯列傳≫, 2629쪽 참조.

다. 이와 같은 일련의 조치에서 보여준 한신에 대한 유방의 경계심은 한신의 장수로서의 능력에 대한 긍정에서 오는 방어적 심리표현으로 볼 수 있다.

후대 시인들에게 남겨진 가장 두드러진 한신의 형상은 어쩌면 자신을 끝내 죽음으로 몰고 간 그의 탁월한 군사적 능력일 것이다. 宋의 梅堯臣은 한신이 항우로부터 유방에게 귀순하여 장수로 임명되고 전공을 세운 과정을 다음과 같이 묘사한다. "초에서 망명하여 장수가 되어, 기이한 계책을 내어 조나라를 쳐부셨네. 용병에 병사가 많음을 걱정하지 않았으니 가는 곳마다 누가 감히 대적할 수 있었으리. 공명을 천하에 떨쳤으나, 쑥이나 왕골처럼 제거되었네.(亡命乃爲將, 出奇還破趙. 用兵不患多, 所向孰敢摽. 功名塞天下, 翦刈等蒿藋.)"[24] 梅堯臣은 적은 병사로 많은 수의 적을 물리친 한신의 장수로서의 용병능력을 부각시킴으로써 명성을 천하에 떨치게 되었다고 말한다. 그러나 하찮은 풀처럼 가치 없이 죽게 되었음을 지적한다. 明의 陳經邦도 한신이 장수로 임명된 후 천하를 통일하는 과정을 다음과 같이 묘사한다. "때가 이르러 장수로 임명되어 유방도 함부로 부르지 않았네, 단에 올라 결연히 漢中對策의 큰 뜻을 폈네. 軍秘를 알리는 격문은 유성처럼 빠르게 전해지며 수많은 성채를 차지하고, 병사들의 무기는 전광처럼 사해를 깨끗이 휩쓸었네.(時來拜將不受呼, 登壇慷慨開雄圖. 羽檄星馳下萬壘, 金戈電掃空四海.)"[25] <弔淮陰>이라는 제목의 이 시는 모두 26구로 이루어졌

24) 劉學軍, 徐業龍編著, ≪國士無雙-歷代詩人咏韓信≫, 29쪽, <淮陰侯廟> 참조.

다. 여기서는 소하의 천거로 한신이 대장군으로 임명되고 연전연승하며 빠르게 천하를 통일하는 과정을 묘사한 4구를 소개한 것이다.[26] 단지 4구의 묘사를 통해 대장군으로서 한신의 지략과 전략이 얼마나 뛰어났는가를 드러내고 있다. 晉의 陸機는 한신의 용병술이 신의 경지에 이르렀다고 묘사한다. "빛나는 회음후의 영묘한 무공은 세상의 으뜸이네. 그의 술책은 일정한 방향 없이 나오고, 그의 생각은 신의 경지까지 들어갔네.(灼灼淮陰, 靈武冠世. 策出無方, 思入神契.)"[27] 전쟁에서의 들고 나는 변화무쌍한 계책과 思慮가 신령의 경지에 부합할 정도에 이르렀으니, 그의 장수로서의 위용이 당시의 으뜸이라고 극찬한 것이다.

후대 시인들은 또 한신의 장수로서의 능력을 유방과의 비교를 통해 드러낸다. 淸의 韓國瓚은 매우 직설적으로 표현한다. "고조의 장수와 병사들은 전쟁에서 모두 패하였는데, 오직 한신만 한의 영토를 다투었네. 연·조·제·초나라를 일시에 차지하며 만리의 장성들을 무너뜨렸네. 이와 같은 신하의 삼족을 멸하였

25) 劉學軍, 徐業龍編著, ≪國士無雙-歷代詩人咏韓信≫, 116쪽, <弔淮陰> 참조.

26) 인용한 첫 구의 내용은 <회음후열전>의 다음 내용을 묘사한 것이다. 소하가 도망친 한신을 데려와 유방에게 천거하자, 유방은 처음에 장군으로 삼겠다고 한다. 소하는 비록 장군으로 삼아도 휘하에 머물지 않을 것이라고 말한다. 그러자 대장군으로 삼겠다고 말하고, 그를 불러 대장군으로 임명하려고 한다. 이때 소하는 대장군을 임명하는데 어린아이 부르는 것처럼 하시니 한신이 떠나려는 것이라고 말한다. ≪史記·淮陰侯列傳≫, 2611쪽 참조.

27) 劉學軍, 徐業龍編著, ≪國士無雙-歷代詩人咏韓信≫, 2쪽, <韓信> 참조.

으니, 만고의 사람들은 불쾌해 하였네.(高祖將兵已百敗, 獨有淮陰爭漢界. 燕趙齊楚一時收, 忍將萬里長城壞. 有臣如此三族夷, 萬古千秋人不快.)"[28] 유방이 항우와의 전투에서 연패하고 있을 때, 한신은 승전하면서 항우와의 대치 국면을 유지할 수 있었고 결국 천하통일의 대업을 이룰 수 있었다. 그러나 유방은 한신의 이와 같은 전공을 돌아보지 않고, 천하통일 후 삼족을 멸하였으니, 유방의 부덕함에 후인들의 마음이 편하지 않았을 것이라고 읊은 것이다. 유방이 대업을 이룰 수 있었던 것은 그보다 뛰어난 한신의 전공에 있음을 극명하게 대비시키고 있다.

3. 兎死狗烹의 비극적 형상

한신이 장수로서 개국공신의 역할을 하지만, 兎死狗烹의 역사적 전철[29]을 다시 밟게 된다는 데서 비극적이다. 유방이 천하를 통일해 가는 과정에서 한신의 업적은 蒯通의 비유적 표현에

---

28) 劉學軍, 徐業龍編著, ≪國士無雙-歷代詩人咏韓信≫, 187쪽, <韓信塞> 참조.

29) ≪史記·越王句踐世家≫에 句踐의 책사였던 文種이 그 좋은 예이다. 越나라가 吳나라를 쳐부수고 난 후 범려는 월나라를 떠나 문종에게 다음과 같은 편지를 보낸다. "하늘을 나는 새가 다하면 활은 감추어지고, 교활한 토끼가 죽으면 사냥개는 잡아먹힙니다. 월왕은 긴 목에 새부리 모양의 입을 갖고 있어 환난은 함께 할 수 있어도 안락은 함께할 수 없는 사람입니다. 그대는 어찌 떠나지 않습니까? (蜚鳥盡, 良弓藏, 狡兎死, 走狗烹. 越王爲人長頸鳥喙, 可與共患難, 不可與共樂. 子何不去?)" 구천은 끝내 문종에게 칼을 내려 자살하게 만든다. 1746-1747쪽 참조.

의하면, 그의 용맹과 전략은 군주를 흔들고, 그의 공적은 천하를 덮을 만하다고 말하면서, 장차 위태로운 상황에 처할 것이라고 예언한다.30) 괴통의 예언은 적중하여 한신은 죽게 되고, 兎死狗烹의 역사 前轍을 다시 한 번 반복하게 된다. 한신의 운명은 그의 죽음에 중첩되는 다양한 사건들 때문에 더욱 비극적 그림자를 드리운다. 특히 한신을 유방에게 천거하여 대장군으로 삼게 하였던 蕭何는 呂后에게 유방이 진희의 진압에 성공하여 궁중에서 축하연을 베푼다는 계책을 내어 한신을 궁중으로 불러들여 사로잡는데 성공하게 한다. 소위 "공을 이루게 한 사람도 소하요, 실패에 이르게 한 사람도 소하다(成也蕭何, 敗也蕭何)"라는 전고가 생겨나게 된 배경이다. 한신의 운명은 이처럼 자신을 입신양명하게 했던 사람에 의해 다시 목숨을 거두어 가게 된다는 점에서 비극적 정서가 증폭된다.

또한 한신의 비극적 운명은 한왕을 배반하고 역모를 했는가라는 분명하지 않은 역사적 사건 때문에 더욱 가중된다. <회음후열전>의 기록에 의하면, 한신은 분명히 陳豨와 모반 계획을 꾸미고, 진희가 鉅鹿에서 모반하였을 때, 유방의 진압정벌에 따라나서지 않고, 궁중에서 여후와 태자를 습격할 계획을 세웠다. 그러나 한신이 감옥에 가두어 죽이려했던 舍人 동생의 밀고로 끝내 여후의 손에 죽게 된다고 묘사하고 있다.31) 그러나 그 이

---

30) "勇略震主者身危, 而功蓋天下者不賞." ≪史記·淮陰侯列傳≫, 2625쪽. 蒯通이 한신으로 하여금 천하를 유방 항우와 삼분하여 나누어가질 것을 권유하면서 한 말이다.

31) ≪史記·淮陰侯列傳≫, 2628-2629쪽 참조.

전 한신이 齊王이 되었을 때, 武涉과 蒯通이 천하를 삼분하여 차지할 것을 적극적으로 권유하였으나, 유방이 자기를 알아주고 후하게 대우해 준 은혜를 배반할 수가 없다는 이유로 끝내 받아들이지 않았던 내용에 비추어보면, 후에 한신이 모반 계획을 세운 사실과 부합하지 않는다. 이러한 연유로 한신이 모반을 하였는지의 여부를 두고 많은 논란이 있었다. 한신이 모반하였다는 주장은 당연히 <회음후열전>에 근거하여 사마천이 史實을 기록하였다고 본다. 모반하지 않았다는 주장은 한신이 변방으로 떠나는 장수와 모반을 계획한다는 것이 이치에 맞지 않으며, 사마천은 한신이 모반하지 않았음을 알고 있었으나 유방이 무고한 개국공신을 죽였다고 할 수 없어 부득이하게 모반의 내용을 꾸민 것이라고 한다.[32] 그러나 비교적 합리적인 설명은 한신이 어려운 상황에서 유방으로부터 신뢰를 받고 공을 세워가는 과정과 유방이 그의 재능을 두려워하여 결국 한신이 죽게 되는 과정으로 본다. 國强, 潔芒은 한신의 이러한 상황에 따른 심리적 변화 과정을 다음 4단계로 나눈다. 첫째는 가난한 상황에서 대장군으로 임명되는 과정, 둘째는 대장군 임명에서 齊王에 세워진 과정으로, 이 시기에 두 사람은 서로 신뢰의 관계에서 꺼리는 마음이 생겨나게 되는 단계로 변화한다. 셋째는 齊王에서 楚王으로 그리고 다시 王에서 侯로 폄하되면서 두 사람 사이의 갈등이 표면화되는 시기이다. 넷째는 회음후로 폄하된 후, 원망의 마음을 품고 모반하여 죽게 되는 과정이다. 이 시기는 한신이

---

32) 郝建平, <八十年代以來韓信研究綜述>, 陰山學刊(社會科學版), 1997年 第二期, 41쪽 참조.

필연적으로 비극적 결말에 이르게 되는 시기이다.[33] 國强, 潔芒은 한신과 유방의 관계를 점차 악화되어 가는 과정으로 설명함으로써 모반의 여부에 초점을 두어 설명하는 극단적 설명보다 훨씬 설득력이 있다. 한신이 모반을 하지 않았는데 억울하게 누명을 쓰고 죽게 되었든 모반을 하여 죽게 되었든 한신의 죽음은 후세 사람들에게 애석함과 안타까움을 불러일으킨다.

한신 죽음의 안타까움은 후대 문인들의 시가 속에 다양한 모습으로 그려진다. 宋의 邵雍은 한신에 관한 일련의 시인 <題淮陰侯廟>에서 한신의 죽음에 관한 그의 견해를 다양하게 표현한다. 첫 번째 시에서 죽음의 원인을 난을 도모했기 때문이라고 직설한다.

> 一身作亂宜從戮, 한 몸 난을 지었으니 살육당하여 마땅하나,
> 三族全夷似少恩. 삼족을 모두 멸한 것은 유방의 은덕이 적은 듯.
> 漢道是時初雜霸, 한나라의 치도는 당시에 패도가 섞이었으니,
> 蕭何王佐殆非尊. 소하가 왕을 보좌하며 한신을 존중하지 않았네.

신하로서 난을 일으켰으니 죽어 마땅하나, 한신이 유방을 위해 세운 戰功을 생각하면 삼족을 멸한 것은 지나친 형벌이며, 개국공신인 한신에 대한 유방의 은덕이 부족한 것으로 본다. 그 이유를 굳이 설명하자면, 漢 왕조의 개국 당시 치국의 이념이 순수한 왕도의 실현에 있지 않고 패도가 섞여 있어, 소하가 유

33) 國强, 潔芒, <韓信爲甚麽會發展到謀反這一步>, 唐都學刊, 1989年 第3期, 19-22쪽 참조.

방을 보좌하며 나라의 안녕을 위해 천하 통일에 혁혁한 공을 세운 한신을 처단하였다고 본다. 이는 맹자가 주장한 "힘으로 인을 가장한 패도(以力假仁者, 霸.)"이지 "무고한 한 사람을 죽여 천하를 얻는다 하더라도 하지 않는다(殺一不辜, 而得天下, 皆不爲也)"[34]는 왕도정치의 이념과 위배된다. 邵雍은 유가의 왕도정치의 입장에서 유방과 소하의 한신에 대한 행위를 평가한 것이다. 두 번째 시에서는 한신이 죽게 된 원인을 王爵의 자리를 탐했기 때문이라고 읊는다.

> 據立大功非不智, 큰 공을 세웠으니 지혜롭지 않은 것이 아니나,
> 復貪王爵似專愚. 다시 왕작을 탐하였으니 매우 어리석은 듯하네.
> 造成四百年炎漢, 사백 년 한 왕조의 기틀을 만들어,
> 才得安寧反受誅. 겨우 안녕을 얻게 되었는데 도리어 죽임을 당했네.

기이한 전략으로 뛰어난 전공을 세운 것을 보면 분명 지혜로운 사람이나, 왕작을 탐하였으니 功成身退의 진리를 알지 못한 어리석을 행위가 아닐 수 없다. 자기를 알아주는 훌륭한 군주를 만나 천하를 통일하는 기회를 얻었으면 范蠡처럼 은거할 것이지,[35] 권력의 유혹을 벗어나지 못하고 假齊王을 유방에게 요구

34) ≪孟子·公孫丑≫上, 참조.

35) 여섯 번째 시에서 邵雍은 다음과 같이 읊는다.
雖則有才兼有智, 비록 재주와 지혜를 겸비하였으나,
存亡進退處非眞. 존망과 진퇴의 처함은 진실의 세계가 아니네.
五湖依舊烟波在, 오호는 옛날처럼 여전히 연파 이는데,
范蠡無人繼後塵. 범려의 후진을 이을 사람 없네.

하여 화근의 씨를 뿌렸다고 본 것이다. 宋의 梅堯臣도 <淮陰侯>[36]에서 “공이 이미 천하에서 가장 뛰어난 데, 자신의 몸을 어찌 스스로 방어하지 못했는가? 이미 한 왕조의 대업을 이루었으니 다시 가제왕의 자리를 요구하지 말았어야 하리.(功旣高天下, 身何不自防. 已能成漢業, 無復假齊王.)”라고 헛된 명성을 추구하다 수명을 다하지 못하고 여후에게 일찍 죽임을 당하게 되었다고 아쉬움을 토로한다. 淸의 張正蒙은 <拜將壇>[37]에서 “蒯徹[38]의 잦은 권유에도 유방에 대한 은혜 배신하지 않았는데, 가제왕을 요구한 실책이 화근의 씨가 되었네.(拒徹數言恩不倍, 王齊一策禍爲門.)”라고 직설적으로 표현한다.

또한 한신의 죽음에 대해 유가의 明哲保身의 관점에서 비판하는 시를 쓰기도 한다. 唐의 李紳은 <却過淮陰弔韓信廟>에서 다음과 같이 읊는다.

功高自棄漢元臣,	높은 공 세우고도 한 왕실 으뜸 신하의 지위 스스로 포기하였고,
遺廟陰森楚水濱.	그 사당 초수 물가에 음산하게 남아있네.
英主任賢增虎翼,	영명한 군주 어진이 임명하여 호랑이에 날개 달 듯 하였는데,
假王徼福犯龍鱗.	가왕의 복을 요구하다 용의 비늘(왕의 뜻)을 건드렸네.

36) 劉學軍, 徐業龍編著, ≪國士無雙-歷代詩人咏韓信≫, 27쪽 참조.
37) 劉學軍, 徐業龍編著, ≪國士無雙-歷代詩人咏韓信≫, 251쪽 참조.
38) 蒯徹은 ≪史記≫에서는 蒯通으로 쓰인다. 이는 武帝의 이름을 諱한 것이다.

賤能忍恥卑狂少,	천할 때는 비천하고 광폭한 소년의 모욕을 참아냈는데,
貴乏懷忠近佞人.	귀하게 되어서는 충성스런 마음으로 영인을 가까이 하지 못했네.
徒用千金酬一飯,	괜히 천금으로 밥 한 끼 은혜 보답하면서,
不知明哲重防身.	명철한 지혜로 자신 방어함의 중요성을 알지 못했네.

한신은 漢 왕조를 건국하는데 높은 공을 세워 마땅히 개국공신의 반열에 서야 하는데, 假齊王의 요구를 함으로써 유방의 비위를 건드리게 되어 결국 멸문지화를 당하게 되었다고 본다. 따라서 젊었을 때 가난하여 漂母에게서 밥을 얻어먹었던 은혜를 보답할 줄은 알면서, 정작 자신의 목숨을 보존하는데 필요한, 때로는 자신을 굽혀 간사한 사람들을 가까이하는 明哲保身의 지혜는 갖추지 못했다고 비판한 것이다. 淸의 沈德潛은 <咏古>에서 유사한 논조로 다음과 같이 읊는다.

淮陰貧賤時,	한신이 빈천했을 때,
甘受少年侮.	기꺼이 시정잡배의 모욕을 받아들였네.
如何旣封侯,	이미 후에 봉해진 뒤에 어찌하여,
羞與噲等伍.	樊噲 등과 같은 무리가 되는 것을 부끄럽게 생각했는가?
能忍功有成,	인내하여 공을 이루었으나,
滿假禍斯取.	自滿하고 自大하여 화를 취하게 되었네.
欹器貴挹損,	의기는 덜어내는 것을 귀하게 여기니,
此事鑒諸古.	한신의 이 일은 옛 사람의 귀감이네.

심덕잠 역시 한신이 빈천했을 때 시정잡배의 가랑이 사이로 지나가는 모욕을 참아내어 큰 공을 이루었으나, 자만하여 화를 자초하였다고 여긴다. 欹器는 "비면 약간 기울고, 중간쯤 차면 바르게 되며, 가득 차면 엎어진다(虛則欹, 中則正, 滿則覆.)"는 기물로 옛날 제왕들이 옆에 두고 스스로 자만하지 않기 위한 경계로 삼았던 것이데, 한신이 공을 이룬 후 자만하여 멸문지화를 당하게 된 것을 비유하기 위해 인용한 전고이다. 후대 시인의 눈에 비친 한신의 죽음은 직접적인 원인으로 난을 일으켜 죽임을 당하였다고 보기도 하고, 간접적으로 왕작을 탐하여 죽음의 불씨를 남겼다고 보기도 하며, 비판적인 입장에서 明哲保身의 현명한 처신을 하지 못한데서 왔다고 보기도 한다. 한신 죽음에 대한 서로 다른 시각과 비판적인 시들이 지어졌지만, 그 이면에는 공통적으로 큰 공을 세우고도 합당한 대우를 받지 못하고 죽게 되었다는 아쉬움과 안타까움이 깔려있다. 유방의 과덕한 부분, 한신의 생애에서 소하의 역할, 한신 죽음의 역사적 귀감 등의 측면을 드러냄으로써 그러한 감정을 부각시킨다고 할 수 있다. 唐 劉禹錫의 다음 시는 한신 죽음이 후세에 남긴 역설적 느낌을 가장 잘 표현하고 있다. "장수의 모략과 병술은 세상의 영웅이라 칭하는데, 황망한 사이에 종실에 갇혀 하늘을 나는 새가 없어지면 활을 감춘다는 탄식을 하였네. 그 후로 단에 올라 장수가 된 자들은 공을 세울까 두려워하는 생각을 하게 되었네. (將略兵機命世雄, 倉黃鍾室嘆良弓. 遂令後代登壇者, 每一尋思怕立功.)" 한신이 종실에 갇혀 죽음을 앞두고 蒯通의 말을 되새긴 장면을 통해 회한과 아쉬움을 극대화함으로써 그의 죽음이 남긴 역사적 교훈을 대변하고 있다.

4. 맺는 말

지금까지의 논술에서 보여주듯, 한신의 형상은 일차적으로 <회음후열전>에 그려진 그의 전기를 통해 우리에게 드러난다. 특히 <회음후열전>의 '太史公曰' 내용은 한신 형상에 대한 최초의 종합적 평가이다. "내가 회음에 갔을 때 회음 사람들이 나에게 말하길, 한신은 비록 평민이었을 때에도 그 뜻이 일반인과 달랐다고 한다. ……만약 한신이 겸양의 도리를 배워 자신의 공적을 자랑하지 않고 능력에 자긍심을 갖지 않았다면, 한 왕실에 대한 그의 공훈은 거의 주공, 소공, 태공망 등과 비견되었을 것이며, 후손들의 제사를 받을 수 있었을 것이다. 이렇게 되려고 힘쓰지 않고 천하가 이미 안정되었는데도 반역을 도모하였으니, 종족이 멸망하게 된 것도 마땅하지 않은가!"[39] 한신에 대해 크게 세 가지 특징을 들고 있다. 첫째는 일반인과 다른 뜻을 품고 있고, 둘째는 한 왕실에 큰 공을 세웠으며, 셋째는 자만하고 반역을 도모하여 멸족을 당했다는 것이다. 이 세 가지 특징은 지금까지 서술한 忍辱과 報恩의 형상에서 드러난 남다른 면모, 뛰

39) "吾如淮陰, 淮陰人爲余言, 韓信雖爲布衣時, 其志與衆異.……假令韓信學道謙讓, 不伐己功, 不矜其能, 則庶幾哉, 於漢家勳可以比周召太公之徒, 後世血食矣. 不務出此, 而天下已集, 乃謀畔逆, 夷滅宗族, 不亦宜乎!" ≪史記·淮陰侯列傳≫, 2629-2630쪽 참조.

어난 장수의 형상, 그리고 비극적 죽음에 드리워진 토사구팽의 형상과 어느 정도 일치한다.

이러한 형상들은 그의 일생의 행적을 통해 인과의 연결고리처럼 서로 긴밀하게 중첩되어 표현된다. 젊었을 때 담담히 굴욕을 참아내는 모습과, 후에 천하를 통일하는데 연전연승의 공을 세운 대장군의 모습은 상충되는 듯하다. 그러나 굴욕의 순간에 침착하게 상황을 판단하고 받아들이는 냉정한 모습은 오히려 훗날 대장군으로서의 자질을 보여준다고 할 수 있다. 후대의 시인들 역시 그의 이러한 태도의 내면에 보이지 않은 그 어떤 의지 혹은 기질 같은 기대는 바가 있었을 것이라고 지적한다. 사소한 은덕도 꼭 보답하는 형상은 빨래하던 아낙이 베푼 몇 끼니의 은혜를 천금으로 보답하고, 끝까지는 못했으나 그래도 은혜를 베풀었던 南昌 亭長에게도 百錢으로 보답하였으며, 심지어 자기에게 굴욕을 주었던 사내에게도 벼슬을 주었던 한신의 모습에서 잘 보여준다. 후대 시인들은 한신의 이런 보은의 성격을 유방에 대한 충정과 연결하여 결코 변심하지 않았을 것이라고 자주 언급한다. 이는 <회음후열전>의 기록과는 달리 그가 반란을 일으키지 않았을 것이라는 근거가 되기도 하며, 또 그의 비극적인 죽음과 관련하여 유방의 과덕한 부분이 두드러지기 때문에, 항상 논란의 불씨로 남아있다.

한신의 장수로서의 형상은 대장군으로 임명되고 난 후, 유방의 천하통일을 도와 장수로서 군주를 위협할 정도의 戰功을 세우는 과정에서 드러난다. 한신의 이러한 장수로서의 능력은 유방의 질투와 경계심을 자극하고, 한신의 병사를 빼앗아가는 일련의 조치로 이어진다. 후대 시인들 역시 한신이 신출귀몰한 전략과 전술을 통해 빠르게 전공을 세워가는 모습을 묘사하기도 하고, 유방과의 대비를 통해 그의 군사적 능력을 부각시키기도 한다.

한신의 비극적 형상은 토사구팽의 역사적 전철을 다시 밟는다는 데에 있다. 蒯通의 예언처럼 군주를 흔들만한 군사적 능력과 천하를 덮을 만한 전공을 세운 한신은 여후와 소하의 계략에 빠져 비극적 최후를 맞게 된 것이다. 그러나 그 죽음의 배경에는 여러 가지 사건들이 겹쳐있어 그 비극적 색채를 더한다. 즉 유방에게 한신을 추천했던 소하가 다시 한신을 죽음에 빠뜨리는 역사적 현실, 한신이 유방을 배반하고 난을 일으켰는가의 여부, 한신의 공적과 유방의 군주로서의 과덕한 행위, 뛰어난 장수로서 명철보신의 지혜를 발휘하여 스스로를 보호하지 못한 어리석음 등의 주제는 모두 후대 시인들이 한신의 죽음에 대해 안타까운 마음을 표현한 것으로 볼 수 있다.

한신의 죽음에 대한 이러한 아쉬움과 안타까운 마음은 후인들의 한신 후손에 대한 관심으로 승화된 듯하다. 淸의 陳浗는 <韓侯釣臺>에서 다음과 같이 읊는다. “한신은 죽었으나 낚시하던 곳은 남아있는데, 성 서쪽을 흐르는 물소리 그의 혼백의 신음인 듯. 유방이 종실에서 한신의 시체를 거두었으나, 광남에는 아직도 한신의 후손이 끊어지지 않았네.(君侯身死釣磯存, 流水城西咽古魂. 鍾室受俘赤帝子, 廣南未絕韓王孫.)”[40] <회음후열전>에는 삼족이 멸했다고 기록되어 있으나,[41] 韋氏는 자신들이

40) 劉學軍, 徐業龍編著, ≪國士無雙-歷代詩人咏韓信≫, 155쪽 참조.

한신의 후손이라고 주장한다. 淸의 李柏은 "하늘도 한신을 가련히 여겨 韓의 반인 韋氏를 보존하였네.(天憐國士存韓半)"라고 묘사한다. ≪中華姓氏來源≫이나 ≪韋氏宗譜≫에 의하면, 한신이 여후에게 살해된 후 소하가 사람을 시켜 한신의 아들을 南粤의 趙佗에게 보냈고, 난을 피하기 위해 성씨를 韓의 절반인 韋자를 사용하였다고 한다.[42] 淸의 張璵若은 더욱 구체적으로 묘사한다. "옛날 한신이 멸족을 당할 때 楚의 중위가 그곳을 지나면서 한신의 어린 자식을 몰래 소하에게 데려다 주었네. 승상은 사사로이 한나라 조정의 문서를 주어 강을 건너 월왕 조타에게 전하게 하였네. 성씨를 위로 고치고 蠻의 장으로 봉하니, 소하의 서신과 조타의 봉책이 지금까지도 뚜렷이 남아있네.(昔當夷族中尉過, 竊侯幼子投蕭何. 丞相私給漢圖記, 渡江寓書越王佗. 改封韋氏長諸蠻, 蕭書佗册今班班.)" 장여약은 한신 후손이 월왕 조타에게 가서 책봉을 받아 번성하게 된 과정을 더욱 구체적으로 묘사함으로써 한신의 억울한 운명에 대한 보상을 하고 있는 듯하다. 특히 한신이 멸족의 위기에 처했을 때, 젊어서 가랑이 사이를 지나가게 했으나 후에 楚의 중위로 봉해준 사내를 등장시켜 한신의 아들을 빼돌리게 하고, 또한 그 아들을 소하에게 주어 그로 하여금 월왕 조타에게 피난시키게 함으로써, 한신 자손이 살아남게 된 것도 사실 한신의 행적과 긴밀하게 연관되어 있음을 보여준다. 즉 楚中尉는 한신에게 받은 은혜에 대한 보답으

41) ≪史記·淮陰侯列傳≫, 2628-2629쪽 참조.

42) 劉學軍, 徐業龍編著, ≪國士無雙-歷代詩人咏韓信≫, 155쪽 주석3, 168쪽 주석2 참조.

로, 소하는 한신의 죽음에 대한 양심의 가책을 덜기 위한 몸짓으로 볼 수 있을 것이다. 韋氏가 정말 한신의 후손인지는 증명할 수 없지만, 한신과 연관된 楚中尉와 소하를 등장시켜 한신의 후손이 번성하였다는 전설 같은 이야기를 통해 토사구팽을 당한 한신의 원혼을 달래려는 후인들의 마음을 읽을 수 있다.

제7장 王莽

1. 堯·舜의 禪讓
2. 噲王과 子之의 선양
3. 王莽의 禪讓
4. 맺는 말

제7장

王莽

西漢 말기에 劉氏 왕위를 빼앗고 國號를 新이라 명명한 王莽은 어떤 우불우의 인생을 살았을까? 新 왕조는 비록 15년(서기 8년-23년)이라는 짧은 기간 유지되었으나 분명 역성혁명이었고 성공적인 왕조 교체였다. 그리고 다시 劉氏에 의해 漢 왕조가 재개되자, 王莽의 新 왕조는 왕조를 찬탈했다는 오명의 역사로 기록되었다. 왕망이 漢 왕조를 빼앗고 新 왕조를 세운 과정은 전쟁이나 무력을 사용하지 않고, 소위 무혈혁명의 왕권 교체였다. 중국 역사에서 무혈혁명의 왕권 교체의 형식은 禪讓이라는 신화적 방식이 존재하고, 역사 속에서 이를 실현해 보려는 시도도 있었다. 본 장에서는 禪讓의 신화적 왕권교체 형식의 의미 구조와 왕망의 왕권교체 속에 드러난 구조적 변화에 대해 살펴보고자 한다.

1. 堯·舜의 禪讓

禪讓의 방식에 의해 堯·舜의 왕위계승이 이루어졌다는 이야기가 전국시기에 성행했다는 점에 대해서는 동 시기 문헌의 다양한 기록이 충분히 증명하고 있다.[1] 중국 역사에서 전설의 왕인 堯·舜의 명칭에 관한 최초의 기록은 춘추말기 전후의 문헌으로 간주되는 ≪尙書·堯典≫에 보인다.[2] 그리고 이들과 연관된 禪讓說은 전국시기의 급변하는 정세 속에서 왕위계승 문제가 제기되었을 것이고, 世襲權力과 德治觀念 사이에 내재하는 모순을[3] 해결하기 위해 사상가들이 주창하였을 것이다. 墨家는 顧頡剛의 주장처럼, 그 중심 사상인 尙賢의 개념과 함께 禪讓說을 제기하였고,[4] 儒家도 天命과 民心의 向方이 선양을 결정하는 중요한 요소라는 주장을 하며, 郭店楚簡의 <唐虞之道>에서도 尙賢과 利天下의 개념을 근거로 선양의 합리성을 주장한다.[5] 전국시기 이루어졌던 선양설을 근거로 살펴보면, 선양의 계승자는 賢德을

---

1) 예를 들면, ≪墨子≫, ≪孟子≫, ≪荀子≫, ≪韓非子≫, 그리고 1993년 湖北 荊門 郭店 1號墓에서 발견된 <唐虞之道> 등이 있다.

2) 艾蘭은 夏含夷의 연구 결과에 근거하여 이렇게 주장한다. 그리고 ≪史記≫에 이르러서야 비로소 黃帝가 중국 역사의 첫 왕으로 기록된다고 한다. 艾蘭, ≪世襲與禪讓≫, 北京, 商務印書館, 2010年, 218쪽 참조.

3) 艾蘭, ≪世襲與禪讓≫, 9쪽; 오만종 옮김, ≪선양과 세습≫, 예문서원, 2009년, 37쪽 참조.

4) 顧頡剛, <禪讓傳說起於墨家考>, ≪古史辨≫第七册, 臺北, 藍燈文化事業公司印行, 1987年, 30-109쪽 참조.

5) 艾蘭은 <郭店楚墓竹簡<唐虞之道>與禪讓說>에서 <唐虞之道>에 보이는 선양 개념은 愛親을 주장하기 때문에 兼愛를 주장하는 墨家와 다르며, ≪孟子≫와 ≪荀子≫에서 天命과 民心의 기준에 의해서만 선양을 할 수 있다는 이론과도 다르므로, 역사기록에 보이지 않은 사상학파라고 주장한다. ≪世襲與禪讓≫, 187-227쪽 참조.

갖추어야 하고, 天命과 民心을 획득해야 한다. 선양계승자가 賢德을 갖춰야 함은 不德한 혹은 최소한 선양계승자보다 덕이 부족한 세습계승자와 견주어 계승권을 이어받기 위한 자격이며, 또한 세습계승자로부터 天命과 民心을 돌아오게 하기 위한 조건이다.

堯에게서 舜으로의 권력전환은 비세습 권력전환이다. 사라 알란의 연구에 의하면,[6] 왕조 이전 시기의 권력전환 구조에서는 요의 왕위를 받아들인 舜은 왕위를 거절한 순수한 덕의 상징인 許由와 대비되고, 세습계승권을 위배한 점에서, 세습에 의해 왕위 계승권을 갖고 있는 丹朱와 대비된다. 다시 말해서 순은 중간적 위치에서 허유처럼 왕위를 물려받을 수 있는 덕을 갖춘 성인이며, 또한 요의 사위로서 丹朱처럼 아들과 같은 역할을 맡음으로써 덕의 조건과 세습 조건이 중재된다. 왕조 이전 시기의 권력전환 구조 속에서 "순으로의 계승은 세습의 파괴를 상징할 뿐만 아니라 세습과 도덕 원칙 사이의 중재를 내포한다. 이런 중재는 후대의 역사에서 무력의 정권타도 기간과 섭정의 정권계승 기간을 결합하는 과정에 서로 발생한다. 그러나 전설 시기에는 이 두 기간의 주요 주제가 왕조 시기의 변형형태를 합법화하는 비폭력의 단순한 모델 안에 축소되어 있다."[7]

---

6) 艾蘭은 원래 박사학위 논문을 책으로 출판한 ≪世襲與禪讓≫에서 중국의 전설시기인 堯·舜·禹시기부터 왕조시기인 夏·商·周시기까지의 선양과 세습의 권력전환 구조를 자세히 분석하고 있다. 본 논문은 그의 연구 결과를 근거로 왕망의 선양구조를 분석하려고 시도한다.

7) 사라 알란 지음, 오만종 옮김, ≪선양과 세습≫, 88쪽 참조.

그러나 왕조시기의 비세습 권력전환은 변환된 형태의 두 단계로 재조정된다. "즉 도덕성에 의해 권력의 주제가 조절되는 전복통치(顚覆統治) 단계와 세습에 의해 권력의 주제가 조절되는 섭정통치 단계이다. 다시 주제에 따라 나뉘는데, 즉 왕과 개국공신의 주제가 첫 번째 단계의 특징이고, 섭정자와 세습왕의 주제가 두 번째 단계의 특징이다. 그러나 이 두 주제는 모두 왕조 이전 시기에 발생한다. 순은 요가 그를 만나 발탁하기 전에는 농부였다. 그리고 순은 요가 나이가 들었을 때, 섭정자로서 요를 섬겼다. 순이 개국공신의 역할을 맡을 때 요는 순의 업적에 따르게 되고, 순이 섭정자의 역할을 맡을 때 순은 요의 위치를 따르게 된다. 그러나 이 두 역할에서 순은 왕조 시기 대신들의 역할과 대비되고 이 둘이 결합되면서 덕정의 주제와 세습의 주제를 조절하는 역할을 수용하게 된다."[8] 堯·舜시기는 원래 왕조 이전의 전설 시기이나 권력전환의 구조에서 보면 실제 역사시기에 발행한 비세습 권력전환을 모델로 한 변환형태의 구조도 드러난다. 이러한 변환형태는 왕조시기인 桀에서 湯으로, 紂에서 文·武로의 권력전환 과정에서 좀 더 복잡한 구조로 나타난다. 예를 들면, 武王이 紂를 무력으로 전복할 때 덕망을 갖춘 개국공신인 太公望의 도움을 얻음으로써 덕정의 문제가 조절되고, 어린 成王을 도와 섭정을 한 周公은 다시 왕위를 돌려줌으로써 새로운 정권의 세습권력을 확인한다. 따라서 왕조시기의 권력전환은 왕권탈취를 위한 전복과정이 필요하고, 이때 세습계승을 위배한 부덕함은 건국왕과 개국공신의 덕망에 의해 조절된

8) 사라 알란 지음, 오만종 옮김, ≪선양과 세습≫, 126-127쪽 참조.

다. 그리고 새로운 왕조의 세습권력은 聖人의 자격을 갖춘 攝政者가 왕권을 세습 계승자에게 돌려줌으로써 확인되는 것이다.

중국 역사에서 선양의 방식으로 왕위가 실제로 교체된 초기의 두 예는 다음과 같다. 첫 번째 예는 燕王 噲가 재상 子之에게 물려준 경우이고, 두 번째 예는 王莽이 漢王 子嬰으로부터 왕위를 선양의 방식으로 빼앗은 경우이다. 이 두 경우 모두 왕권찬탈을 위해 무력이 사용되지 않고 정권이 성공적으로 이양되었다. 아래에서는 이 둘의 왕권선양 방식에 대해 분석함으로써 그 구조적 의미관계를 살펴보고자 한다.

2. 噲王과 子之의 선양

전국시기에 燕나라 噲王(기원전 316)이 재상인 子之에게 왕위를 건네준 禪讓 사건이 발생한다.[9] 이에 관한 기록은 사마천의 ≪史記·燕召公世家≫[10]에 보인다. <燕召公世家>의 기록에 의하

9) ≪史記·六國年表≫에 의하면, 齊 湣王 8年-12年 사이에 발생한 것으로 되어있으나, ≪戰國策≫과 ≪孟子≫에 의하면 齊 宣王 때에 발생하였다고 한다. 楊寬은 <戰國大事年表中有關年代的考訂>에서 ≪史記·六國年表≫의 잘못을 교정한다. ≪戰國史≫(增訂本), 上海人民出版社, 1998年3月 第3版, 727-729쪽 참조. 徐克謙, <燕王噲讓國事件與戰國社會轉型中的政權交接問題>, (≪南京師範大學文學院學報≫, 2008年9月 第3期, 28쪽)에 이 문제를 이미 지적하고 있다.

10) 司馬遷, ≪史記·燕召公世家≫, 北京, 中華書局, 1982년, 1555-1557쪽 참조. 유사한 기록이 ≪戰國策·燕(一)≫(張清常, 王延棟, ≪戰國策箋注≫, 天津, 南開大學出版社, 1993, 771-775쪽)과 ≪韓非

면, 噲王은 蘇秦의 동생 蘇代의 종용에 속아 재상 子之를 크게 신임하게 된다. 그리고 鹿毛壽[11])가 다시 堯가 許由에게 선양한 예를 들어 子之에게 선양하더라도 재상이 받지 않을 것이므로 왕의 지위는 유지하고, 堯와 같은 성군의 명성을 얻을 것이라는 말에, 噲王은 子之에게 왕의 자리를 내어준다. 鹿毛壽가 噲王에게 한 선양의 권유가 宰相 子之의 음모인지는 분명하지 않지만, 噲王을 위해 선양을 권유한 것이 아니라 子之를 위한 것임은 분명해 보인다. 그 후 혹자[12])가 噲王에게 다음과 같은 건의를 한다. 禹가 益을 천거하고 나서 아들 啓의 사람들을 관리로 등용하였고, 나이가 들자 啓의 사람들에게 천하를 맡기기에 부족하다고 여겨 益에게 천하를 전했다고 한다. 그러나 그 후 啓가 益으로부터 천하를 빼앗았기 때문에, 禹가 명분상으로는 천하를 益에게 전했으나 사실은 啓로 하여금 스스로 취하게 한 것이나 다름없다. 그러므로 지금 왕께서 子之에게 왕위를 속하게 한다 하더라도 관리들이 태자 사람들이므로 명분상으로는 왕권이 子之에게 속해 있지만 사실은 태자가 정치를 하고 있는 것이다[13])라고 말한다.

<燕召公世家>의 기록은 噲王의 선양과정을 세 단계로 나누어 보여주고 있다. 먼저 噲가 蘇代의 말을 듣고 子之의 능력을 인정

子·外儲說右下≫(陳啓天, ≪韓非子校釋≫, 臺灣商務印書館發行, 1969년, 601-603쪽)에도 보인다.

11) ≪韓非子≫에서는 隱士 潘壽로 나온다.

12) ≪韓非子≫에서는 潘壽가 이어서 한 말로 기록된다.

13) ≪史記·燕召公世家≫, 1555-1556쪽 참조.

하고 신임하는 선양 대상을 드러내는 과정이라 할 수 있다. 처음부터 子之가 선양을 의도적으로 구상했는지 아니면 蘇代의 권유, 즉 제나라의 이간에 의해 처음 계획되었는지는 현재 전하는 기록에는 분명하지 않다. 그런 후 鹿毛壽의 권유로 통치권을 실제로 子之에게 속하게 한다. 그러나 왕권의 이양에서 중요한 噲王의 세습적 왕위 계승자인 태자의 문제가 남아있다. 이름이 거론되지 않은 혹자가 禹와 신하 益 아들 啓 사이의 권력전환에 관한 예를 들어 건의함으로써 이 문제도 해결된다. 噲王은 태자세력의 無力化를 위해 三百石 이상의 관리들에게 모두 관인을 반납하게 하고 子之에게 다시 임명하게 하는 조치를 취함으로써 사실상 세습권력의 저항을 완화시킨다. 子之가 권력을 잡은 지 3년이 지나 나라가 어지러워지자, 將軍 市被와 太子 平이 子之를 공격할 것을 도모한다. 태자는 齊 宣王[14]의 종용에 힘입어 무리를 규합하고, 장군 市被는 궁궐을 포위하고 子之를 공격하나 성공하지 못한다. 그러자 장군 市被와 백성들은 도리어 태자를 공격하였으나 그 과정에 市被가 죽고 梟示되었다. 그 후 齊나라가 燕 나라를 공격하여 噲王을 죽이고 크게 승리하였다. 子之가 죽고 2년 후 연 나라 사람들은 태자 平을 왕으로 삼았고, 그가 바로 나라를 부흥시킨 燕昭王이다.

전국시기 권모술수가 횡행하던 시기에 덕을 기준으로 삼아 행해졌던 禪讓 사건의 발생은 다시 말해 선양을 빌미로 이루어진 정권탈취의 권모술수이고 사기극이었다. 그러나 禪讓 구조를

---

14) ≪史記·燕召公世家≫에는 齊 湣王으로 되어 있고, ≪戰國策≫에는 齊 宣王으로 되어 있다. 注 9) 楊寬의 교정에 따른다.

살펴보면 원시적 선양에서 보여주는 구조를 모방하려고 했음을 알 수 있다. 먼저 禪讓의 대상자인 재상 子之를 선양을 하는 통치자의 신임을 받도록 설정한다. 비록 그가 燕 噲王의 신임을 받게 되는 과정이 속임수라는 것을 드러내고 있지만, 噲王은 子之를 충분히 신임하고 있다. 원래 蘇秦이 燕 나라에 있을 때 子之와 혼인관계를 맺었고, 동생이었던 蘇代도 子之와 교분이 있었다. 그리고 蘇代가 齊에 머물면서 燕에 인질에 관한 보고를 위해 돌아왔을 때, 噲王에게 재상을 더욱 신임하게 하는 자극적인 발언을 하였고, 그 후 噲王이 子之를 크게 신뢰하게 되었다. 그러자 子之는 蘇代에게 百金을 보답으로 건네고 그의 지시를 따르게 된다. 즉 蘇代와 子之 사이에 모종의 사전 모략이 있었음을 보여주는 언급이다.[15)]

권력이 전환되는 과정도 비상식적이고 허무맹랑하다. 噲王은 鹿毛壽가 말한 堯와 許由 사이에 행해진 전설의 禪讓 이야기를 듣고 子之에게 나라를 귀속시킨 것이다. 鹿毛壽는 噲王에게 전설의 禪讓 구조에서 許由가 왕위를 받지 않았으므로 子之도 감히 받지 못할 것이라고 말한다. 그러나 쾌왕은 이 말을 듣고 나라를 재상 子之에게 속하게 하고 크게 중용하였다. 즉 선양이

---

15) ≪戰國策·燕一≫, <初蘇秦弟厲因燕質子而求見齊王>에 의하면, "연 재상 子之는 소대와 혼인 관계를 맺고 연 나라 정권을 얻고자 하여, 소대를 제 나라에 인질을 데리고 사신으로 보냈다.(燕相子之與蘇代婚, 而欲得燕權, 乃使蘇代持質子於齊.)"(775쪽 참조)는 기록은 이를 방증한다. <燕王噲旣立>에서는 蘇秦이 子之와 혼인 관계를 맺었다고 기록하고 있어, 어느 기록이 옳은 것인지 분명하지 않지만, 子之와 蘇氏 형제가 인친관계를 맺어 가까워진 것은 분명하다.

이루어졌고 子之는 사양하지 않고 받은 것이다. 전설의 선양 구조에서 왕위를 거절했던 許由의 역할은 鹿毛壽의 이야기가 대신한 것이다. 권력 계승자인 子之의 입장에서 세습권력의 문제는 혹자가 쾌왕에게 禹의 권력전환의 예를 들어 권유하자, 쾌왕은 조정에서의 태자 세력을 제거하도록 三百石 이상 관리의 관인을 반납하게 하고 재상에게 다시 임명하게 함으로써 해결된다. 그리고 세습권력의 문제에서, 子之가 권력을 잡고 3년이 지나 나라가 어지러워져 市被와 太子 平이 子之를 공격하나, 그 과정에서 "장군 市被와 백성들이 도리어 태자를 공격한다(將軍市被及百姓反攻太子平)"는 기록은 장군을 대표하는 기득 관료와 백성들의 마음이 태자에게 가지 않고 여전히 子之에게 있음을 암시하는 것이다.

噲王과 子之 사이의 선양과정에서 주목해야 할 점은 왕위의 수여자인 噲王이 성군도 아니며,[16] 子之 역시 계승자로서의 덕망을 갖췄다는 기록이 보이지 않는다. 噲王은 자리를 지키지 못

16) ≪韓非子≫의 기록에 의하면 噲王을 묵가 사상을 실행하는 군왕으로 묘사한 대목이 보인다. 즉 연왕 자쾌는 소공 석의 후예로 사방 수 천리의 땅과 수 십만의 병사를 갖고 있으며, 자녀의 즐거움에 안주하지 않고 음악소리를 듣지 않으며, 안으로 연못과 누대에 사치하지 않고 밖으로 수렵을 즐기지 않으며, 또한 친히 농기구를 들고 논밭을 경작한다. 자쾌가 몸을 힘들게 하면서 백성을 걱정함이 이와 같이 심하니 비록 옛 성왕이나 명군이라 하더라도 몸소 근면하고 세상을 염려함이 이보다 심하지는 않을 것이다.(燕君子噲, 邵公奭之後也, 地方數千里, 持戟數十萬, 不安子女之樂, 不聽鍾石之聲, 內不湮汙池臺榭, 外不畢弋田獵, 又親操耒耨以修畎畝. 子噲之苦身以憂民, 如此其甚也, 雖古之所謂聖王明君者, 其勤身而憂世不甚於此矣.) ≪韓非子校釋≫, 245쪽 참조.

하는 어리석은 군주에 가깝고, 子之는 오직 蘇代와 모종의 거래, 鹿毛壽(혹은 潘壽)와 혹자의 권유에 의한 권모술수로 권력을 차지한다. 즉 재상인 子之가 쾌왕을 협박하여 권력을 내려놓게 하였을 가능성이 높다. 전국시기의 噲王과 子之 사이의 선양은 堯·舜의 선양구조에서 보이는 도덕과 세습의 문제가 제삼자의 이야기를 통해 해결됨으로써 조절되기 때문에 매우 희극적으로 비치지만, 오히려 이상적인 선양구조보다 전국시기 游說客들의 권모술수가 유행했던 당시의 현실을 반영한 정권전환의 한 사례라 할 수 있다.

3. 王莽의 禪讓

王莽이 漢 왕조를 차지하는 과정에 대한 班固 ≪漢書·王莽傳≫의 기록을 보면, 마치 처음부터 의도적으로 계획된 행동처럼 묘사된다. 그러나 왕망이 관직에 발을 들여놓을 때부터 그런 생각을 했다는 것은 상식적으로 받아들이기 어렵다. 벼슬을 하고 정치권력이 어느 정도 형성된 후에 그런 계획이 마음속에 생겼다고 보는 것이 타당할 것이다. 그 시점이 언제인가는 판단하기 어려우나, 왕망이 행한 일련의 정치적 조치들은 그의 이런 성향을 충분히 보여준다. 그의 인간적 덕망, 정치적 능력, 정치적 현실, 사상적 현실 등 다양한 조건들은 왕망이 선양을 실현하기 위한 긍정적 방향으로 조성되었으며, 결국 그가 선양방식의 왕권 교체를 이룰 수 있게 되었다. 왕망이 선양방식의 왕권교체를 이루기 위해 어떤 조건들을 갖추었으며, 그의 그런 조건들은 이전 역사 속에서 이루어진 선양구조의 형식과 어떤 차이가 있는지 살펴보고자 한다.

王莽의 인물됨은 왕망에 대해 비판적인 필치로 일관하는 班固의 ≪漢書·王莽傳≫에서 조차 그의 초년기 성장과정을 비범하게 그리고 있다.

> 왕망의 자는 巨君으로 孝元皇后 동생의 아들이다. 元后의 부친과 형제들은 元帝와 成帝 때 모두 후로 봉해져 직위를 차지하고 정치를 보좌하였으며, 집안에 아홉 명의 후와 다섯 명의 대사마가 있었으니, 그 내용은 <元侯傳>에 보인다. 오직 왕망의 부친만 일찍 죽어 후가 되지 못했다. 왕망의 뭇 형제들은 모두 장군이나 다섯 후의 자식들로 가세가 흥한 틈을 타 사치를 부리며 수레와 말 노래와 여색 안락과 놀이로 서로 다투었으나, 왕망은 홀로 외롭고 가난하여 마음을 가다듬고 공손하고 검소하였다. 예경을 배우며 패현의 진삼에게 사사하였고, 부지런히 널리 배우고, 복장은 유생처럼 하였다. 어머니와 형수를 모셨고, 고아가 된 형의 자식을 길렀으며, 행동은 매우 바르고 철저했다. 친구는 밖으로 뛰어난 준걸들과 사귀고, 안으로 여러 부형들을 모시는데, 예를 곡진히 다했다. 陽朔 연간에 집안의 백부인 王鳳이 병에 걸리자, 왕망이 모시며, 친히 약을 맛보고 머리가 흐트러지고 얼굴이 더러워져도 몇 개월 동안 의대를 풀지 않았다. 왕봉이 죽기 전에 태후와 황제에게 부탁하여 황문랑에 제수되고, 사성교위로 옮겨갔다.[17]

---

17) 王莽字巨君, 孝元皇后之弟子也. 元后父及兄弟皆以元, 成世封侯, 居位輔政, 家凡九侯, 五大司馬, 語在元侯傳. 唯莽父曼蚤死, 不侯. 莽群兄弟皆將軍五侯子, 乘時侈靡, 以輿馬聲色佚游相高, 莽獨孤貧, 因折節爲恭儉. 受禮經, 師事沛郡陳參, 勤身博學, 被

≪漢書·王莽傳≫에 보이는 왕망은 힘든 역경을 극복하고 검약한 생활태도로 유학을 몸에 익히며 전형적인 유생으로 성장한다. 비록 왕망이 孝元皇后의 조카로 왕실의 외척이지만, 다른 사촌 형제들과는 달리 아버지가 일찍 죽어 외롭고 가난하였다. 그러나 그는 어려운 환경 속에서 예를 배우고 지키며, 형이 죽자 형수와 고아가 된 조카를 돌보고, 당시 외척 권력의 중심이었던 백부 王鳳이 병들었을 때 시중을 들며 그의 환심을 사, 정계 진출의 발판을 마련하였다. 王鳳이 죽었을 때가 陽朔 3년(기원전 22년)으로 왕망의 나이 24살이었으며, 처음 黃門郎의 벼슬을 제수 받았다. 그리고 綏和 元年(기원전 8년)에 大司馬에 올랐을 때가 38세였으니, 최고 권력의 자리에 오르기까지 대략 14년이 걸린 것이다.

왕망은 최초의 관직에 임명된 후 다른 관원들의 추천을 받아, 永始 元年(기원전 16년)에 新都侯로 봉해지고 南陽新野의 都鄕에 천오백호의 봉국을 받았다. 그리고 騎都尉, 光祿大夫, 侍中 등의 관직을 거치면서 宿衛 업무를 엄격하게 하고, 작위가 높아질수록 절개 있는 행동은 더욱 겸손하였다.[18] 그리고 집안의 수레나 옷가지 등을 빈객들에게 나눠주어 남은 것이 없을 정도였고, 명사들을 거두어 기르고 많은 將相 卿大夫들과 사귀었다. 뿐만

服如儒生. 事母及寡嫂, 養孤兄子, 行甚勅備. 友外交英俊, 內事諸父, 曲有禮意. 陽朔中, 世父大將軍鳳病, 莽侍疾, 親嘗藥, 亂首垢面, 不解衣帶連月. 鳳且死, 以托太后及帝, 拜爲黃門郎, 遷射聲校尉. 班固, ≪漢書·王莽傳上≫, 北京, 中華書局, 1962年, 4039쪽.

18) 宿衛謹勅, 爵位益尊, 節操愈謙. 班固, ≪漢書·王莽傳上≫, 4040쪽 참조.

아니라 형이 죽자 조카인 光을 博士門下에 보내 배우게 하고, 쉬는 날이면 스승과 문하생들을 음식을 들고 찾아가 함께 위로하고, 조카보다 나이가 많은 자기의 아들 宇를 장가보내면서 光도 함께 결혼시키는 등 유가에서 강조하는 인륜에 부합하는 행동을 함으로써 그의 군자다운 형상을 제고시킨다. 왕망이 大司馬가 되는 결정적인 계기는 자신보다 앞서 재능을 인정받아 九卿이 된 태후의 조카인 淳于長의 잘못을 남몰래 찾아 당시 대사마였던 曲陽侯 王根을 통해 알림으로써, 그로부터 忠直하다는 신임을 얻게 된 사건이다. 그 후 王根이 사직하면서 왕망을 대사마로 추천하였고, 황제는 그를 임명하였다. 왕망은 王鳳, 王商, 王晉, 王根 四父를 이어 대사마가 되자, 더욱 분발하여 四父보다 나은 명예를 얻기 위해 노력하였으며, 어진 이들을 관리로 삼고 소득을 모두 선비들을 대접하는데 쓰고 더욱 검약하였다고 한다.[19)]

물론 班固는 서슴지 않고 감정을 자극하는 행동을 하면서도 부끄러워하지 않고, 사실을 숨기며 명성을 추구하였다고 왕망에 대해 서술하지만,[20)] 그의 이런 행동이 20대에 행해졌다는 점을 고려한다면 반고의 비판적 기술은 다소 지나친 점이 있다. 당시 유생들이 전국시기 왕자의 스승에서 황제의 신복으로 전락한 士人들의 정신을 고양하려고 힘썼던 사회상황을 고려한다면,[21)]

---

19) 班固, ≪漢書·王莽傳上≫, 4041쪽 참조.

20) 敢爲激發之行, 處之不慙恧. ……其匿情求名如此. ≪漢書·王莽傳上≫, 4040-4041쪽 참조.

21) 葛兆光은 ≪中國思想史≫에서 당시 문인들의 경향을 다음과 같이 설명한다. "지식계층이 '왕자의 스승(爲王者師)'이 될 수 있었던 유일한 근거는 '진리'였다. 그러나 사상이 점차 정형화되고 관방의 인

젊은 혈기가 가득했던 왕망의 행동은 유가의 윤리를 실행하려는 순수한 이상에서 나왔다고 보는 것이 타당할 것이다. 왕망이 당시 외척세력의 핵심이었던 王氏 世家가 독차지하였던 대사마의 자리에 추천되어 황제의 승인을 받아 대사마가 되었으니, 그는 자신의 修身을 통해 가문에서 인정을 받았을 뿐만 아니라, 황제의 승인을 받아 齊家, 治國의 이상까지 이룬 것이다.

그러나 그의 정치 인생은 순탄하지만은 않았다. 成帝가 죽고 哀帝가 즉위하자, 哀帝의 祖母인 傅太后와 모친인 丁姬의 외척세력이 등장하고 成帝의 모친 王政君의 세력이 자연스럽게 자리를 내주게 되었다. 왕망도 傅太后와 丁姬의 세력인 丞相 朱博의 참소로 관직에서 물러나 봉국으로 갔다. 실세에서 물러나 있으면서도 자신을 지키며 행동을 더욱 삼갔으니, 가운데 아들 獲이 노비를 죽이자 그를 문책하여 자살하게 할 정도였다. 封國에 머문 3년 동안 왕망이 봉국에 머문 것의 부당함을 알리는 관리들의 상서가 수백 건에 달했다고 한다. 그리고 元壽 元年(기원전 2년) 日食이 있자, 周護, 宋崇 등이 對策을 지어 왕망의 공덕을

가를 받아 이데올로기가 되는 한편, 교육의 보급을 통해 보편적인 지식으로 변하게 되자 지식계층은 자신들의 근거인 '진리'를 잃어 '권력'과 대항할 능력을 상실하여 '왕자의 스승'에서 '황제의 신하(帝之臣僕)'로 위상이 떨어지고 말았다. 그리하여 상당수의 사인(士人)들은 과분할 정도로 강렬한 이상주의적 정신을 고양하고자 노력했으며, 이른바 '군자'라는 기치를 높이 들고 상당히 고상한 인격과 도덕 표준으로 현세를 재량(裁量)하고자 했다. 이러한 보편적이고 영원한 진리 속에서 자신의 '담론의 권력'을 회복함으로써 주변화의 운명에서 벗어나고자 했던 것이다." 葛兆光, ≪中國思想史≫, 上海, 復旦大學出版社, 2004年, 302쪽; 이등연 외 3인 옮김, ≪중국사상사≫, 서울, 일빛, 2013년 3월, 700쪽, 참조.

칭송하자 황제가 비로소 왕망을 불러들였다.[22] 그 2년 뒤에 哀帝가 죽고 아들이 없었다. 이때 太皇太后 王政君이 다시 실권을 잡고 왕망을 大司馬로 다시 임명한 후, 그와 의논하여 아홉 살인 中山王을 세우니 그가 平帝이다.

왕망은 두 번째 대사마가 된 후, 정권을 장악하기 위한 각종 조치를 취한다. 먼저 孝成趙太后, 孝哀傅太后 등 주위의 반대 세력을 제거하고, 심지어 太皇太后 王政君의 동생인 紅陽侯 王立조차 태후의 만류에도 불구하고 봉국으로 물러가게 하였다. 그리고 자기를 따르는 사람들만 발탁하였다. 그리고 平帝가 죽기까지 나라를 안정시키고 漢 왕실을 편안하게 했다는 의미의 安漢公의 칭호를 받고, 자신의 딸을 황후로 삼으며, 伊尹의 阿衡과 周公의 太宰을 합한 宰衡이라는 직함을 받는다.[23] 반고는 왕망의 이런 과정이 매우 위선적인 행동 속에서 이루어졌다고 평가한다.[24] 그러나 다른 측면에서 보면 왕망의 정치적 수완

---

22) 班固, ≪漢書·王莽傳上≫, 4042-4043쪽 참조.

23) 班固, ≪漢書·王莽傳上≫, 4046-4067쪽 참조.

24) 왕망의 정치적 행위에 대한 반고의 비판적 평가는 다음 글에 잘 드러난다. "이에 의탁하고 따르는 자는 발탁하고, 거스르고 원망하는 자는 죽였다. 왕순과 왕읍은 심복으로 삼고, 견풍과 견한은 처단하는 일을 주로 하게 하고, 平晏은 비밀스런 일을 맡게 하였으며, 유흠은 문장을 담당하게 하고, 손건은 핵심 장수로 삼았다.……왕망은 안색은 사나우나 말은 방정했고, 하고자 하는 일이 있어 슬쩍 드러내면, 같은 편의 무리들이 그 뜻을 상주하고, 왕망은 머리를 조아리며 읍소하며 극구 사양함으로써, 위로는 태후를 속였고 아래로는 일반 대중에게 신임을 보였다.(於是附順者拔擢, 忤恨者誅滅. 王舜, 王邑爲腹心, 甄豐, 甄邯主擊斷, 平晏領機事, 劉歆典文章, 孫建爲爪牙.……莽色厲而言方, 欲有所爲, 微見風采, 黨與承其

을 볼 수 있는 대목이기도 하다. 즉 平帝의 재임기간에 자신의 정치적 수완을 발휘하여 최고의 실권과 명예를 차지하였다고 할 수 있다.[25]

平帝가 성인이 되기 전에 죽자[26], 왕망은 元帝 이후 후손이 끊겼으므로 宣帝의 曾孫 중, 나이가 가장 어린 두 살배기 廣戚侯 子嬰을 후계자로 선택한다.[27] 이런 선택의 배후에 섭정을 고려한 모략이 도사리고 있음을 반고는 암시한다. 平帝가 죽기 직전,

---

指意而顯奏之, 莽稽首涕泣, 固推讓焉, 上而惑太后, 下用示信於衆庶.)" 班固, ≪漢書·王莽傳上≫, 4045-4046쪽 참조. 왕망의 이런 행동은 <王莽傳>의 곳곳에 드러난다. 반고가 왕망의 簒漢 이미지를 드러내기 위한 의도적인 묘사인지, 실제로 왕망이 이런 생각 속에서 행동한 것인지 정확한 판단을 현재로선 할 수 없을 뿐이다.

25) 왕망은 上書에서 다음과 같이 말하고 있다. "신 망이 엎드려 생각하건데, 작위는 신도후이고 호칭은 안한공이며 관직은 재형, 태부, 대사마이니, 작위는 귀하고 호칭은 높으며 관직은 무거운, 한몸에 큰 총애를 다섯 가지나 받았으니, 진실로 신이 감당할 수 없습니다.(臣莽伏自惟, 爵爲新都侯, 號爲安漢公, 官爲宰衡, 太傅, 大司馬, 爵貴號尊官重, 一身蒙大寵者五, 誠非鄙臣所能堪.)" 班固, ≪漢書·王莽傳上≫, 4068쪽 참조.

26) 平帝의 죽음에 대해서, 반고는 병이 들어 죽은 것으로 쓰고 있다. 그러나 翟義의 "왕망이 짐독으로 평제를 살해했다(莽鴆殺孝平皇帝)"는 기록을 근거로, 왕망이 시해했을 가능성에 무게를 두는 학자도 있다. 錢穆, <劉向歆父子年譜>, ≪古史辨≫第五册, 臺北, 藍燈文化事業有限公司, 1987년, 190-194쪽; 楊水俊, <王莽簒漢-復古建制中創封建王朝更替新統>, ≪求索≫, 2006年, 3期, 213-214쪽 참조.

27) 반고의 기록에 의하면, 宣帝의 曾孫 중에는 왕이 5명 열후가 48명이었으나, 왕망이 나이 많은 것을 싫어하고 점괘가 가장 길하다는 이유를 들어 2살인 子嬰을 선택한다고 기록하고 있다. ≪漢書·王莽傳上≫, 4078쪽 참조.

元始 5年에 泉陵侯 劉慶이 상소하여, “주의 성왕이 어려 孺子라 칭하고, 주공이 섭정하였습니다. 지금 황제도 나이가 어리니 주공처럼 안한공이 천자의 일을 행하는 것이 마땅합니다.(周成王幼少, 稱孺子, 周公居攝. 今帝富於春秋, 宜令安漢公行天子事, 如周公.)”라고 건의한다.[28] 이러한 분위기에서, 두 살배기인 子嬰이 황제가 되었으니, 당연히 왕망이 섭정하여야 한다는 여론이 형성되었다. 그리고 군신들이 태후에게 상주한 내용에서, 왕망의 섭정은 역사 속에서 이상적인 섭정을 이행했던 주공의 섭정과 시대는 다르지만 그 필요성과 적법성이 유사함을 강조하고 있다. 그럼에도 불구하고 왕망과 주공의 섭정 필요성에 대한 상황이 다소 다르다는 점에 주목해야할 것이다. 楊水俊이 지적하듯이, “첫째는 王莽시대에 西漢 왕권이 이미 쇠퇴했다고 하지만, 제후들이 황권을 노려보는 위급한 정치 형국은 아직 아니었다. 그러나 西周 초기에는 武王이 죽자 천하의 共主였던 周 왕실은 뛰어난 정치가가 나와 천하의 제후들을 통제하지 않을 수 없었다. 둘째는 왕망에게 있어서 섭정은 단지 禪讓을 행하기 위한 기존 계획의 일환으로 수단이며 순서였으며, 최종 목적이나 결과가 아니었다. 왕망은 섭정을 종신제로 바꾸려고 하면서 섭정과 실정과의 경계를 매우 모호하게 하였다. 그러므로 그는 섭정의 특권과 명분을 실제 황제와 완전히 같게 할 것을 줄곧 강조하였다.”[29] 따라서 왕망은 비록 西周 초기의 주공 때처럼 섭정

28) ≪漢書·王莽傳上≫, 4078쪽 참조. 楊水俊도 이미 이 점을 지적하고 있다. <王莽篡漢-復古建制中創封建王朝更替新統>, 214쪽 참조.

의 명분이 충분하지 않았지만 유사함을 강조하면서, 섭정기간 동안 섭정에 반대하여 일어난 安衆侯 劉崇과 재상 張紹의 저항과 東郡太守 翟義의 항거를 평정한 후, 점차 소위 '卽眞의 일'인 禪讓을 도모한다.[30] 그러나 주공은 성왕에게 왕위를 되돌려주었다. 따라서 왕망은 섭정을 위해 주공의 선례를 이용하였으나, 卽眞을 위해서는 오히려 주공이 보여준 도덕성을 상쇄하는 다른 여건을 조성해야 하는 부담을 떠안게 된 것이다.

周公은 成王에게 "제가 그대에게 명철한 군주의 정치를 돌려드린다(朕復子明辟)"[31]고 말하고 실행하였으나, 王莽은 왕위를 돌려줄 생각이 없었던 것으로 보인다. 그는 섭정기간을 이용하여 天子처럼 實政을 하며, 왕위를 돌려주지 않고 선양을 위한 분위기를 조성해 간다. 먼저 居攝 3년(서기 8년)에 왕망의 모친 功顯君이 죽는다. 이때 왕망은 반고의 말처럼 애통한 마음이 있었는지 없었는지 모르지만, 태후에게 상복의 일을 논의하게 한다. 그러자 劉歆과 博士 78인은 논의 결과를 다음과 같이 제안한다. "섭정황제는 천자와 같은 몸으로 종묘의 제사를 잇고 태황태후를 받들어 모셔야 하므로 사적으로 부모의 상복을 입을 수 없다.(明攝皇帝與尊者爲體, 承宗廟之祭, 奉共養太皇太后,

---

29) 楊水俊, <王莽簒漢-復古建制中創封建王朝更替新統>, 214쪽 참조.

30) "왕망은 이미 적의를 섬멸하고, 스스로 위엄과 덕이 날로 성대해지고 하늘과 사람의 도움을 얻었으니, 卽眞의 일을 도모할 수 있다고 말했다.(莽旣滅翟義, 自謂威德日盛, 獲天人助, 遂謀卽眞之事矣.) ≪漢書·王莽傳上≫, 4090쪽 참조

31) ≪漢書·王莽傳上≫, 4080-4081쪽 원문과 注 참조.

不得服其私親也.)"고 하면서 新都侯宗孫을 따로 임명하여 그를 喪主로 삼아 3년 상을 치르게 하였다.[32] 모친상을 계기로 확실하게 실제 천자와 같은 위치를 확인하고 알리는 과정으로 삼은 것이다.[33]

그리고 같은 해에 세 건의 符命이 보고된다. 왕망은 劉京이 하늘로부터 "섭정황제가 진짜가 된다(攝皇帝當爲眞)"라는 말을 하면서 만약 믿지 못하겠으면 마을에 新井이 생길 것이라는 齊郡의 사건, 扈雲의 巴郡 石牛, 臧鴻의 扶風 雍石 사건 등을 모두 받아들여 未央宮 前殿에 가져다놓게 한 후, 가서 보았을 때 돌 앞에 "하늘이 제왕의 符命을 알리니, 바친 자는 후로 봉할 것이다. 천명을 받들고 신령을 행하라.(天告帝符, 獻者封侯. 承天命, 用神令.)"는 내용의 銅符와 帛書가 있었다. 이에 따라 천하에 政令을 발표하거나 백성이 사건을 아뢸 때 '攝'자를 사용하지 않아야 천명에 응하는 것이라고 태후에게 보고한다.[34] 그리고 梓潼 사람 哀章이 銅匱를 만들고 그 속에 策書를 넣어놓았는데, 왕망이 眞

---

32) 九月, 莽母功顯君死, 意不在哀, 令太后詔議其服. ≪漢書·王莽傳上≫, 4090-4091쪽 참조.

33) 楊永俊은 왕망이 禪讓을 위해 세 단계의 과정을 밟았다고 분석한다. 첫째는 생모를 위해 상을 치르는 과정, 둘째는 상서로운 符命을 만드는 과정, 셋째는 선양의 의식을 받는 과정이다. 그리고 첫 과정의 의미는 천자의 상례를 통해서 서한 통치계층에게 假皇帝와 眞皇帝의 차이가 없음을 암시한다고 주장한다. <王莽篡漢-復古建制中創封建王朝更替新統>, 214-215쪽 참조.

34) 반고는 왕망이 符命을 받드는 이런 사건의 의미는 군신들로 하여금 널리 의논하고 아뢰어 점차 卽眞할 것을 보인 것이라고 말한다.(衆庶知其奉符命, 指意群臣博議別奏, 以視卽眞之漸矣.) ≪漢書·王莽傳上≫, 4094쪽 참조.

天子가 되며, 황태후가 천명과 같다는 내용이 있었다. 그리고 未央宮에서 石牛 사건이 있던 당일 哀章은 金匱를 들고 高廟에 가서 왕망을 오게 하여 高廟에 절하며 금궤와 신의 禪讓을 받게 하였다. 그리고 또 策書에 다음과 같은 내용을 적고 있다. 왕망이 황제의 후손이고 순임금의 자손이며 태황태후의 끝 자손에 속한다. 상제의 도움으로 천명을 이루었고, 천하백성이 귀속되었으며, 漢高帝의 영령도 천명을 받들어 나라의 策書를 전했으니 감히 받지 않을 수 있겠는가라고 하며, 천하의 국호를 新이라 하였다.[35] 이렇게 함으로써 왕망은 符命을 통해 하늘의 뜻을 받들고 책서를 통해 漢 高祖의 명을 따른다는 명분을 얻게 된다. 하늘과 조상의 명을 따른다는 명분은 왕망으로 하여금 주공이 섭정 후 왕위를 되돌려 주었던 것과 반대로 왕위를 차지하게 됨으로써 짊어지게 된 도덕적 책임을 와해시켜준다. 그리고 왕망은 新 왕조를 시작하는 始建國 元年에 符命에 따라 漢의 國號를 없애고, 孺子에게 책명을 내려 "옛날 하늘이 태조를 도와 한 왕조를 세워 12세대 210년 동안 다스려지다가 천명이 나에게 있게 되었다.(昔皇天右乃太祖, 歷世十二, 享國二百一十載, 曆數在于予躬.)"고 말한다. 그리고 孺子의 손을 잡고 흐느끼며, "옛날 주공이 섭정을 하면서 끝내 성왕에게 명철한 군주의 정치를 돌려주었으나, 지금 나는 황천의 위명 때문에 어쩔 수 없다.(昔周公攝位, 終得復子明辟, 今予獨迫皇天威命, 不得如意!)"고 말하면서 한참 동안 슬퍼하며 탄식하였다고 반고는 기록한다.[36]

35) ≪漢書·王莽傳上≫, 4095쪽 참조.

36) ≪漢書·王莽傳中≫, 4099-4100쪽 참조.

왕망이 漢 왕조로부터 선양의 방법으로 왕위를 탈취하는 과정은 위에서 보듯이 매우 황당하면서도 희극적 요소까지 보인다. 그러나 시각을 달리하여 왕망의 주도면밀한 계획 속에 이루어진 권력전환으로 본다면, 그 과정은 당시 생각할 수 있는 가장 이상적인 왕위계승 방법의 실현이었다고 평가할 수 있다. 즉 전설 왕조에서 이루어진 堯·舜의 왕위계승과 흡사한 것이다. 왕망이 젊었을 때 유가의 이상적인 군자가 되기 위해 비범한 노력을 기울여 덕망을 쌓은 결과, 이후 그가 지위와 권력을 갖게 되었을 때, 자연스럽게 선양의 적임자로 부각될 수 있게 하였을 것이다. 왕망이 비교적 젊었을 때의 행동은 반고의 묘사처럼, 왕권을 위한 의도적 행동은 아니었을 것이다. 그리고 왕망이 관직에 들어서고 난 후 황문랑에서 대사마에 이르는 과정에서 점차 권력에의 욕망이 싹텄을 것으로 볼 수 있다. 권력 쟁취의 마음은 아마도 대사마에 오른 이후에 가능했을 것이며, 반고의 표현처럼 위선적이며 의도적인 행동으로 비친 것은 그 이후의 일일 것이다. 왕망 본인은 철저한 계획 속에서 왕권 세습세력과의 투쟁을 통해 권력전환을 이루어낸 것이다.

4. 맺는 말

왕망의 선양과정을 의도적 왕위찬탈과 같은 도덕적 평가를 제외하고 사실을 바탕으로 재구성하여 堯·舜의 선양 구조와 비교해 보기로 하자. 왕망은 漢 왕조의 외척이었으나, 부친이 일찍 죽어 외롭고 가난한 환경 속에서 철저하게 유가의 군자다운 삶을 살며, 당시 외척세력의 영수인 王鳳의 병을 정성스럽게 보살펴 그의 추천으로 관직에 나간다. 그리고 관직이 높아질수록 절개 있는 행동과 겸손으로 끝내 최고 관직인 대사마에 오른다. 그 후 平帝와 子嬰을 왕위에 앉히면서 정치권력을 장악하고 섭정자가 된다. 여기에서 주목할 점은 왕망이 발탁되는 과정에서 미천한 신분과 어려운 환경 속에서 실천한 그의 군자다운 행동이 두드러지며, 그는 왕에 의해 발탁된 것이 아니라 당시 실세였던 외척세력에 의해서였다는 점이다. 그리고 발탁된 후 권력을 장악해 가는 과정에서는 그의 덕망과 함께 정치적 능력이 더욱 강조된다. 이는 舜이 堯를 만나기 전에 농부였다가 堯의 발탁으로 단번에 대신이 된다는 구조에서 賢人의 가치를 인식하는 堯의 능력이 강조되는 점에서 차이가 있다. 그러나 舜이 대신으로 발탁된 후에는 그의 정치적 능력으로서 “감화력 있는 미덕의 매력”[37]이 강조된다는 점에서 유사하다.

왕망이 정치권력을 장악한 후 정권에 대한 탐욕이 생겼다고 보며, 그 방법으로 선양의 방식을 선택했을 것이다. 왕망의 이런 선택은 西漢 왕권의 쇠락과 함께 대두된 禪讓說의 유행과 연관이 있을 것이다. 昭帝 때의 眭弘과 成帝 때의 甘忠可는 陰陽災異설을 근거로 漢의 劉氏 왕조의 운명이 다했으므로 賢人을 구하여 왕권을 선양해야한다고 주장하였다.[38] 왕망은 이러한 선양

37) 사라알란 지음, 오만종 옮김, ≪선양과 세습≫, 116-117쪽 참조.

38) 西漢時期의 선양에 관해서는 袁青, <西漢中後期的禪讓思想探析>, ≪江漢學術≫, 第33卷 第5期, 2014年10월, 117-121쪽; 楊水俊, <西漢議禪思潮及王莽禪漢的儒家仁政禮治文化背景>, ≪甘肅社會科學≫, 2009年, 第5期, 94-95쪽 참조.

설의 분위기에서 선양을 위한 조건을 만들어 나간다. 첫째, 정치적 반대세력인 孝成趙太后, 孝哀傅太后 등을 제거하고 자기편 인물들만 발탁함으로써 실질적 정치권력을 장악한다. 이 과정은 물론 정치권력 다툼이었으나, 후에 무력이 사용되지 않고 선양에 의해 왕권교체가 이루어지기 때문에, 이 단계를 권력전복을 위한 무력 사용이라 볼 수도 있다. 둘째, 安漢公과 宰衡이라는 칭호를 얻음으로써 명분상의 덕망을 확보한다. 정치적 반대 세력을 제거하고 漢 왕실을 안정시킨 공을 인정받아 얻은 정치적 칭호이지만, 권력을 전복시키고 새로운 왕조를 세우는 데 공헌한 이윤과 주공과 같은 도덕적 명분을 얻은 것이다. 셋째, 왕망은 칙명에서 왕씨가 舜 임금의 후손이고 劉氏는 堯 임금의 후손이라고 주장함으로써 세습 문제를 해결하려고 한다.[39] 왕망의 위와 같은 설명은 왕씨의 정권교체로 인한 漢의 劉氏 왕실세력의 반발을 어느 정도 해소하고 그 혈통의 세습적 정통성을 확보하려는 시도이다. 즉 역사 전통에서 요임금이 왕위를 순임금에게 선양하였고, 요임금과 순임금은 모두 黃帝의 후손이므로 비록 姓氏는 다르나 멀리 보면 같은 종족이었다고 봄으로써, 정권교체에 반대하는 세습세력의 저항을 조절하는 효과를 염두에 둔 것이다. 堯·舜의 선양구조에서는 舜이 堯의 사위로서 아들인 세습계승자 丹朱와 계승권의 문제가 조절되나, 왕망은 세습계승의 문제를 더욱 근본적인 차원에서 해결하고 있다. 넷째, 주공이

39) "왕씨는 순임금의 후손으로 제곡으로부터 나왔고, 유씨는 요임금의 후손으로 전욱으로부터 나왔다.(惟王氏, 虞帝之後也, 出自帝嚳, 劉氏, 堯之後也, 出自顓頊.)" 班固, ≪漢書·王莽傳≫中, 4105쪽.

성왕을 위해 섭정하듯 왕망은 子嬰을 위해 섭정하는 과정을 통해, 천자와 같은 實政을 행한다. 그리고 끝내 왕위를 빼앗는다. 그러나 주공은 성왕에게 왕위를 돌려주었으나, 왕망은 왕위를 돌려주지 않기 위해 符命과 策書와 같은 기록을 동원하여 天命이 王莽 자신에게 옮겨왔음을 알리고, 이를 통해 왕위를 돌려주지 않음으로써 안게 되는 도덕적 문제를 해결한다. 주공은 섭정을 통해 새로운 왕조의 세습계승을 확인하고 인정하는 역할을 하였으나, 왕망은 섭정을 정권전환을 위한 방편으로 이용하였다. 이와 같이 왕망은 堯·舜의 선양구조와 주공의 섭정방법의 틀과 자신의 정치적 능력, 그리고 당시 유행하던 讖緯思想 등을 이용하여 무력을 이용한 정권 전복과정 없이 권력전환을 이룬 것이다.

王莽이 新 왕조를 세운 사건은 중국 정통 역사에서 漢 왕조를 찬탈했다는 승자의 역사기록 용어로 묘사되지만, 권력을 빼앗으려 했던 왕망의 입장에서 보면 유가의 이상을 실현하려는 당시의 시대적 요구에 부응하여 정권투쟁을 통해 이루어낸 왕권교체였다. 왕망은 유가사상에서 가장 이상적 정권교체의 방법으로 묘사하고 있는 요순의 선양과 주공의 섭정 방법을 先例로 이용하여 완벽하게 권력전환을 실현시킨 것이다. 그러나 이상적으로 묘사되고 있는 요순의 선양과 주공의 섭정 방법을 현실에 적용시키면서 상황에 따라 약간의 변환이 불가피했으며, 噲王과 子之 사이에 이루어졌던 선양처럼 희극적 변환에 머물지 않고 왕망이 극도의 위선적 행위자로 묘사될 정도의 치밀한 권력투쟁의 전환과정을 성공시킨 것이다.

제8장 굴원

1. 屈原의 <離騷>
2. 漢代 屈原의 評價
3. 漢代 굴원 관련 문학작품
4. 맺는 말

제8장

굴원

春秋戰國時期에서 秦漢時期로의 전환은 분열에서 통일이라는 정치체제의 외형적 변화가 이루어지면서 학술적으로 소위 '子學時代'에서 '經學時代'로의 변환을 가져온다.1) 또한 다른 측면에서 보면 사상가들이 개인 사상을 저술하여 一家를 이룬 諸子시기에서 한 문인의 저술활동의 결과를 정리한 文集시대로의 변화가 이루어지기도 한다. 따라서 당시 士人2)들의 정치 문화에 대한 태도도 자연스럽게 함께 바뀌었다. 漢代의 士人들은 "이전 시기인 전국시기와 비교하여 士人精神에 근본적 변화가 일어났

1) 馮友蘭은 ≪中國哲學史≫에서 漢 이전까지를 '子學時代'로 漢 이후 清까지를 '經學時代'로 나누어 서술하고 있다. 龔鵬程은 중국 철학사의 이런 분기법에 대해 문제를 제기한다. ≪漢代思潮≫, 北京, 商務印書館, 2005, 1-9쪽 참조.

2) 先秦時期 士의 연원과 士 階層의 형성에 관한 문제는 이미 상당한 연구가 이루어졌다. 주요 참고서적으로 余英時, ≪中國知識階層史論≫(古代篇), 臺北, 聯經出版社, 1980, 1-92쪽; 閻步克, ≪士大夫政治演生史稿≫, 北京大學出版社, 1996, 29-72쪽의 글이 있다.

다. 즉 士人은 王師나 君友에서 弄臣이나 家奴로 떨어져 인격적 평등과 자존을 상실했으며, 천하의 游士에서 한 군주의 신하로 변하여 자유의식을 잃게 되었고, 평민의 士에서 食祿의 士로 변하면서 독립성을 잃었으며, 四民의 士에서 儒臣의 士로 변하면서 주체의식을 상실하게 되었다."[3] 따라서 漢代의 많은 문인들은 周遊天下하면서 자유스럽게 개인의 사상을 펼 수 있었던 이전의 선진시기를 열망하며 통일된 사회가 요구하는 공리목적의 규범화된 정신적 규제를 고민스러워했을 것이다. 본 장에서는 이런 전환시기에 제자시대의 사상가들이 논했던 철학적 不遇 개념이 경학시대 혹은 문집시대라의 不遇했던 문인들의 의식이 문학작품 속에 어떻게 표현되었는가를 다루려고 한다.

일반적으로 先秦兩漢時期는 아직 文史哲의 개념이 확연히 분화되기 이전의 시기라고 할 수 있다.[4] 따라서 이 시기에 대한

3) "與前期戰國時代相比, 士人精神發生了根本性變化: 士人由王師君友淪爲弄臣家奴, 失去了人格的平等與自尊; 由天下游士變爲一主之臣, 失去了自由意識; 由布衣之士多變爲食祿之士, 失去了獨立性; 由四民之士變爲儒臣之士, 失去了主體意識." 查屛球, ≪從游士到儒士-漢唐士風與文風論稿≫, 上海, 復旦大學出版社, 2005年5月, 23쪽 참조.

4) 文史哲 개념의 미분화는 단지 당시 문인들이 글을 쓰면서 명확한 장르별 창작의식을 갖지 않았을 것이라는 의미이지, 각각의 독립된 장르의 글이 창작되지 않고 한 작품 속에 文史哲의 내용이 섞여 있다는 의미는 아니다. 魯迅이 <魏晉風度及文章與藥及酒的關係>(≪魯迅全集·而已集≫第三卷, 北京, 人民文學出版社, 1995, 507쪽)에서 "文學的自覺時代"를 曺丕로부터라고 언급한 후, 이 관점이 널리 통용된 반면 이 관점에 대한 비판의 시각 또한 적지 않다. 張少康은 <論文學的獨立和自覺非自魏晉始>(≪北京大學學報≫(哲學社會科學版), 1996年第二期)에서 그 시기를 앞당겨 전국시

철학적 개념의 문학적 형상화 과정에 대해 연구한다는 것은 언뜻 모순된다는 느낌을 갖게 한다. 하지만 다른 측면에서 생각하면 학문적 성격이 아직 세분화되기 이전이기 때문에 작가들의 무의식적인 서술 중에 드러난 철학적 개념의 문학적 형상화의 과정은, 그것이 밝혀질 수 있다면 더욱 근원적인 서술의 차이를 드러낼 수 있을 것이다. 고대의 지식인들의 동일한 문제에 대한 철학적 사고와 문학적 사고와의 차이가 무엇인가가 자연스럽게 드러날 수 있을 것이다. 즉 철학적 사고의 논리적 측면의 치중과 문학적 사고의 형상화된 이미지의 강조가 어떻게 다르게 나타났는지를 볼 수 있을 것이다. 또 다른 측면에서 보면 어떤 주제에 대한 문인들의 문학적 형상화는 그 주제에 대한 문화적 역사적 철학적 지식을 배경으로 하기 때문에 그 배후에 내재된 심층적 의미를 잘 이해하여야 문학적 이미지가 더욱 선명하게 드러날 수 있을 것이다. 따라서 동일 주제에 대한 철학적 논의와 문학적 형상화의 궤적을 밝혀보는 것은 그 문제에 대한 문화적 심층을 드러내는 작업일 수 있다.

본 장에서 다루려는 '遇不遇' 개념의 철학적 논의에 대해서는 제2장에서 先秦時期로부터 漢代까지의 문헌에 나타난 자료를 중심으로 논술한 바 있다. 선진시기의 遇不遇 개념에 대한 논의는 ≪論語·衛靈公≫편에 보이는 孔子와 제자 子路와의 대화내용인 "陳蔡之間 故事"에서 시작되었다. 자로가 스승에게 공자 같은 훌륭한 군자가 궁핍한 처지에 빠진 것에 불만을 표시하자, 공자가 "군자는 궁핍한 처지에서 정말로 궁핍하게 살고 소인은

기 초사의 창작으로부터 보아야 한다고 주장한다.

궁핍하게 되면 정도를 벗어나려 한다"라고 훈계하는 대화에서 공자 같은 훌륭한 군자가 궁핍한 상황에 처하게 되는 '君子不遇'의 명제가 제시된 것이다. 당시 "하늘의 도리는 아무나 가까이 하지 않고 항상 선한 사람과 함께 한다(天道無親, 常與善人)"는 천명론의 개념 속에 살고 있던 시대에 훌륭한 스승인 공자의 불우한 처지는 제자인 자로에게 매우 받아들이기 힘든 혼란스런 상황이었던 것이다. 따라서 자로가 "군자도 궁핍한 경우가 있습니까?"라고 불만을 토로했고, 공자가 군자의 불우한 경우의 행동방식을 제시함으로써 遇不遇에 대한 논의가 시작되었다고 본다. ≪論語≫에 보이는 陳蔡之間 故事와 관련한 이러한 遇不遇에 대한 문제의식은 그 후의 유가문헌이나 유관 문헌인 ≪荀子·宥坐≫, ≪孔子家語·在厄≫, ≪史記·孔子世家≫, ≪韓詩外傳≫, ≪說苑·雜言≫편 등에서 다양하게 변형되고 복잡해진 형태로 다시 논의된다. 즉 훌륭한 군자로서 불우한 경우의 다양한 역사적인 예들이 나열되고, 아울러 군자는 심산의 난향처럼 자신을 닦으며 때를 기다려야한다는 행위양식이 제시된다.

그러나 선진시기의 유가문헌이 아닌 墨家나 道家의 문헌에서도 陳蔡之間 故事가 인용되나, 그 의도나 목적은 유가문헌과 다르게 나타난다. ≪墨子·非儒≫편에서는 공자를 예도 모르고 정권을 전횡한 季孫을 도와주며, 어려운 처지일 때에는 예를 차리지 않고 술과 음식을 먹더니 관직을 얻게 되자 지나치게 예를 따지는 인물로 묘사한다. 이런 모순된 행동에 대해 따지는 제자의 질문에 "곤궁할 때는 함부로 취하여 자신을 살리고 배부르면 거짓 행동으로라도 자신을 꾸며야 한다(夫飢約則不辭妄取以活

身, 羸餒則僞行以自飾.)"고 자신을 합리화시키는 공자의 언행은 유가문헌에서 보이는 행동양식과 대조되는 익살스럽기까지 한 僞君子의 모습이다. 그리고 ≪莊子≫의 <天運>·<山木>·<讓王>·<盜跖>·<漁父>편 등 여러 곳에서도 陳蔡之間 故事가 보이는데, 도가의 입장에서 보면 공자가 천하를 떠돌며 세상에 뜻을 펴보려는 행위는 현실 속에서 공명을 추구하려는 헛된 노력이며, 그렇기 때문에 생명의 위험을 초래하였다고 여긴다. 이처럼 같은 이야기에 대해 학파의 논점과 사회적 입장에 따라 각각 서로 다른 철학적 해석을 한다.

陳蔡之間 故事와 관련하여 遇不遇에 대한 선진시기 각 학파의 이러한 서로 다른 해석은 충분히 그 철학적 입장을 반영하고 있으며, 춘추전국시기 士人들의 처세에 관한 다양한 서술로 볼 수 있다. 이러한 철학적 논의와 함께 문인들도 遇不遇의 주제와 관련한 문학작품들을 써내기 시작했다. 초기 작가로는 屈原과 宋玉을 들 수 있고, 漢代에 이르러 賈誼, 東方朔, 董仲舒, 司馬遷, 揚雄, 班彪, 莊忌, 王褒, 劉向, 班固, 王逸, 蔡邕 등의 많은 작가들이 士不遇를 주제로 한 賦와 散文 작품들을 써냈다. 본 장에서는 선진시기에 이루어진 遇不遇 문제에 대한 철학적 논의가 문학작품의 형식으로 표현될 때 어떻게 다른 형상으로 나타나는가를 다루기 위해, 먼저 굴원의 <離騷> 작품을 분석함으로써 불우한 처지에서 표현된 그의 문학적 형상을 분석하고, 이어 漢代에 이루어진 굴원에 대한 상반된 두 가지 평가와 관련한 작품들을 분석하려고 한다.

1. 屈原의 <離騷>

중국문학 작품에서 '士不遇'의 주제를 읊은 초기의 작품은 ≪詩經≫에 이미 보인다. 공자가 제자들에게 ≪시경≫ 텍스트의 가독성을 강조하면서 "시는 怨의 감정을 표현할 수 있다(詩可以怨)"(≪論語·陽貨≫)라고 한 내용에서, 怨의 감정을 표현한 내용의 시가를 '不遇'詩로 볼 수 있을 것이며, 그 예로 ≪小雅·正月≫[5)]편이나 ≪大雅·瞻卬≫ 그리고 ≪大雅·召旻≫[6)] 등을 들 수 있다. 그러나 이들 작품들은 그 작자를 밝힐 수 없으므로, 특정 작가의 '不遇'한 처지를 주제로 한 구체적 작품의 출현은 굴원의 초사 작품들을 들 수 있다. 그 중 대표 작품으로 <離騷>를 꼽을 수 있을 것이다.

<離騷>는 전국시기 말 楚나라 頃襄王 때의 작품으로 본다.[7)]

---

5) 孫保珍은 그의 석사논문 <西漢文學"士不遇"主題硏究>(河北師範大學, 2009年6月)에서 ≪詩經≫ 이 작품을 "작가가 亂世에 태어나 당한 억압과 근심, 두려움 그리고 고통을 드러낸(抒發了作者生逢亂世的壓抑, 憂懼和痛苦)" 예로 들고 있다.

6) 吳闓生은 ≪詩義會通≫(洪氏出版社印行, 243쪽 참조)에서 "이 두 편의 시는 모두 장차 근심과 어지러움이 다가올 것을 예감하고 애통하고 절박한 마음을 읊은 시이다. 어진 이가 난세를 만나 앞날을 바라보고 걱정하나 호소할 길이 없어 원망과 억울함의 감정을 표현하였으니, <離騷>와 <九章>이 나온 바이다.(二詩皆憂亂之將至, 哀痛迫切之音. 賢者遭亂世, 蒿目傷心, 無可告愬, 繁寃抑鬱之情, 離騷九章所自出也.)" 何新文은 그의 논문 <文士的不遇與文學中的士不遇主題>(≪湖北大學學報≫(哲學社會科學版), 1988年4期, 1쪽)에서 吳闓生의 글을 인용하여 이 두 편을 "生不逢時"한 작품의 예로 들고 있다.

7) <離騷>의 창작시기에 대해서는 懷王 때로 보는 견해와 頃襄王 때

굴원은 왕으로부터 추방당하여 강남의 沅湘지역을 배회하면서 기울어가는 조국을 잊지 못하고 고통스러워했다. 굴원의 이러한 심리는 맹자와 같이 전국시기 일정한 군주를 섬기지 않고 떠돌던(士無定主) 상황에서 士人들이 가졌던 王師나 君友를 자임하는 일반적 游士의 행위방식과는 다르다. 이는 굴원이 초나라의 宗室로서 조국을 다시 일으키려는 사명을 자임하였기 때문일 것이며,[8] 따라서 간신들의 참소를 당하고 또한 왕으로부터도 외면당하는 처지에서 자신의 불우한 심정을 <이소>에 담아낸 것이다.

<이소>에 표현된 그의 심정이 어떠했는지 살펴보자. 역대 주석가들이 <이소>를 이해하기 위해 나누는 분단의 방법은 2분법으로부터 14분법까지 다양하다. 周建忠은 이들 주석가들의 분류법을 소개한 후, 王邦采의 3분법과 多段法을 결합하여 三大段十層으로 나누어 <이소>의 내용을 분류한다. 그 분류법을 소개하면 다음과 같다.

1. 第一大段: 抒憂述志, 以勸其君
    1) 第一層: 歷數內美, 論修明志

로 보는 두 가지 견해가 있는데, 범선균 교수는 <이소> 작품의 분석을 통해 후자로 보는 견해가 타당하다고 주장한다. 즉 굴원이 죽은 기원전 277년(頃襄王 22년 굴원 나이 67세) 이전의 가까운 시기로 볼 수 있다. 范善均, ≪이소의 이해≫, 서울, 新雅社, 1997, 15-24쪽 참조.

8) 戰國時期 士人들의 특징과 굴원에 관한 논의는 林小雲의 석사논문 <兩漢士不遇賦研究>(福建師範大學, 2003年6月), 6-8쪽 참조.

2) 第二層: 歷陳衷心, 求君明鑒

3) 第三層: 力抨群小, 復述高節

4) 第四層: 相道復修, 更堅初志

2. 第二大段: 上下求索, 以悟其君

1) 第一層: 陳詞答詈, 論德勵志

2) 第二層: 上征求女, 終無所合

3. 第三大段: 不忍另擇, 以感其君

1) 第一層: 靈氛占卜

2) 第二層: 巫咸降神

3) 第三層: 聞而自念

4) 第四層: 行而復止[9)]

周建忠의 분류법으로 보면 비교적 쉽게 <이소>에 표현된 굴원의 군주에 대한 변하지 않은 마음과 군자로서의 修德의 자세 그리고 조국을 버리지 못하는 심정 등이 잘 드러난다. 그의 심리적 변화 과정은 먼저 자신에 대한 긍정으로부터 출발한다. 자신의 존귀한 家系, 비범한 生時, 출중한 능력, 훌륭한 품성, 남다른 포부 등을 역설함으로써 '讒人'들과의 대항능력을 설정한다. 이어서 굴원은 각종 배척을 받은 후 본능적으로 관심을 가정으로 돌린다. 그러나 누이 '女嬃'의 수다스런 책망만 듣게 될 뿐이다(女嬃之嬋媛兮, 申申其詈予). 그리고 가정도 자신의 생명의식의 전개를 수용하지 못함을 느낀다. 그래서 다시 환상세계 속

9) 周建忠, ≪楚辭講演錄≫, 桂林, 廣西師範大學出版社, 2007年7月, 214-240쪽 참조.

으로 영혼의 知己를 찾아 나선다. 즉 先賢인 舜을 찾아 나서기도 하고(濟沅湘以南征兮, 就重華而陳詞), 천상에서 진리를 찾기도 한다(吾令帝閽開關兮, 倚閶闔而望予). 그러나 끝내는 실망만 하고 만다. 계속되는 실망 속에 그는 다시 군주의 각성에 희망을 건다. 이를 위해 신화 속의 인물들인 宓妃, 娀女, 有虞二姚 같은 미인들을 대상으로 蹇修, 鴆鳥, 雄鳩와 같은 중매인들을 끌어들인다. 하지만 이것 역시 매번 실패를 거듭하게 된다. 이와 같은 철저한 절망 속에서 충정을 견지하려는 마음에 마지막으로 점을 쳐 출로를 찾으려고 시도한다. 자아에 대한 신뢰가 무너진 후 神의 뜻을 구해보는 것이다(索藑茅以筳篿兮, 命靈氛爲余占之). 巫咸의 지시에 따라 밖에서 길을 찾지만 끝내 고향으로 돌아온다. 반복되는 좌절 끝에 결국은 죽음의 신에게 구원을 청하게 된다.[10)]

굴원의 이런 심리역정 속에 드러난 조국과 군주에 대한 충성스런 마음과 군자의 이미지가 실제로 어떻게 표현되었는지는 王逸의 ≪離騷經章句≫ 서문에 언급된 문장의 특징에 대한 개괄적인 評에 잘 드러난다.

<이소>의 글은 ≪시경≫의 흥의 기법을 본받아 유사한 사물을 인

10) 劉毓慶은 ≪澤畔悲吟≫에서 屈原의 <離騷>와 <焦仲卿妻> 그리고 宋人王氏의 <妾薄命嘆>를 서로 비교하면서 추방당한 신하의 심리상태와 버림받은 여인의 심리상태를 여섯 단계(1. 自我確定; 2. 回歸母體; 3. 歸依古賢; 4. 結言通情; 5. 卜求新路; 6. 矢志殉情)로 나누어 설명하면서 작품 속에 드러난 그 심리경향의 유사성을 보여준다. 太原, 山西教育出版社, 1994年1月, 66-72쪽 참조.

용하여 비유하는 표현법을 사용하고 있다. 그러므로 길조와 향초는 忠貞스런 이와 짝을 맺었고, 흉금과 오물은 아첨하는 이에 비유했으며, 靈修와 美人은 군주와 비견하였고, 宓妃와 佚女는 어진 신하에 비유했으며, 虯龍과 鸞鳳에는 군자를 기탁했다. 회오리바람과 구름 그리고 무지개는 소인으로 삼았다. 그 언어는 온유하고 전아하며 그 뜻은 교결하고 밝았다. 모든 군자들이 그 청고함을 흠모하지 않은 이가 없었으며 그 문채를 아름답게 여겼고, 그의 불우를 애달파하고 그 뜻을 불쌍히 여겼다.(<離騷>之文, 依≪詩≫取興, 引類譬諭, 故善鳥香草, 以配忠貞, 惡禽臭物, 以比讒佞; 靈修美人, 以媲於君; 宓妃佚女, 以比賢臣; 虯龍鸞鳳, 以託君子; 飄風雲霓, 以爲小人. 其詞溫而雅, 其義皎而朗. 凡百君子, 莫不慕其淸高, 嘉其文采, 哀其不遇, 而愍其志焉.)[11]

왕일의 <이소>에 대한 평가는 그의 표현기법에 주안점을 두고 있다. 즉 그 특징으로 ≪시경≫의 흥의 전통을 이어받아 군자와 소인의 이미지와 유사한 사물을 이용하여 표현함으로써 직접적인 묘사가 아니라 온유하고 전아한 맛을 살렸으며, 그 뜻의 교결하고 밝은 이미지를 잘 전달하고 있기 때문에, 후대의 군자들이 굴원의 불우한 처지를 가슴아파했다고 결론짓는다. 다시 말해 굴원의 불우한 처지가 군자와 소인의 대비를 통해 극명하게 드러났으며 그러면서도 유사한 형상의 비유를 사용하고 있어 표현의 지나침이 없었다는 것이다.

<이소>에 표현된 굴원의 不遇한 처지에서의 행동양식의 특징은, 먼저 그의 심리역정을 통해 보면 자기 자신이 구비한 조건과 반복되는 좌절 속에서도 뜻을 굽히지 않고 초심을 견지하지

11) 洪興祖, ≪楚辭補注≫, 臺灣, 天工書局印行, 2-3쪽 참조.

만, 모든 가능한 방법을 시도하고는 최후에 죽음을 선택하는 군자로서의 형상을 부각시키는데 있다. 그리고 그 표현기법에 있어 吉鳥와 凶禽, 香草와 汚物과 같은 사물을 이용하여 군자와 소인의 관계를 대비시킴으로써 군자의 溫柔敦厚한 이미지를 잘 형상화시키고 있다는 점이다. 여기에서 다시 한 번 "陳蔡之間 故事"에서 공자가 자로에게 한 "군자는 궁핍한 처지에서 정말로 궁핍하게 살고 소인은 궁핍하게 되면 정도를 벗어나려 한다.(君子固窮, 小人窮斯濫矣)"는 말을 상기한다면, <이소>의 전체 내용은 마치 공자의 말에 대한 장편의 각주와 같은 느낌이 들 것이다. 즉 공자가 설정한 소인과 구별되는 군자의 행동양식은 초기 문학작품인 <이소>를 통해 더욱 구체적으로 형상화되었고, 그 후 不遇에 처한 중국 지식인들의 의식 속에 깊게 투영되었다고 할 수 있다.

2. 漢代 屈原의 評價

漢代에 이르러 많은 작가들이 士不遇 주제와 관련한 작품들을 썼는데, 그 형태 또한 다양하게 나타났다. 먼저 가장 두드러진 현상은 漢代의 많은 문인들은 그들에게 도덕적으로나 인격적으로 본받을 대상이었던 屈原과 연관된 작품들을 다수 창작하였다는 점이다. 漢代 士人들의 굴원에 대한 평가는 크게 둘로 나뉜다. 이 두 관점을 나타내는 대표적인 글로는 부정적인 평가를 내린 班固의 <離騷序>와 긍정적인 평가를 내린 王逸의 <楚辭章句序>이다. 반고는 揚雄의 관점을 이었다고 보는데 揚雄의 <反

離騷>에는 굴원의 죽음을 선택한 행위에 대한 비판의 시각이 잘 나타나 있다. 작품 서문에 해당하는 글에서 “양웅은 굴원의 글이 사마상여보다 나으면서도 군주가 받아들이지 않아, 이소를 짓고 스스로 강물에 몸을 던져 죽은 것을 괴이하게 생각했다. 그리고 그의 글을 슬프게 여겨 읽을 때마다 눈물을 흘리지 않은 적이 없었다. 또한 군자는 때를 얻으면 크게 행하고 때를 얻지 못하면 용이나 뱀처럼 잠겨 나타나지 않으니, 만나고 만나지 못함은 운명인 것인데, 몸을 강물에 던져야했는가. 이에 글을 지어 때때로 이소의 글을 이용하여 반박하였다. 민산에서 강물에 지은 글을 던지면서 굴원을 애도하였다. 이름을 반이소라 한다”라고 말한다.[12] 군자가 不遇한 것은 운명인데 죽음을 선택한 굴원의 행위에 대해 애석해 하는 마음이 잘 드러나 있다.

班固의 굴원에 대한 비평은 더욱 유가적인 입장에서 진행된다. 그는 <離騷序>에서 먼저 회남왕 劉安의 굴원에 대한 평가를 인용한다. “회남왕 劉安은 <離騷傳>을 지었는데, (그 중에) 국풍(의 내용)은 색을 좋아하나 지나치지 않고, 소아는 원망하고 슬퍼하지만 어지럽지 않다. <離騷>는 이 둘을 겸했다 할 것이다. 매미처럼 더러운 곳에서 허물을 벗고 塵埃 밖으로 날아다니니, 깨끗함이 진흙 속에서도 때가 묻지 않는다. 이 뜻을 미루어 보면 비록 해와 달과도 빛을 다툴 수 있을 것이다.(淮南王安敍

12) 揚怪屈原文過相如而主不容, 作離騷自投江而死, 悲其文, 讀之未賞不流涕也. 以爲君子得時則大行, 不得時則龍蛇, 遇不遇命也, 何必湛身哉. 迺作書, 往往摭離騷文而反之. 自峿山投諸江流, 以弔屈原, 名日反離騷. 嚴可均, ≪全上古三代秦漢三國六朝文·全漢文≫卷五十二, 北京, 中華書局, 1958年, 409쪽 참조.

<離騷傳>, 以國風好色而不淫, 小雅怨悱而不亂, 若離騷者, 可謂兼之. 蟬蛻濁穢之中, 浮游塵埃之外, 皭然泥而不滓. 推此志, 雖與日月爭光可也.)"는 것이다. 반고는 유안의 이런 평가가 진실에 비해 지나친 점이 있다고 여긴다. 그리고 굴원이 <이소>에서 인용한 "羿, 澆, 少康, 二姚, 有娀佚女" 등과 같은 인물들의 묘사가 역사적 사실과 부합하지 않음을 지적하고, 또한 군자가 궁하게 됨은 운명이니 '明哲保身'하는 것이 올바른 행동양식인데, "재능을 드러내고 자기를 드날리며 위험한 나라의 소인들과 서로 다투다가 참소를 당했으며, 회왕을 책망하고, 子椒와 子蘭을 원망하며, 근심스런 마음과 괴로운 생각에 억지로 그들을 비난하고, 분노와 원망으로 (현실을) 받아들이지 못하여, 멱라수에 빠져 죽으니, 또한 고결함을 손상하고 행동이 지나치고 저만 잘난 선비(露才揚己, 競乎危國群小之間, 以離讒賊. 然責數懷王, 怨惡椒, 蘭, 愁神苦思, 强非其人, 忿懟不容, 沈江而死, 亦貶絜狂狷景行之士.)"[13]라고 폄하한다. 그러면서도 후반부에서 굴원의 문학적 재능만큼은 인정한다. 굴원에 대한 이런 부정적 평가는 주로 그의 처세방식이 유가의 "나라에 도가 있으면 녹을 먹지만, 도가 없는데도 녹을 먹는 것은 수치스런 일이다.(邦有道穀, 邦無道穀, 恥也.≪論語·憲問≫)" "나라에 도가 있으면 벼슬을 하고, 도가 없으면 물러나 숨을 수 있다.(邦有道, 則仕; 邦無道, 則可卷而懷之. ≪論語·衛靈公≫)"와 같은 유연한 사상의 일면과 맞지 않다는 맥락에서다.

---

13) 班固, <離騷序>의 내용은 金在乘 外編著, ≪中國古代文學思想과 理論≫, 전남대학교출판부, 2003, 108-113쪽을 인용하였다.

그러나 漢代의 굴원에 대한 긍정적 평가는 바로 굴원의 행위에서 드러나는 초지일관한 애국심과 충성심에서 기인한다. 최초로 이런 평가를 한 사람은 회남왕 劉安이라 할 수 있고, 그가 지었다고 하는 <離騷傳>은 전하지 않으나 앞에서 인용한 반고의 글에서 인용된 내용에 의해 그의 관점을 엿볼 수 있다. 그가 말한 "매미처럼 더러운 곳에서 허물을 벗고 塵埃 밖으로 날아다니니, 깨끗함이 진흙 속에서도 때가 묻지 않는다. 이 뜻을 미루어 보면 비록 해와 달과도 빛을 다툴 수 있다"에서 굴원의 뜻은 바로 순수한 애국충정을 지칭한다고 볼 수 있다. 司馬遷 또한 ≪史記·屈原賈生列傳≫에서 이런 정신을 강조할 뿐만 아니라, <이소>에서 표현되고 있는 내용은 그가 懷才不遇한 상황에서 표출된 원망과 분노의 감정임을 강조한다. "굴원은 도를 바르게 하고 행위를 곧게 하며 충성과 지혜를 다하여 군주를 섬겼으나, 참소하는 이들이 이간하니 궁지에 처했다 할 수 있다. 신의가 있음에도 의심을 받고, 충성스러움에도 비방을 당하니 원망이 없을 수 있겠는가? 굴원이 <이소>를 지은 것은 원망으로부터 나온 것이다.(屈平正道直行, 竭忠盡智以事其君, 讒人閒之, 可謂窮矣. 信而見疑, 忠而被謗, 能無怨乎? 屈平之作離騷, 蓋自怨生也.)"[14]

동한 때의 王逸은 반고의 굴원에 대한 비평에 직접적인 반론을 제시한다. 그는 <楚辭章句序>에서 굴원이 <이소>를 지은 이유에 대해 대략 사마천의 관점을 이어 말한다. "굴원은 충성을 다하고도 참소를 당하니 근심과 슬픈 생각을 하게 되었고, 홀로

14) 瀧川龜太郎撰, ≪史記會注考證≫, 臺北, 漢京文化事業有限公司印行, 1983年, 1009-1010쪽 참조.

시경의 작자들의 뜻에 따라 <離騷>를 지어 위로는 풍자와 간언을 하고 아래로는 스스로 위안을 삼았다.(屈原履忠被譖, 憂悲愁思, 獨依詩人之義, 而作離騷, 上以諷諫, 下以自慰.)” 그리고 반고가 근거하고 있는 ‘明哲保身’의 관점을 비판하며 신하의 도의에 대해 역설한다.

> 신하된 도의는 충직과 바름을 높다 여기고 절개를 품음을 어질다고 한다. 본디 곧은 말로 나라를 보존하고 자신을 죽여 仁을 이루는 경우가 있다. 이에 오자서는 시체가 강에 띄워짐을 원망하지 않았고, 비간은 심장이 도려내어 죽임을 당했어도 후회하지 않았다. 그런 연후에 충정이 서고 덕행이 이루어지며, 영광이 나타나고 이름이 드러나게 된다. 만약 방법을 가지고 있으면서도 나라를 어지러운 상태로 방치하고, 어리석은 체하면서 말하지 않으며, 넘어져도 세우지 못하고 위급하여도 안정시키지 못하며, 온순하게 윗사람을 따르고 머뭇머뭇하며 환난을 피하면, 비록 고령의 나이를 보장하고 백년의 수명을 마칠 수 있으나, 志士는 부끄러워하고 어리석은 이는 천하게 여기는 바이다.(且人臣之義, 以忠正爲高, 以伏節爲賢. 固有危言以存國, 殺身以成仁. 是以伍子胥不恨於浮江, 比干不悔於剖心, 然後忠立而行成, 榮顯而名著. 若夫懷道以迷國, 詳愚而不言, 顚則不能扶, 危則不能安, 婉娩以順上, 逡巡以避患, 雖保黃耇, 終壽百年, 蓋志士之所恥, 愚夫之所賤也.)

왕일은 신하로서 충정과 절개를 지키고 살신성인하는 유가사상의 측면을 강조한다. 즉 “굴원 같은 사람은 충절의 자질을 가슴에 갖고 청결한 성품을 체현하며, 곧기가 숫돌이나 화살 같고 언어는 단청 같으며, (조정에) 나아가서는 자기의 주장을 숨기지 않고 물러나서는 자신의 목숨을 돌아보지 않으니, 이는 실로 절세의 행적이며 빼어난 선비 중의 꽃이다.(今若屈原, 膺忠節之質, 體清潔之性, 直若砥矢, 言若丹青, 進不隱其謨, 退不顧其命, 此誠絕世之行, 俊彦之英也.)” 그런데 반고는 명철보신의 관점에서 굴원의 행위를 비판하니 이는 자신을 지키기 위해 나라의 위기 상황을 모르는 체하고 피하는 행위라고 비판한다. 그리고 “반고는 (굴원이) 재주를 뽐내고 자기를 드러내며 소인배들과 경쟁하고 회왕을 원망하며, 司馬인 子椒나 令尹인 子蘭 같은 명문귀족들을 비방하고, 구차하게 벼슬을 구하려고 이런 사람들을 억지로 그르다 하며, 받아들여지지 않자 분노에 스스로 물에 빠져 죽었다고 하였다. 이는 굴원의 고명함을 훼손하며 청결함을 손상시켰다.(而班固謂之露才揚己, 競於群小之中, 怨恨懷王, 譏刺椒, 蘭, 苟欲求進, 强非其人, 不見容納, 忿恚自沈, 是虧其高明, 而損其清潔者也.)”[15]라고 반고가 굴원이 멱라수에 투신하여 죽은 행위가 개인의 분노를 이기지 못하여 죽었다고 폄하한 것은 굴원의 고결한 정신과 행위를 손상하는 관점이라고 비판한다.

이렇게 동일한 굴원의 행위에 대하여 전혀 다른 관점이 생기게 된 연유는 쉽게 가름할 수 없지만, 양웅과 반고로 이어지는 비판의 관점과 유안, 사마천 그리고 왕일로 이어지는 긍정적 평가의 관점은 확실히 당시 사인들의 두 가지 처세방식을 대표한다고 할 수 있다. 이는 전국시기의 사인들이 한 제후국에 연연하지 않고 주유천하 하면서 자신의 정치적 이상을 받아들여주는 군주를 택하여 王師나 君友가 되겠다는 호방한 사상적 자유

15) 王逸, <楚辭章句序>의 번역은 金在乘 外編著, ≪中國古代文學思想과 理論≫, 114-121쪽을 인용하였다.

를 누렸다면, 굴원은 자기의 종실인 초나라가 위기에 처하자 이를 걱정하다 끝내 죽음을 선택하는 행동방식을 보여준다. 그러나 漢代 士人들은 전국시기의 士人과 달리 統一天下의 시대에 살면서 굴원이 종실 조국에 보였던 愛國忠貞의 충신의 처세방식도 필요했을 것이며, 또한 상황에 따라 명철보신함으로써 후일을 기약하는 유연한 사고도 하였을 것이다. 뿐만 아니라 漢代는 초기에 黃老사상으로 호칭되는 도가의 관념이 일시 풍미하다가 무제 이후 獨尊儒術의 유가사상이 漢代 전시기를 지배하였다고 할 수 있다. 따라서 유가의 질서체계의 근간을 이루는 것 중의 하나인 군신관계에 대한 명확한 개념의 설정은 매우 중요한 문제였을 것이며, 굴원과 관련하여 표현된 이런 두 종류의 행위양식은 사실상 유가사상 안에 공존하는 탄력적 사유공간의 일면으로 볼 수 있다. 유가사상이 지배했던 漢代시기에 자기의 뜻을 펴지 못하고 不遇했던 士人들은 각기 자신의 처지나 개성에 따라 애국충정 혹은 명철보신이라는 두 가지 행위방식을 놓고 고민하였을 것이다. 그러면 이런 사인들의 고민이 굴원과 관련한 문학작품 속에 어떻게 드러났는지 살펴보기로 하자.

3. 漢代 屈原 관련 문학작품

漢代의 문인들 중에는 자신의 처지를 굴원에 기탁하여 표현한 작품들을 다수 창작하였다. 于浴賢에 의하면 漢代에 굴원과 관련한 작품들은 크게 두 가지로 형태로 나타나는데, 첫째는 굴원의 작품을 모방하는 경향이고, 둘째는 굴원의 처지와 행동에 대한 애도의 형태이다. 전자에 해당하는 작품들은 굴원을 대신하여 말하는 표현형식을 사용하는데, 그 대표적인 것들로 賈誼의 <惜誓>, 淮南小山의 <招隱士>, 東方朔의 <七諫>, 莊忌의 <哀時命>, 王褒의 <九懷>, 劉向의 <九嘆>, 王逸의 <九思> 등이 있다. 그리고 후자에 해당하는 작품들은 굴원의 불우한 처지와 사상 행동방식 등에 대해 제삼자의 각도에서 서술하는데, 그 대표적인 것들로 賈誼의 <弔屈原賦>, 梁竦의 <悼騷賦>, 揚雄의 <反離騷>, <廣騷>, <畔牢愁>, 班彪의 <悼離騷>, 班固의 <離騷序>, <離騷贊序>, 蔡翁의 <弔屈原文> 등을 들 수 있다.[16] 이들 중 후자의 작품들이 굴원의 이미지에 대해 비교적 객관적 표현의 여지가 많다고 할 수 있다. 따라서 여기에서는 후자의 작품들 중 현존하는 賈誼의 <弔屈原賦>와 梁竦의 <悼騷賦>, 그리고 揚雄의 <反離騷>만을 분석하려고 한다.

먼저 漢初 작가인 賈誼(기원전 201-169)의 <弔屈原賦>을 보자. 賈誼는 어려서 諸子에 능통하여 文帝에게 발탁되었고 스무 살 즈음에 박사가 되었다. 文帝가 그의 능력을 인정하여 公卿의 지위에 임명하려고 하자, 권신들의 모함을 받아 추방되어 長沙王 太傅로 좌천되었다. 도중 湘水를 건너면서 자신의 처지와 비슷하였던 굴원을 생각하며 지었다는 <弔屈原賦>는 굴원을 추모하는 글을 통해 자신의 심사를 대변한다. 작품의 초반부에서는 작품을 짓게 된 연유와 굴원의 '逢時不祥'함을 개탄한다. 그러면서 후반부에서 자신의 견해를 다음과 같이 술회한다.

---

16) <"士不遇"的屈騷解讀及其在漢代的現實意義>, ≪遼東學院學報≫(社會科學版), 第10卷第3期, 2008年6月, 104-107쪽 참조.

말하건대, 그만둘 일이다! 나라에 나를 알아주는 이 없는데 홀로 답답해하며 누구에게 말할 것인가? 봉황은 훨훨 높이 날아가니 본래 스스로 물러나 멀리 간 것이네. 심연에 숨어사는 신비스런 용을 답습한 것은 깊이 침잠하여 스스로를 귀하게 한 것이네. 교달을 멀리하고 숨었는데 어찌 새우나 지렁이를 따르겠는가? 존귀한 성인의 신비한 덕이여 탁한 세상을 멀리하고 스스로 숨었네. 가령 천리마라 할지라도 매어 구속되면 어찌 개나 양과 다르다 할 것인가? 머뭇거리며 혼란 가운데 이와 같은 어려움을 당한 것은 또한 그대의 허물이네. 구주를 돌아보며 참다운 군주를 찾을 것이지 어찌 이 도읍만을 마음에 품어야 하는가? 봉황은 천 길을 날며 덕이 빛나는 곳을 보고 내려앉는다네. 비천한 덕의 위험한 징조를 보면 날개를 쳐서 멀리 날아가 버리네. 저 평범한 수렁의 물이 어찌 배를 삼키는 거대한 물고기를 받아들일 수 있겠는가? 강호를 횡단하는 상어나 고래라도 진실로 땅강아지에게 제어당할 수 있다네.(訊曰：已矣! 國其莫我知兮, 獨壹鬱其誰語? 鳳漂漂其高逝兮, 固自引而遠去. 襲九淵之神龍兮, 深潛以自珍; 偭蟂獺以隱處兮, 夫豈從蝦與蛭螾? 所貴聖人之神德兮, 遠濁世而自藏. 使騏驥可得係而羈兮, 豈云異夫犬羊? 般紛紛其離此尤兮, 亦夫子之故也. 歷九州而相其君兮, 何必懷此都也? 鳳凰翔于千仞兮, 覽德輝而下之. 見細德之險徵兮, 遥曾擊而去之. 彼尋常之汚瀆兮, 豈能容夫吞舟之巨魚? 橫江湖之鱣鯨兮, 固將制于螻蟻.)

漢初를 살았던 작가는 굴원의 입장을 긍정하는 측면에서 그의 처지를 안타까워하지만, 때때로 그 서술의 시각은 도가사상의 입장에서 비판적 시각을 드러내기도 한다. 따라서 나라에 알아주는 사람이 없을 때는 봉황이나 용처럼 물러나는 것이 현명하다고 한다. 그리고 머뭇거리다 어려움을 당한 것은 자신의 잘

못임을 지적한다. 이는 마치 ≪장자≫의 진채지간 고사에서 공자가 어려움에 처한 것이 세상의 공명을 추구함으로부터 비롯되었다고 하는 시각과 같다. 그러나 또 九州天下에 참다운 군주를 찾아 나서야지 왜 한 나라만 고집하는가라고 힐책한다. 이는 또한 전국시기 사인들의 행위방식의 관점에서 그 행위의 잘못을 지적한다. 이처럼 굴원의 행위에 대해 긍정하고 안타까워하지만, 漢初 黃老사상이 지배했던 시기의 도가사상의 입장에서 굴원의 행위를 완전히 긍정할 수 없는 부분을 드러낸다. 이는 장자에서 보이는 부정적 시각에서 공자를 비판하는 관점과 완전히 같지는 않다. 이처럼 문학 작품 속에서 묘사되는 인물 형상은 의미를 이루는 구절구절의 이미지가 중첩되어 전체의 이미지를 형성함을 볼 수 있다. 따라서 문학적 표현은 철학적 관점에서의 일관된 논리 전개가 아니라 다양한 의미의 조합을 통하여 전체의 이미지를 만들어 간다.

西漢 末에서 東漢 初期를 살았던 揚雄(B.C. 53-A.D.18)은 앞에서 논술했듯이 굴원에 대해 비판적인 관점을 지녔던 작가이다. 그는 작품 <反離騷>에서 굴원의 순탄하지 못한 일생에 대해 그린 후, 작품의 말미에서 다음과 같이 묘사한다.

夫聖哲之不遭兮,	저 성철들이 때를 만나지 못한 것은,
固時命之所有.	본래 그럴 時命이 있기 때문이네.
雖增欷以於邑兮,	비록 탄식하며 답답해하여도,
吾恐靈修之不累改.	나는 군주가 거듭 바르게 고쳐지지 못할까 걱정하네.
昔仲尼之去魯兮,	옛날 중니도 노나라를 떠날 때,
斐斐遲遲而周邁,	오락가락 머뭇머뭇 주위를 돌아갔으나,

終回復于舊都兮, 끝내 노나라의 옛 도시로 돌아왔는데,
何必湘淵與濤瀨. 꼭 상수 심연의 파도와 급류에 몸을 던져야 했는가.
溷漁父之餔歠兮, 그래서 혼탁한 어부의 먹을거리가 되었으며,
絜沐浴之振衣. 청결한 목욕자의 옷을 털게 했네.
棄由聃之所珍兮, 허유와 이담이 귀하게 여긴 바를 버리고,
蹠彭咸之所遺. 팽함의 유풍을 따랐는가.17)

역시 군자의 不遇는 운명적인 현상임을 강조한다. 그러나 여기서 주의해야할 점은 공자의 행위와 李聃의 행위가 어느 정도 동일시된다는 것이다. 魯에서 자기의 정치이상을 펼 수 없게 되는 不遇한 상황에서 잠시 고국을 떠나는 공자의 모습과 노자의 은자 이미지와 결부시킨다. 사상적으르 판연히 다른 두 사상가를 문학적 표현을 통해 독자의 상상 속에 이미지의 공감대를 만들어낸 것이다. 문학적 표현 속에서 사상적 논리가 약화되고 추상적 이미지의 연결고리가 생성되었다고 할 수 있다. 이는 ≪장자≫의 진채지간 고사에 부여한 공자를 공명을 추구하여 궁색한 처지에 빠졌다고 비판하는 도가 사상과 다른 면을 드러낸다고 할 수 있다.

東漢初期를 살았던 梁竦(?-83년)은 그의 작품 <悼騷賦>에서, 먼저 국가에 대한 충성으로 향기로운 이름을 후세에 남긴 사람들로 孔子, 伊尹, 伍子胥, 關龍逢, 比干 등을 굴원과 같은 예로 든다. 그리고 이어서 君臣, 將相, 父子 간의 不遇로 인하여 나라가

17) 嚴可均, ≪全上古三代秦漢三國六朝文·全漢文≫卷五十二, 409쪽 참조.

망하거나 위태롭게 된 경우로 句踐과 文種, 重耳와 介子推, 趙鞅(簡子)와 竇犨(鳴犢), 燕惠王과 樂毅, 白起와 范睢, 趙奢와 趙括, 項羽와 范增 등의 예를 든 후, 이어서 자기의 생각을 다음과 같이 적는다.

何爾生不先後兮,	그들의 인생은 어찌 선후가 맞지 않아,
惟洪勳以遐邁.	커다란 업적을 멀리 드리우지 못했는가?
服荔裳如朱紱兮,	붉은 관복 같은 薜荔로 만든 옷을 입고,
騁鸞路於犇瀨.	치달리는 급류보다 빨리 난새가 끄는 수레를 모네.
歷蒼梧之崇丘兮,	창오산의 높은 언덕을 지나며,
宗虞氏之俊乂.	순임금의 출중한 뜻 종주로 삼네.
臨衆瀆之神林兮,	뭇 강물이 신비로운 숲으로 들어가는 것을 바라보며,
東勅職於蓬碣.	동쪽으로 봉래산과 갈석산에서 자신을 바르게 할 것을 생각하네.
祖聖道而垂典兮,	성인의 도를 받들어 전범을 드리우고,
褒忠孝而爲珍.	충효를 기리어 보배로 삼네.
旣匡救而不得兮,	바로잡아 구하고자 하나 뜻을 이루지 못하니,
必殞命而後仁.	반드시 죽은 후에 인을 이루리.
惟賈傅其違指兮,	오직 賈誼는 굴원의 뜻을 위배하였으나,
何楊生之欺眞.	양웅은 어찌 굴원의 진실을 그르다고 하였는가?
彼皇麟之高擧兮,	저 봉황은 높이 날아올라,
熙太淸之悠悠.	창공을 유유히 노니네.
臨岷川以愴恨兮,	민강을 바라보며 슬픔과 한을 품고,
指丹海以爲期.	단해를 가리키며 기약을 삼네.[18]

18) 번역은 費振剛, 仇仲謙, 劉南平, ≪全漢賦校注≫, 廣州, 廣東教育出版社, 2005年9月, 404-407쪽을 참조하였다.

梁竦은 굴원의 행위에 대해 매우 긍정적인 입장에서 평가를 한다. 즉 굴원은 작품의 앞쪽에서 열거한 사람들처럼 국가에 대한 충성으로 향기로운 이름을 후세에 남겼지만, 그 다음에 예로 든 君臣, 將相, 父子 간의 不遇로 인하여 나라가 망하거나 위태롭게 된 경우처럼 나라를 구하고자 하였으나 뜻을 이루지 못하고 죽은 후에서야 비로소 仁을 이루게 되었다고 평가한다. 그러면서 우리가 그들의 작품을 예로 들고 있는 賈誼와 揚雄에 대한 평가 또한 굴원의 뜻을 위배했거나 속여 그르다고 하였다고 지적한다. 끝으로 창공을 유유히 나는 봉황처럼 슬픔과 한의 강물이 흘러 모인 신화 속의 붉은 바다처럼 모든 것을 초월하고 수용하는 큰 仁을 이루기를 기원한다. 梁竦은 비교적 유가적인 시각에서 굴원이 불우한 처지에서 보여준 행위를 국가에 대한 충성과 殺身成仁을 이루어낸 이미지로 묘사한다.

위의 세 작품의 분석에서 보듯이 작가들은 문학작품 속에서 굴원에 대한 자신들의 이미지를 만들고 있다. 굴원의 행위에 대해 비판적인 시각을 드러낼 때는 도가의 관점을 끌어들여 서술하고, 긍정적으로 묘사할 때는 유가적인 입장에서 일관성 있게 서술하기도 하지만, 전체적인 굴원의 이미지를 만들어가는 데 있어 이 두 사상의 시각이 섞여 표현된다는 것을 볼 수 있다. 이는 철학적 논술에서 요구되는 이성적 판단에 의한 일관성과는 다른 다소 상상의 공간을 중시하는 문학적 묘사의 특징이라 할 수 있겠다.

4. 맺는 말

遇不遇 문제에 대해 선진시기 제자백가들이 논술한 내용은 이성적 판단에 의한 개념문제에 대한 논의였다. 이런 철학적 주제인 개념의 문제가 전국시기와 漢代의 문인들에 의해 문학적 주제로 형상화 되었는데, 본 장에서는 중국의 先秦兩漢時期 아직 文史哲이 분화되기 이전의 문인들에게 이런 과정을 거치면서 문학작품 속에 어떤 모습으로 투영되었는가를 읽어내려고 했다. <이소>에 표현된 不遇한 처지에서의 굴원의 이미지는, 먼저 그의 심리역정을 통해 반복되는 좌절 속에서도 뜻을 굽히지 않고 초심을 견지하면서 가능한 모든 방법을 시도하고는 최후에 죽음을 선택하는 군자로서의 형상과 함께, 吉鳥와 凶禽, 香草와 汚物과 같은 사물을 이용하여 군자와 소인의 관계를 대비시킴으로써 군자의 溫柔敦厚한 이미지를 잘 표현해내고 있다. 이런 이미지는 "陳蔡之間 故事"에서 공자가 설정한 "君子固窮, 小人窮斯濫"의 군자와 소인의 이미지에 외연이 확대된 느낌을 받는다. 즉 공자가 설정한 군자와 소인의 형상이 이런 문학 작품 속에서 재창조되고 강조됨으로써 후대에 깊은 영향을 끼치게 된다.

漢代에 이르러 굴원과 관련한 비평과 작품의 창작이 자주 이루어졌다. 먼저 그에 대한 비평은 긍정적인 평가와 부정적인 평가 두 가지로 나뉜다. 부정적인 평가를 했던 揚雄이나 班固 같은 작가들은 굴원의 애국충정의 殉國行爲에 대해 '明哲保身'이나 '全命避害'의 군자의 處世 기준을 주장하며 비판한다. 물론 긍정적인 평가를 했던 유안, 사마천, 왕일 등은 어려운 처지에서도 초지일관 했던 굴원의 애국충정을 높이 산 것이다. 漢代 문인들의 굴원에 대한 이런 두 가지 평가는 분열시기였던 전국시기에서 統一시기였던 당시 漢代社會에서 절대 군주에 대한 사대부들의 처세방식에 대한 다양한 고민의 반영으로 보아도 될 것이다.

문학작품 속에 표현된 굴원의 이미지는 일관적이기 보다는 비판과 긍정의 시각이 엇섞여 드러난다. 이는 우불우 문제와 관련하여 선진시기 철학적 논의에서 표현되는 일관적인 입장과는 달리 다소 유연한 문학적 묘사의 특징이라 할 수 있을 것이다. 따라서 문학작품에서는 철학서적에서 논의되듯 군자로서의 굴원의 이미지가 비록 그에 대해 부정적인 입장에서 묘사되더라도 장자에서의 공자처럼 완전히 부정되지 않은 것을 볼 수 있다. 이는 아마도 비록 부정적인 입장의 지식인이라 할지라도 굴원의 자체 형상 속에 내재된, 전면 부정할 수 없는 어떤 요소의 힘 때문일 것이다.

漢代의 문인들은 종종 문학작품을 통해 당시 문인들의 입신양명의 유일한 길이었던 정치적 통달 과정에서 현실정치의 治亂盛衰에 따라 부딪치게 되는 비극적 운명에 대한 鬱憤과 悲哀 그리고 共鳴을 토로하고 있다. 문인들은 이런 작품의 창작을 통해 자신들의 정치적 운명에 대해 분노와 비애감을 드러내기도 하지만, 점차 그런 상황이 전개될 수밖에 없는 역사적 조건과 정치적 현실에 대해 비교적 합리적 인식을 하게 된다. 그럼으로써 정치에 대한 새로운 희망을 제시하고 聖君과 賢臣의 만남을 갈망하며 인재의 중용을 주장한다. 漢代 문인들이 不遇한 정치적 상황에서 표현한 다양한 형상들은 전제군주의 봉건사회에서 표출된 문인들의 자연스런 행위 모습일 것이다. 그러나 이런 행위 양식들은 漢代에 갑자기 독창적으로 형성된 것이 아니라 선진시기의 철학적 논의 특히 유가와 도가의 불우한 상황에 대한 철학적 입장의 논의와 굴원이나 송옥과 같은 문인들의 영향 아래 생성되었다고 할 수 있다.

제9장 不遇主題 賦

1. 賈誼 <弔屈原賦>
2. 董仲舒 <士不遇賦>
3. 司馬遷 <悲士不遇賦>
4. 東方朔 <答客難>
5. 맺는 말

제9장

不遇主題 賦

漢代 賦 작품은 문장의 특성에 따라 騷體賦와 散體賦로 나눌 수도 있고, 小賦(혹은 抒情小賦)와 大賦로 분류하기도 한다. 騷體賦는 초사 작품의 형식을 본받았다 하여 붙여진 명칭으로 대부분 편폭이 짧고 내용이 서정적이기 때문에 小賦(혹은 抒情小賦)로도 불린다. 散體賦는 산문형식으로 편폭이 길기 때문에 大賦라고도 불린다. 본 장에서 다루게 될 不遇 주제의 작품들은 모두 騷體賦 혹은 抒情小賦에 속하며, 漢初의 대표작이라 할 수 있는 賈誼의 <弔屈原賦>, 董仲舒의 <士不遇賦>, 司馬遷의 <悲士不遇賦>, 東方朔의 <答客難>을 중심으로 분석하려고 한다. 漢初의 독특한 정치 상황에서 문인들이 不遇한 자신의 처지를 賦 작품 속에서 어떻게 표현하고 있는가에 대한 고찰은 漢代 賦 문학 작품의 창작 흐름을 파악하는데 중요한 고리이며, 동시에 당시의 시대적 변화와 문학작품과의 상관성을 파악하는 데도 중요한 의미를 갖게 될 것이다. 본 장의 서술방식은 네 작품의 창작 배경과 내용 분석을 중심으로 논술하려고 한다.

1. 賈誼 <弔屈原賦>

<弔屈原賦>의 창작 동기는 賈誼의 생애와 관련하여 살펴보아야 한다. 가의는 漢初 文帝 때가 주요 정치활동 시기였으며, 33세의 일기로 짧은 생을 마감한다.[1] 그는 文帝 원년에(기원전 179年, 22세) 河南郡守였던 吳公의 천거로 博士가 되고, 한 해 사이에 太中大夫의 벼슬에까지 오른다. 그러나 列侯들을 봉지로 보내 다스리게 해야 한다는 상소 때문에 周勃, 灌嬰 등 대신들의 참소를 받게 되고, 文帝도 가의를 점차 멀리하게 된다. 결국 24세 때에 長沙王 太傅로 강등되어 낮고 습지가 많은 南國 長沙로 부임하게 된다. 부임 도중 湘水를 건너며 굴원을 기리는 <弔屈原賦>를 지었다 한다.[2] 吳公의 천거로 文帝의 조정에 들어가, 1년 사이에 博士에서 太中大夫에 이르렀다가 곧 대신들의 험담으로 長沙王 太傅로 폄적되었던 가의는 굴원의 유적지를 지나면서 자신의 처지와 닮은 굴원의 형상에 무한한 同病相憐의 감정을 느꼈을 것이다.

---

1) 賈誼는 高祖7年(기원전 200年)에 태어나 文帝12년(기원전 168年)까지 살았다. 王洲明, 徐超, ≪賈誼集校注·附錄·賈誼年譜≫, 北京, 人民文學出版社, 1996, 452-464쪽 참조.

2) 가의는 그 후 3년 뒤 27세쯤에 여전히 장사왕태부로 있으면서 <鵩鳥賦>를 지었다. 28세 때에 문제가 가의를 불러들여 귀신의 근본에 대해 물었고, 다시 梁懷王太傅로 제수하였다. 30세쯤에 <旱雲賦>를 썼다. 32세 때 梁懷王이 말에서 떨어져 죽자, 이를 슬퍼하여 가의도 다음 해에 죽게 된다. 가의 생애에 관한 구체적 史實은 ≪史記·屈原賈生列傳≫, 北京, 中華書局, 1982, 2491-2492쪽과 ≪賈誼集校注·附錄·賈誼年譜≫ 참조.

<弔屈原賦>에서 賈誼는 굴원이 처했던 사회구조에 대한 통렬한 비판과 함께 그의 처지를 동정한다. 굴원이 흑백이 전도된 법도가 없는 세상에서 끝내 자신의 몸을 잃게 되었다는 것을 드러내기 위해 어지러운 세상의 몇 가지 대비적인 상황을 나열하고 있다. 즉 "상서롭지 못한 때를 만나 난새와 봉황은 엎드려 기고 부엉이와 올빼미는 하늘을 날며, 어리석은 자는 존경받고 드러나며 참소하고 아첨한 자는 뜻을 얻는다. 성현은 거슬러 끌려다니고 方正한 사람은 거꾸로 서게 된다. 세상에서 말하길, 卞隨와 伯夷를 혼탁한 인물이라 하고, 盜跖과 莊蹻를 청렴한 인물이라고 하며, 莫耶를 무디다 하고 납으로 만든 칼을 날카롭다 하네. 슬퍼서 말을 할 수 없으니 굴원의 무고함이여."[3] 굴원의 불행이 불합리한 현실 때문이었음을 직시함으로써 그에 대한 충분한 동정을 표한다.

그러나 가의는 자기의 생각을 진언하는 "訊[4]曰" 이하의 글에서 굴원의 행위 결과에 대한 자신의 입장을 분명히 한다. 어지러운 세상에서 사람들이 알아주지 않을 때, "봉황은 멀리 날아가 버리고, 심연의 신비스런 용은 깊이 잠겨 스스로를 귀하게 여기는데,……굴원은 어지러운 세상에서 머뭇거리다 그런 변고

3) "逢時不祥, 鸞鳳伏竄兮, 鴟鴞翺翔. 闒茸尊顯兮, 讒諛得志. 賢聖逆曳兮, 方正倒植. 謂隨夷溷兮, 謂跖蹻廉. 莫耶爲鈍兮, 鉛刀爲銛. 于嗟默默, 生之亡故兮."

4) "訊은 고하다, 진술하여 알리다의 뜻이다. 辭賦 작품의 끝에 전편의 요지를 총결하는 起首詞이다. ≪한서≫에는 '誶'로 되어 있다.(訊: 告, 陳訴. 爲辭賦篇末總結全篇要旨的起首詞. ≪漢書≫作'誶'.) 費振剛, 仇仲謙, 劉南平校注, ≪全漢賦校注≫, 廣州, 廣東教育出版社, 2005, 6쪽 참조.

를 당한 것이니 본인의 잘못인 것이다. 천하를 돌아다니며 이상에 맞는 군주를 만날 것이지 초나라만 가슴에 품고 있었는가? 봉황은 천 길의 창공을 날다가 덕이 빛나는 곳을 보고 내려앉으나 조그만 위험의 징조가 보이면 날개를 쳐서 멀리 날아가 버린다. 조그만 웅덩이가 어찌 배를 삼킬만한 큰 물고기를 수용할 수 있을 것이며, 강호를 횡단하는 고래라도 조그만 땅강아지나 개미에게 통제될 수 있다."[5] 가의는 굴원과 같이 어지러운 세상을 만나 불우한 상황에 처하게 되었으나, 굴원처럼 죽음을 선택하지 않을 것임을 밝히고 있다. 초나라만 고집하다가 머뭇거리며 변고를 당한 것은 잘못이며, 자기가 처한 곳이 옳지 않으면 떠나야 하니, 그 이유는 나라가 어지럽거나 통치자가 자신을 수용할 그릇이 못될 수도 있기 때문이다. 굴원에 대한 가의의 이런 비판적 시각은 그의 문학에 여전히 내재한 전국시기 책사들의 자유분방한 사상적 영향 때문일 것이다. 劉躍進은 가의의 문학적 풍모에 대한 분석에서 다음과 같이 적고 있다. "가의가 살았던 시기는 秦漢 교체기였고, 예로써 천하를 다스리는 것을 강조하였다. 당연하지만 여기서 말하는 '禮'는 刑名과 權術의 요소가 없는 것이 아니다. 우리가 가의의 글을 읽어보면, 전국시기 책사들의 글처럼 世情에 통달하여, 붓 끝에 바람이 일 정도로 통렬하다. 군주의 관심을 얻기 위해 종종 격렬하고 절실한 언어

5) 鳳縹縹其高逝兮, 夫固自引而遠去. 襲九淵之神龍兮, 沕淵潛以自珍.……般紛紛其離此郵兮, 亦夫子之故也. 歷九州而相其君兮, 何必懷此都也. 鳳凰翔于千仞兮, 覽德輝而下之. 見細德之險微兮, 遙增擊而去之. 彼尋常之汙瀆兮, 豈容呑舟之魚. 橫江湖之鱣鯨兮, 固將制於螻蟻.

를 쓰기도 하고, 은덕과 위엄을 함께 드러내고 매우 강한 목적의식을 갖추고 있어 사람을 감동하게 하며 놀라서 다시 돌아보게 하는 예술효과를 거둔다."[6] 劉躍進은 가의가 통일왕조의 기틀이 아직 확립되지 않은 漢 초기에 살았기 때문에, 가의의 글에는 전국시기 책사들의 글쓰기 영향이 남아있다고 지적한다. 따라서 이상적 군주를 찾아 돌아다니지 않고 초나라만 고집하여 난을 당한 굴원에 대해 가의는 비판적으로 묘사한 것이며, 이는 책사들의 유세가 성행했던 전국시기 사상 영향의 흔적으로 볼 수 있다.[7] 굴원이라는 역사적 인물을 통해 불우한 자신을 투영하는 서술 방식을 채택하고 있는 이 작품은 굴원의 입장을 충분히 고려하면서도 자신의 처지를 매우 객관화시켜 묘사하고 있음을 느낄 수 있다.

한 왕조는 통일 이후, 文景之治의 休養生息 시기를 거쳐 武帝 때에 이르러서 점차 제왕의 통치체제가 확립되었다. 이런 체제 하에서 漢代의 유생들은 자신의 정치적 생명과 관직의 진퇴 여부의 운명이 제왕의 말 한 마디에 달려 있었으므로, 제왕의 권력에 절대 복종해야 했다. 따라서 이들은 전국시기 游說家들이 누렸던 군주를 선택하며 자신의 이상을 폈던 자유를 더 이상 향

---

6) 劉躍進, ≪秦漢文學論叢≫, 南京, 鳳凰出版社, 2008, 31쪽 참조.

7) 蔡金平은 가의는 굴원에 대한 비판적 서술을 통해 통일왕조 시기에 살았던 자신이 굴원의 처지보다 더욱 힘들고 어려웠다는 애통함을 표현한 것으로 분석한다.(因此, 賈誼他們責備屈原實際上是在表示自己的處境要比屈原更爲艱難, 藉以表達自己的哀痛.) <漢魏六朝抒情小賦題材硏究>, 安徽大學, 碩士學位論文, 2006년, 7쪽 참조.

유할 수 없게 된 것이다. 유생들의 이런 불만은 무제 때의 '不遇' 주제의 賦가 생겨나게 된 연유일 것이다. 그 대표적 작품은 董仲舒의 <士不遇賦>, 司馬遷의 <悲士不遇賦> 그리고 東方朔의 <答客難>이다.

2. 董仲舒 <士不遇賦>

<士不遇賦>의 창작 연대는 董仲舒의 생애에 대한 고찰을 통해 대략 다음과 같이 추정할 수 있다. 董仲舒의 생몰연대는 명확히 밝힐 수 없으나,[8] 대략 景帝와 武帝 때 활동했음은 분명하다. 사상적으로 그는 ≪春秋繁露≫를 통해 "천인감응(天人感應)"과 "군권신수(君權神授)"와 같은 개념을 주장함으로써 漢왕조 통치의 이론적 기반을 마련하였고, 이로 인해 사상가로서의 위치를 자리매김하였다. <士不遇賦>는 유일하게 전해지는 그의 賦 작품으로 쓰인 시기에 대한 명확한 기록은 없으나, 동중서가 主父偃 그리고 公孫弘과의 두 차례 정치적 좌절[9]을 격

8) "동중서의 생졸년월은 고증할 수 없다. 경제 이전에 태어나서 무제 때까지 살다가 죽었음이 분명하다.(董子生卒年月無可考. 要生於景帝前, 至武帝朝, 以老壽終, 無疑.)" 蘇輿, ≪春秋繁露義證·附錄一·董子年表≫, 北京, 中華書局, 1992, 491쪽 참조.

9) 主父偃과의 사건은 遼東의 高廟와 高園偏殿에 화재가 발생한 사건을 빌미로 동중서가 음양오행에 근거하여 자연재해와 불합리한 사회현상을 결합하여 對策을 올린 일에서 비롯된다. 즉 "그러므로 하늘의 재앙은 폐하께 다음과 같이 말하는 것과 같습니다. '……근신 중 나라 안에 있는 측근이나 귀족으로 바르지 않은 자를 잔인하게 주살하는 것은 내가 고원의 편전을 태워버릴 수 있는 것과 같다'고

은 후[10]의 저작으로 본다. 목숨을 잃을 뻔한 主父偃과의 충돌, 심리적 불만이 정치적 갈등으로 심화하여 膠西王의 살얼음판 같은 조정으로 폄적되었던 경험은 "왕을 보좌할 재능을(王佐之才)"[11] 가졌던 동중서로 하여금 인생에 대한 희망과 진취적 정신을 꺾이게 한 것으로 보인다. 그의 이런 좌절의 마음은 "서두르며 평안하지 못한 삶 단지 욕됨만 더해지네. 애써 울타리를 부딪치나 괜히 뿔만 부러지네.(遑遑匪宁, 秖增辱矣. 努力觸藩, 徒摧角矣.)"와 같은 문구에 잘 드러난다. 그리고 자신의 불우한 처지에 대한 개탄은 "몸을 바르게 하고 때를 기다리다 장차 관속으로 들어가리(正身俟時, 將就木矣.)", "집을 나서지 않으면

말할 따름이다.(故天災若語陛下: '……視近臣在國中處旁仄及貴而不正者, 忍而誅之, 如吾燔高園殿乃可'云爾.)"(班固, ≪漢書≫, 北京, 中華書局, 1962, 1331-1332쪽 참조.) 무제의 近臣이었던 主父偃은 이에 원한을 품고, 고제의 태묘를 모독한 죄를 동중서에게 씌워 殺身의 화를 당할 뻔했다. 公孫弘과의 사건은 공손홍이 동중서의 ≪春秋≫의 학문과 도덕적 인품에 질투의 한을 품고, 그를 당시 교만하고 무자비했던 무제의 형인 膠西王의 재상으로 폄적시킨다. 생명의 위험을 느낀 동중서는 귀향한 후, 학문과 저술에 힘쓴다. 동중서의 두 차례 정치적 좌절에 관한 비교적 자세한 논술은 林小雲 <董仲舒和他的<士不遇賦>>, ≪福建師範大學學報≫, 2005年第4期, 53-54쪽 참조.

10) ≪春秋繁露義證·附錄一·董子年表≫에 의하면, 武帝 元狩 2년(기원전 121년)에 관직을 그만두고 귀향하여 다시 관직에 나가지 않았다고 한다. 蘇輿, ≪春秋繁露義證·附錄一·董子年表≫, 484쪽 참조.

11) "찬하여 말한다. 유향이 칭하길, '동중서는 왕을 보좌할 재능을 가졌으니, 비록 이윤이나 여상이라도 더 나을 수 없고, 관중이나 안영과 같은 패자의 보좌들은 미치지 못할 것이다.'(贊曰, 劉向稱'董仲舒有王佐之才, 雖伊呂亡以加, 筦晏之屬, 伯者之佐, 殆不及也.')" 班固, ≪漢書·董仲舒傳≫, 2526쪽 참조.

거의 과실이 없을 것이네(不出户庭, 庶無過矣.)"와 같은 소극적이면서도 도가적 개념이 담긴 표현으로 묘사된다.

불우한 현실에 대한 실망과 좌절은 과거 역사 속의 이상 세계에 대한 열망으로 드러난다. 동중서가 갈망하는 역사 속의 이상 세계는 堯, 舜, 禹 시기를 가리키는 삼대(三代)이다. 그래서 자신이 隆盛한 시기인 삼대에 태어나지 못하고 夏, 商, 周 三季의 말기와 같은 어지러운 세상에 태어났음을 개탄한다. "인생이 三代의 盛世를 만나지 못하고 삼계의 말기를 만났네.(生不丁三代之盛隆兮, 而丁三季之末俗.)" 그리고 삼계 말기의 어지러운 세상을 헤쳐나가기 위한 갖가지 방편을 나열하나 매번 매이고 구속되며 막힌다. 즉 "교묘한 말과 속임수로 통달을 기약하나 올바른 선비 정직하여 스스로 속박하고(以辯詐而期通兮, 貞士耿介而自束)", "매일 자신을 세 번 살피나 진퇴유곡의 신중함을 품고 있는 듯하며(雖日三省於吾身, 繇懷進退之惟谷)", "물러나 마음을 닦으며 속으로 자책하나 또한 따를 바를 알지 못하고(退洗心而內訟兮, 亦未知其所從也)", "상고시기의 맑고 탁함을 살피나 청렴한 선비들은 외롭게 돌아갈 곳이 없었네(觀上古之清濁兮, 廉士亦煢煢而靡歸)". 동중서는 삼계 말기와 같은 어지러운 세상에 산다고 개탄하지만, 그런 시기에도 탕왕이 천하를 선양하였으나 거절했다는 卞随와 務光, 그리고 孤竹國의 왕위를 동생에게 양보하고, 周 무왕이 紂를 정벌하자 주의 곡식을 먹지 않겠다고 수양산으로 들어가 죽은 伯夷와 叔齊 같은 현자들과 타인의 모함에 의해 죽거나 추방당하여 자진한 伍子胥와 屈原과 같은 인물을 청렴한 선비의 전형으로 들고 있다.[12] 유생으로서 동중서는 불우한 자신의 처지를 투영할 대상으로, 본인이 이상 시기로 여기는 堯, 舜, 禹 삼대의 현자들을[13] 예로 들기보다는 夏商교체시기의 卞随와 務光, 商周교체시기의 伯夷와 叔齊 그리고 춘추전국시기의 伍子胥와 屈原을 예로 든다. 물론 탕의 선양을 거절한 卞随와 務光은 도가적 형상의 이상 인물로, 의롭지 못한 주 왕조에서 녹을 먹을 수 없다 하여 수양산에 은거한 伯夷와 叔齊는 유가적 형상의 이상 인물로 묘사되며 모두 은거한 인물들이다. 그러나 현실 정치에 참여하다 모함을 당한 伍子胥와 屈原은 죽음으로 현세에 대한 책임을 다하는 적극적 형상의 인물들이다. 主父偃의 참소와 公孫弘의 질투로 인해 목숨을 잃을 뻔한 풍파를 겪은 동중서는 서로 다른 특성을 지닌 다양한 인물들을 모델로 제시함으로써 자신의 불우한 상황을 이상화시키고 있다. 그가 바라는 행위양식은 "소박한 본래의 일에 자신을 되돌리는 것만 같지 못하리니 세속을 따라 돌아가지 말 것이다. 비록 성정을 어겨 온갖 이익을 얻는다 하더라도 또한 마음을 바로 하고 오직 선으로 돌아감만 못하리.(孰若返身於素業兮, 莫随

---

12) "卞随와 務光은 深淵으로 자취를 감췄고 伯夷와 叔齊 산으로 올라 고사리를 캐먹고 살았네. 저 성현들도 겁에 질려 두려워하는데 하물며 세상의 모든 미혹된 사람들이야. 伍子胥와 굴원 같은 사람은 본래 다시 자신의 목숨을 돌아보지 않았네. 저들과 같지 않은 나는 장차 멀리 은둔하여 끝내 그들을 사모하리.(殷湯有卞随與務光兮, 周武有伯夷與叔齊. 卞随務光遁迹於深淵兮, 伯夷叔齊登山而采薇. 使彼聖賢其繇周遑兮, 矧舉世而同迷. 若伍员與屈原兮, 固亦無所復顧. 亦不能同彼數子兮, 將遠游而終慕.)"

13) 삼대시기에 왕의 선양을 거절하거나 비판한 현인으로 요에게는 許由, 순에게는 善卷, 우에게는 伯成子高와 같은 인물이 있다.

世而輪轉. 雖矯情而獲百利兮, 復不如正心而歸一善.)"라고 말한다. 세속을 따라 전전하지 않으며 마음을 바르게 하여 선에 귀의하고, "몸을 바르게 하여 때를 기다리며 죽음을 향해 가는 것이다.(正身俟時, 將就木矣.)"라고 말한다. 董仲舒가 느끼는 不遇는 三季의 말세를 만나 자신의 청렴한 성정을 어겨가며 온갖 이익을 얻기 위해 세속을 따라 전전하다가 부딪히게 된 정치적 좌절에서 온 것으로 볼 수 있다.

3. 司馬遷 <悲士不遇賦>

司馬遷의 생몰연대에 대해서는 정확히 증명할 수 없으나, 태어난 시기는 漢 景帝 中元 5年(기원전 145년)으로 보고, 죽은 시기는 확실하지 않으며 무제 이후로 보는 것이 일반적으로 받아들여진다.[14] 사마천의 인생에서 가장 불행한 사건은 李陵을 변호하다가 궁형을 당하게 된 일일 것이다.[15] 이릉은 흉노족과의 전쟁에서 패하자 투항하게 되며, 조정에서는 적에 투항한 패장에게 당연히 법에 따라 엄한 벌을 내려야 한다고 주장한다. 이릉의 사람됨을 잘 알고 있던 사마천은 투항하게 된 데에는 반드

14) 程金造, <司馬遷生年卒年之商榷>에 따르면, 사마천의 태어난 시기는 武帝 建元 6년(기원전 135년)과 景帝 中元 5年이라는 설이 가장 유력하고, 죽은 시기는 무제 이전과 이후의 설로 나뉘나, 무제 이후의 설이 정확하다고 논한다. 黃沛榮, ≪史記論文選集≫, 臺北, 長安出版社印行, 1982, 127-179쪽 참조.

15) 사마천이 궁형을 당한 해는 武帝 天漢 3年(기원전 98년)이다. 黃沛榮, ≪史記論文選集≫, 118쪽 참조.

시 이유가 있을 것이라고 변호하다 끝내 궁형이라는 치욕적인 형벌을 당한다. 신체적으로나 정신적으로 최대의 굴욕을 견디며 살아남은 것은 아버지 사마담의 유언[16]을 완수하려는 사명감이 가장 크게 작용했을 것이다. 그의 <悲士不遇賦>는 이 사건에 대한 문학적 승화의 결정이라 할 수 있다. 그리고 王進明은 <悲士不遇賦> 창작에 영향을 끼친 또 다른 요인으로 동중서의 <士不遇賦>를 들고 있다. 동중서에게서 公羊派의 ≪춘추≫학을 배운 사마천은 스승의 <士不遇賦>의 영향으로 창작하게 되었다고 말한다.[17]

사마천은 자신의 인생 遭遇가 동중서의 '士不遇'와 비교할 때 더욱 처참하고 비통하다고 여겼을 것이며, 이것이 제목에 '悲'자를 추가한 이유일 것이다. '슬프도다!(悲夫!)'로 시작하는 <悲士不遇賦>는 "선비가 태어남이 때가 아니니, 되돌아보아 그림자 외롭게 마주하니 부끄럽네.(士生之不辰, 愧顧影而獨存.)"로 말문을 연다. 이상적인 세상을 만나지 못했든 현명한 군주를 만나지 못했든 간에 자신의 불우로 인해 느끼는 고독감을 외로운 그림자에 잘 투영하고 있다. 이릉을 변호하는 과정에서 조정 대신들이 아무도 그의 편에서 말하지 않았고, 자신의 죄를 대속할 자금이 필요했을 때 친구나 가까운 이들이 아무도 구원의 손길

---

16) "내가 죽으면 너는 반드시 태사가 되어라. 태사가 되면 내가 저술하고자 했던 것을 잊지 말아라.(余死, 汝必爲太史. 爲太史, 無忘吾所欲論著矣.)" ≪史記·太史公自序≫, 北京, 中華書局, 1982, 3295쪽 참조.

17) 王進明, <西漢"士不遇"賦透析-以賈誼, 董仲舒, 司馬遷爲研究對象>, 延邊大學 碩士學位論文, 2006年, 25쪽 참조.

을 내밀지 않았던 일들이[18] 불우의 슬픔을 더했을 것이다. 이어서 자신은 극기복례에 힘쓰고 열심히 행동으로 옮기나, 뜻을 펼 수 없음을 개탄한다.(將遂屈而不伸.) 뜻을 펼 수 없는 이유로 당시 사회의 불합리한 면들을 드러낸다. 재능이 세상과 어긋나고, 죽게 되도 힘써 일하고, 행동을 하나 드러나지 않으며, 능력만 있지 펴지 못하고, 窮達에 쉽게 미혹하며 美惡을 구분하지 못하는 현실 세계 때문에 뜻을 펴지 못하고 불우하게 된 것이다.[19]

불합리한 현실 때문에 당하게 된 불우한 처지는 사실 인간이 자초한 것임을 사마천은 간파한다. "人間의 이치 뻔하니 서로 다투는구나. 살기만 바라고 죽기를 싫어함은 재능의 비천함을 나타낸 것이네. 부귀만을 좋아하고 빈천함을 천시하는 것은 명철함이 어지럽혀서이네. 환하게 사리에 통달하여 가슴이 훤히 열려야 하리. 어둑어둑 깨닫지 못하는 것은 마음속에 해독이 생겨서이네.(人理顯然, 相傾奪兮. 好生惡死, 才之鄙也. 好貴夷賤, 哲之亂也. 昭昭洞達, 胸中豁也. 昏昏罔覺, 內生毒也.)" 서로 다투며 살아가게 되어있는 인간의 속성은 비천한 재능과 명철하지 못함, 막힌 가슴과 마음속의 해독 때문이다. 이런 사람들과의 관

---

18) "가난하여 재산은 자기를 대속할 수 없고, 교유하는 자들도 구해주지 않았으며, 좌우의 친근들도 한 마디 말도 하지 않았다.(家貧, 財賂不足以自贖, 交游莫救, 左右親近不壹言.)" <報任安書> 참조.

19) "진실로 재능이 뛰어나나 세상과 어긋나고, 장차 죽게 되었으나 오래도록 힘써 일하네. 비록 행위는 있으나 드러나지 않고, 단지 능력만 있지 펴지 못하네. 어찌 궁색하고 통달함에 쉽게 미혹되는가? 진실로 아름다움과 악함을 분별하기 어렵네.(諒才韙而世戾, 將逮死而長勤. 雖有行而不彰, 徒有能而不陳. 何窮達之易惑, 信美惡之難分.)"

계에서 궁형을 당한 자신의 처지는 받아들일 수 있는 현상이지만, 그런 부조리한 조우가 발생한 근본적인 원인은 天道가 쇠미하여 인간이 거기서 멀어진 탓으로 돌린다.(天道微哉, 吁嗟闊兮.) 그러나 사마천은 자신에 대한 자부심과 입신에 대한 사명감을 끝까지 포기하지 않는다. 그러므로 "나의 마음 현명한 자는 이미 헤아리고, 나의 말 현명한 자는 이미 좋다고 할 것이네. 죽을 때까지 이름이 드러나지 않음을 옛사람들은 부끄럽게 여겼네. 아침에 도를 들으면 저녁에 죽어도 좋다는 말을 누가 그르다 할 것인가.(我之心矣, 哲已能忖 ; 我之言矣, 哲已能選. 沒世無聞, 古人唯耻. 朝聞夕死, 孰云其否!)"라고 말한다. 이름이 드러난 후에는 '석사가의(夕死可矣)'인 것이다. 그러나 작품의 말미에서는 도가의 순환적 세계관에 근거하여 스스로 그러한 이치에 맡길 수밖에 없음을 말한다. "거스르고 순조로운 것은 순환하니 몰락하기도 하고 일어나기도 하네. 당연한 이치라도 근거할 수 없고 지혜라 할지라도 의지할 수 없다네. 복 앞에 나서지 말고 화근의 시작에 가까이 하지 말아야 하리. 스스로 그러함에 맡겨 끝내는 하나의 이치로 돌아가리.(逆順還周, 乍沒乍起. 理不可據, 智不可恃. 無造福先, 無觸禍始. 委之自然, 終歸一矣!)" 사마천은 자신이 불우하게 된 원인을 하나하나 추궁해 나간다. 먼저 올바른 때를 만나지 못해 자신의 능력과 뜻을 제대로 펴지 못한 것이 불합리한 현실 때문이라고 여긴다. 그러나 그러한 처지에 놓이게 된 것 또한 본인이 명철하지 못해서라고 문제의 원인을 자신에게서 찾는다. 그래도 석연치 않아 다시 天道가 쇠미하여 인간에게서 멀어진 객관적 탓으로 돌린다. 그러나 자신의 이름이 드러나지 않은 삶은 부끄러운 일이라는 본인의 생각으로 다시 돌아온다. 그리고 다시 이런 모든 객관적 현실과 자신의 조건 또한 스스로 그러한 이치에 맡길 수밖에 없음을 직시한다. 그는 아마 이런 객관적 현실과 자신의 조건에 대한 냉철한 직시를 통해 치욕스런 현실의 고통을 이겨내고 ≪사기≫를 저술하여 부친의 유언을 완수할 수 있었으며, 그럼으로써 현세의 불우를 후세의 조우로 바꾸어 놓은 것이다.

4. 東方朔 <答客難>

東方朔은 漢 武帝가 처음 즉위하고 천하의 '方正, 賢良, 文學材力'의 선비들을 등용하려 하였을 때, 상서를 올려 스스로를 천거하였다. 무제는 그의 재능을 뛰어나다고 여겨 '待詔公車'를 명하였다. 그러나 봉록이 적고 오랫동안 황제를 만나 볼 수가 없자, 난쟁이들을 속여 황제를 알현할 기회를 얻은 동방삭은 "자기의 말이 쓸 만하다면 그 예를 특이하게 여겨주시고, 쓸 만하지 않다면 파면하여 장안의 쌀을 축내지 않게 하십시오."[20]라고 하였

20) 동방삭은 말을 키우는 궁중의 난쟁이들을 속여, 너희들은 관직에 도움이 되지 않으며 나라의 쓰임에도 이익이 없으니 황제께서 모두 죽이려하시니, 황제께서 지나가시면 죄를 청하라고 하였다. 난쟁이들이 울면서 죄를 청하자, 황제는 그 연유를 묻고 동방삭이 꾸민 일임을 알고 동방삭에게 그 연유를 물었다. 동방삭은 난쟁이들은 키가 3척 정도인데도 9척이 넘는 저와 봉급이 같으니 저들은 배가 불러 죽은 지경이나 저는 굶어 죽을 지경이라고 대답하며, 자기의 말을 쓸 수 없다면 파면시켜 곡식을 축내지 않게 하여달라고 말한다. 이 말을 들은 무제는 오히려 파안대소하고 동방삭을 金馬門待詔로

다. 무제는 파안대소하며 그를 金馬門待詔로 삼고 가까이 하였다. 후에 다시 常侍郎이 되어 총애를 받았다.21) 그러나 종종 자신의 재능을 믿고 관직에 있는 公卿들에게 자만을 보이며 희롱하고 굽히지 않았다.22) 당시 무제는 인재를 불러들여 능력에 따라 요소요소에 잘 등용하기를 바랐으며, 公孫弘이나 司馬遷 등은 方外로 파견을 나가거나 公卿이 되기도 하였다. 그러나 동방삭, 枚皐, 郭舍人 등은 모두 황제의 좌우에 있었으나 희롱거리일 따름이었다. 그러자 "동방삭은 상소를 올려 農戰强國의 계책을 진술하며 자신만 큰 관직을 얻지 못했음을 호소하고 써줄 것을 바랬으나,……끝내 쓰이지 않았다. 동방삭은 객을 설정하여 자기를 힐난하는 방식의 글을 써서 지위가 낮음을 이용하여 자위하였다."23) 동방삭이 <答客難>을 쓰게 된 연유에 대한 반고의 기록은 이 작품이 쓰인 시기에 대한 추론의 단서를 제공한다. 公孫弘이나 司馬遷이 중용되었던 시기에, 동방삭은 그들을 부러워하여 農戰强國의 계책을 진술하여 자신의 진로를 모색한 때로, 사마천이 궁형을 당하기 이전임을 알 수 있다. 따라서 <答客難>이 쓰인 시기는 사마천이 궁형을 당하기 이전인 天漢 2년

삼고 가까이 하였다. 班固, ≪漢書·東方朔傳≫, 2843쪽 참조.

21) "上以朔爲常侍郎, 遂得愛幸." 班固, ≪漢書·東方朔傳≫, 2845쪽 참조.

22) "自公卿在位, 朔皆敖弄, 無所爲屈." 班固, ≪漢書·東方朔傳≫, 2860쪽 참조.

23) "朔上書陳農戰强國之計, 因自訟獨不得大官, 欲求試用.……終不見用. 朔因著論, 設客難己, 用卑位以自慰諭." 班固, ≪漢書·東方朔傳≫, 2863-2864쪽 참조.

(기원전 99년) 이전으로 볼 수 있다.[24)]

<答客難>은 객이 동방삭에게 질문하는 문답식의 설정을 통해 작가의 불우한 심정을 밝히고 있다. 객이 묻기를 전국시기의 소진과 장의는 모두 대국의 군주를 만나 경상의 지위를 얻었고 후세에 영향을 끼쳤는데, 대부 벼슬을 하고 있는 당신은 선왕의 통치술을 닦고 성인의 의로움을 흠모하며 ≪시≫, ≪서≫, 제자백가의 말을 독송하면서 스스로의 재능이 천하에 짝이 없다고 여기니, 실로 박학다식하고 능변의 지혜를 갖고 있다 할 수 있다. 그러나 자신의 능력과 지혜를 다하여 군주를 섬긴 것이 이렇게 오래 되었는데도 관직이 아직 시랑(侍郎)의 지위에 머물러 있으니, 생각건대 아마도 친척들이 받아들이지 못할 것 같은데 그 연유가 무엇입니까?라고 묻는다.

동방삭은 세 가지 측면에서 대답을 한다. 먼저 소진과 장의가 살았던 전국시기와 자신이 처한 한 왕조는 서로 다른 세상임을 말한다. 전국시기는 제후간의 각축 속에서 군주가 훌륭한 선비를 얻으면 흥하고 그렇지 못하면 망하는 시기이기 때문에 선비들의 학설이 쉽게 받아들여졌으나, 한 왕조 시기는 황제의 선택에 의해 선비의 처지가 좌우되는 시기이며 또한 수많은 선비들이 생활조차 곤란하여 삶의 길을 잃고 있는 상황이니 소진, 장

---

24) <答客難>이 쓰인 시기에 대해서는 龍文玲, 魯洪生, <漢武帝對東方朔<答客難>影響考論>(≪河南大學學報≫(社會科學版), 第18卷第2期, 2008年)에서 기존의 4가지 서로 다른 시기의 주장에 대해 상세히 논증하고 있다. 그에 따르면 상한선은 太初元年(기원전 104年)2月로 보고, 하한선은 天漢2年(기원전 99年)으로 본다. 36-38쪽 참조.

의가 살았던 시기와 자신이 처한 세상을 다르다는 점을 강조한다. 다음은 수신에 힘쓰면서 주위의 조건이나 다른 사람들의 말 때문에 자신의 뜻을 바꾸지 말아야 함을 지적한다. 마지막으로 동방삭은 훌륭한 처사는 무리를 이루지 않고 홀로 거하니, 예를 들면 許由, 接輿, 范蠡, 子胥 등은 평화로운 세상을 만나 의로운 일을 서로 도왔으나 짝과 무리가 적었던 것은 당연하다. 그리고 樂毅, 李斯, 酈食其 등은 훌륭한 언변으로 뜻을 이룬 것은 그 때를 만났기 때문이다. 당신이 나를 비난하는 것은 관으로 하늘을 보는 것과 같고, 표주박으로 바닷물을 재려는 것과 같으며, 벼 잎으로 종을 치는 것과 같다. 그리고 마치 쥐가 개를 습격하고 돼지가 호랑이를 무는 것과 같아, 스스로 곤란을 당할 것이며 소용이 없을 것이라고 말한다.

동방삭이 느낀 불우의 원인은 앞의 세 사람과 다르다. 흑백이 전도된 사회구조 속에서 불행한 생을 마감한 굴원을 닮은 賈誼의 경우와 다르고, 정치적 충돌로부터 경험하게 된 좌절에서 온 동중서의 경우와도 다르며 그리고 때를 제대로 만나지 못한 것을 한탄한 사마천의 경우와도 다른, 오히려 盛世를 만났기 때문에 자신의 능력을 제대로 펴볼 기회를 갖지 못한 경우이다.[25] 박학한 지식을 갖고 벼슬을 하면서 군주를 섬기고도 공을 세우지 못하는 것은 부끄러운 일이 아니냐는 객의 설문에, 동방삭은

25) 楊霞는 <從董仲舒, 司馬遷, 東方朔的賦看漢武帝時代的'士不遇'現象>에서 동방삭의 불우에 대한 관점을 다음과 같이 설명한다. "그는 자신이 때를 만나지 못했다고 여기지 않았다. 반대로 그는 태평성세가 불우하게 만들었다고 여겼다." ≪魯行經院學報≫, 2003年 第6期, 142쪽 참조.

전국시기 유세가들의 경우와 비교하여 대답한다. 제후들이 각축하던 전국시기에 소진, 장의 같은 인물들은 자신의 재능을 마음껏 펼칠 수 있었으나, 통일된 한 왕조에서는 오히려 인재들이 자신의 재능을 펼 수 있는 기회를 얻기 힘든 정치 상황임을 강조한다. 신하의 운명이 是非의 올바른 판단이나 賢 不肖에 대한 분명한 변별에 의해 좌우되기 보다는, 통치자의 好惡에 의해 좌지우지 되는 세상에서 느끼는 무력감과 압박감이 드러난다. 오직 수신하면서 許由, 接輿, 范蠡, 子胥 등과 같은 옛 현인들처럼 때를 기다리는 것이 마땅하다고 불우한 경우의 처세 방식을 말한다.

5. 맺는 말

지금까지 漢代 초기의 賦 작품 중 不遇 주제와 관련된 대표작이라 할 만한 賈誼의 <弔屈原賦>, 董仲舒의 <士不遇賦>, 司馬遷의 <悲士不遇賦>, 東方朔의 <答客難>을 중심으로 그 창작 배경과 작품 내용에 대해 분석하였다. 네 명의 작가들은 비록 漢 初라는 시대 배경은 유사하지만 각기 독특한 정치인생을 경험함으로써 문학 작품에 표현된 자신들의 불우한 의식 또한 다양하게 드러내고 있다. 가의는 굴원이라는 인물의 묘사를 통해 자신의 처지를 투영한다. 어린 나이에 뛰어난 재능을 인정받아 文帝의 신임을 얻었으나 대신들의 참소로 폄적생활을 하게 된 처지가 굴원과 흡사하여 굴원의 유적지를 지나다 <조굴원부>를 지었다. 작품에서 굴원의 처지와 행위에 대해 애도와 긍정을 나타내지만, 한편으론 불행한 처지에서 굴원처럼 죽음을 선택하지 않을 것임을 분명히 함으로써 漢代에 이어지는 굴원에 대한 비판적 시각의 불씨를 남긴다.[26)]

董仲舒는 대신들과의 갈등에서 비롯된 정치적 좌절을 경험하고 과거에 불우한 삶을 살았던 卞隨, 務光, 伯夷, 叔齊, 伍子胥, 屈原 등과 같이 은거하거나 도덕적 책임을 다하다 죽은 인물들을 예로 들어 자위한다. 獨尊儒術을 주장했던 그의 정치사상처럼 賦에서도 유가의 도덕적 풍모를 드러낸 것이다. 司馬遷은 때를 만나지 못함을 절절히 탄식하며, 극기복례하고 뜻을 행하여 드러나지 못한 것은 부끄러운 일이라는 유가의 인생철학을 역설하는 한편 객관적 현실과 자신의 조건 또한 스스로 그러한 이치에 맡길 수밖에 없다는 도가적 인생철학을 드러낸다. 자신이 명철하지 못해서든 천도가 쇠미해서든 뜻을 제대로 펴지 못한 현실의 문제는 스스로 그러한 이치에 맡길 수밖에 없음을 직시한다. 도가적 정서에 기탁하여 현실의 고통을 완화시킴으로써 부친의 유언을 완수할 내적 힘을 얻었다 할 수 있다.

東方朔은 문답 방식을 통해 불우한 자신의 처지에 대한 원인을 규명한다. 신하가 군주를 섬기면서 공을 세우지 못하는 것은 부끄러운 일이 아니냐는 객의 설문에, 그 이유를 통치자의 권력에 의해 신하의 운명이 결정되는 시기여서, 능력 있는 신하들이 전국시기와는 달리 자신의 재능을 펴기 힘든 정치적 상황 때문

26) 漢代의 굴원에 대한 서로 다른 평가에 대한 논의는 졸문 <遇不遇 概念의 哲學的 論議에서 文學的 形象化로 - 戰國時期에서 漢代의 屈原 形象을 중심으로>(≪중국인문과학≫, 제45집, 2010년8월, 133-148쪽) 참조.

이라고 보았다. 이런 경우의 처세방식은 오직 수신하면서 許由, 接與, 范蠡, 子胥 등과 같은 옛 현인들처럼 때를 기다릴 수밖에 없다고 생각한다. 그의 이런 문답 형식을 통한 작가의 내부세계를 표현하는 방식은 후대의 많은 문인들에 의해 답습되었다.[27) 漢初 문인들은 불우한 처지에서 느낀 내면세계를 抒情小賦의 형식으로 표현해 냄으로써, 외부세계를 주로 묘사하는 大賦와 함께 漢代 賦文學 창작의 두 갈래를 형성하였다.

27) 대표적인 작품으로는 揚雄의 <解嘲>, 班固의 <答賓戲>, 崔駰의 <達旨>, 張衡의 <應間>, 崔寔의 <客譏>, 蔡邕의 <釋誨> 등 다수이다.

참고문헌

원전 자료

≪爾雅≫, ≪十三經注疏≫8, 臺北, 藍燈文化事業公司.

≪尙書≫, ≪十三經注疏≫1冊, 臺中, 藍燈文化事業公司.

≪周禮≫, ≪十三經注疏≫3冊, 臺灣, 臺中, 藍燈文化事業公司.

≪禮記≫, ≪十三經注疏≫5冊, 臺灣, 臺中, 藍燈文化事業公司.

≪穀梁傳≫, ≪十三經注疏≫7冊, 臺灣, 臺中, 藍燈文化事業公司.

≪公羊傳≫, ≪十三經注疏≫7冊, 臺灣, 臺中, 藍燈文化事業公司.

≪孟子≫, ≪十三經注疏≫8冊, 臺灣, 臺中, 藍燈文化事業公司.

淸 段玉裁, ≪說文解字注≫, 臺北, 漢京文化事業有限公司, 1983年9月

于省吾主編, ≪甲骨文字詁林≫第三冊, 北京, 中華書局, 1996年5月.

容庚編著, ≪金文編≫, 北京, 中華書局, 1985年7月.

黃壽祺, 張善文, ≪周易譯註≫, 上海古籍出版社, 1989年.

蕭統選編, 李善等註, ≪六臣註文選≫, 杭州, 浙江古籍出版社, 1999年3月.

黃 暉, ≪論衡校釋≫, 北京, 中華書局, 1990.

≪論語集註≫, ≪四書五經≫上, 北京, 中國書店, 1985.

張雙棣, ≪淮南子校釋≫, 北京大學出版社, 1997.

陳鼓應, ≪莊子今注今譯≫, 北京, 中華書局, 1983.

孫詒讓, ≪墨子閒詁≫, 臺北, 華正書局, 1987.

荊門市博物館編, ≪郭店楚墓竹簡≫, 北京, 文物出版社, 1998.

屈守元, ≪韓詩外傳箋疏≫, 成都, 巴蜀書社, 1996.

張淸常, 王延棟, ≪戰國策箋注≫, 天津, 南開大學出版社, 1993.

桓寬撰, 王利器校注, ≪鹽鐵論校注≫, 天津古籍出版社, 1983.

陳啓天, ≪韓非子校釋≫, 臺灣商務印書館發行, 1969.

司馬遷, ≪史記≫, 北京, 中華書局, 1982.

班固, ≪漢書≫, 北京, 中華書局, 1982.

楊寬, ≪戰國史≫(增訂本), 上海人民出版社, 1998年3月 第3版.
方詩銘, 王修齡, ≪古本竹書紀年輯證≫, 上海古籍出版社, 1981年2月.
黃清泉注譯, ≪列女傳≫, 臺北, 三民書局印行, 1996.
高誘注, ≪呂氏春秋≫, ≪諸子集成≫第九册, 河北人民出版社, 1986年4月.
陳奇猷, ≪呂氏春秋校釋≫, 臺北, 華正書局, 1985.
洪興祖, ≪楚辭補注≫, 臺灣, 天工書局印行.
≪孟子≫, ≪四書五經≫, 北京, 中國書局, 1985.
焦循, ≪孟子正義≫, 中華書局, 北京, 1987.
≪燕丹子≫, ≪四部備要≫子部, 中華書局.
吳闓生, ≪詩義會通≫, 洪氏出版社印行.
嚴可均, ≪全上古三代秦漢三國六朝文·全漢文≫卷五十二, 北京, 中華書局, 1958年.
瀧川龜太郎撰 ≪史記會注考證≫, 臺北, 漢京文化事業有限公司印行, 1983年.
費振剛, 仇仲謙, 劉南平, ≪全漢賦校注≫, 廣州, 廣東教育出版社, 2005.
劉躍進, ≪秦漢文學論叢≫, 南京, 鳳凰出版社, 2008.
蘇輿, ≪春秋繁露義證≫, 北京, 中華書局, 1992.
文璇奎, ≪春秋左氏傳≫, 서울, 明文堂, 1985.
金學主, ≪書經≫, 서울, 明文堂, 2002.
______, ≪장자≫ 하, 서울, 을유문화사, 2000.
______, ≪墨子≫, 서울, 明文堂, 2003.
林東錫, ≪國語≫, 동서문화사, 2009年12月.

■ 단행본

任繼愈主編, ≪中國佛教史≫, 北京, 中國社會科學出版社, 1981.
陳伯海, ≪中國詩學之現代觀≫, 上海古籍出版社, 2006.
徐復觀, ≪中國人性論史≫, 臺灣商務印書館, 1969.
陳鼓應主編, ≪道家文化研究≫第十七輯, 生活·讀書·新知三聯書店, 1999.
蔡仁厚, ≪孔孟荀哲學≫, 臺北, 臺灣學生書局, 1984.
艾蘭, ≪世襲與禪讓≫, 北京, 商務印書館, 2010.

葛兆光, ≪中國思想史≫, 上海, 復旦大學出版社, 2004.
聞一多, ≪神話與詩≫, 臺北, 藍燈文化事業股份有限公司.
張培恒, 駱玉明, ≪中國文學史≫, 上海, 復旦大學出版社, 1996.
于植元, 孫紹華, 關紀新, ≪中華史詩咏史詩本事≫, 廣西民族出版社, 2000
馮友蘭, ≪中國哲學史≫.
龔鵬程, ≪漢代思潮≫, 北京, 商務印書館, 2005.
費振剛, 仇仲謙, 劉南平, ≪全漢賦校注≫, 廣州, 廣東教育出版社, 2005年 9月.
余英時, ≪中國知識階層史論≫(古代篇), 臺北, 聯經出版社, 1980.
閻步克, ≪士大夫政治演生史稿≫, 北京大學出版社, 1996.
查屏球, ≪從游士到儒士-漢唐士風與文風論稿≫, 上海, 復旦大學出版社, 2005年5月.
周建忠, ≪楚辭講演錄≫, 桂林, 廣西師範大學出版社, 2007.
劉毓慶, ≪澤畔悲吟≫, 太原, 山西教育出版社, 1994.
羌亮夫, ≪楚辭通故≫, 昆明, 雲南人民出版社, 1999.
黃沛榮, ≪史記論文選集≫, 臺北, 長安出版社印行, 1982.
王洲明, 徐超, ≪賈誼集校注·附錄·賈誼年譜≫, 北京, 人民文學出版社, 1996
金在乘 外編著, ≪中國古代文學思想과 理論≫, 전남대학교출판부, 2003.
范善均, ≪이소의 이해≫, 서울, 新雅社, 1997.
張光直著, 河永三譯, ≪중국 청동기 시대≫, 서울, 학고방, 2013.
사라알란 지음, 오만종 옮김, ≪선양과 세습≫, 예문서원, 2009.
________________________, ≪거북의 비밀-중국인의 우주와 신화≫, 예문서원, 2002.
갈조광 지음, 이등연 외 3인 옮김, ≪중국사상사≫, 서울, 일빛, 2013.
김충열, ≪김충열교수의 노자강의≫, 예문서원, 2004.

■ 논문

楊水俊, <王莽篡漢-復古建制中創封建王朝更替新統>, ≪求索≫, 2006年, 3期.

徐克謙, <燕王噲讓國事件與戰國社會轉型中的政權交接問題>, 《南京師範大學文學院學報》, 2008年9月 第3期.

袁青, <西漢中後期的禪讓思想探析>, 《江漢學術》, 第33卷 第5期, 2014年10月.

方香淑, <前漢의 外戚輔政과 王莽 政權의 出現 背景>, 《東洋史學研究》, 第三十六輯.

任仲爀, <王莽의 개혁과 평가>, 《東洋史學研究》, 第五十一輯.

趙霈霖, <褒姒的神話傳說及其文化思想價值>, 《上海師範大學學報》(哲學社會科學版), 2008年7月, 第37卷第4期.

楊允, 許志剛, <赫赫宗周, 褒姒滅之-'女色禍國'論及其文學表現探析>, 《社會科學輯刊》, 2008年 第3期(總第176期).

郭鵬, <《史記》中褒姒史實質疑>, 《陝西理工學院》(社會科學版), 2007年11月, 第25卷 第4期.

殷偉仁, <夏亡主因探討>, 《鐵道師院學報》(社會科學版), 1994年 第1期.

彭利芝, <妹喜形象考論-兼論明淸歷史小說中的"女禍"現象>, 《明淸小說研究》, 2005年第2期, 總 第76期.

劉士林, <妲己本事考>, 《河南師範大學學報》(社會科學版), 2003年, 第30卷 第1期.

林紫秋, <論妲己妖魔形象的形成>, 《四川民族學院學報》, 2011年6月, 第20卷 第3期.

劉潔, <浮出歷史地表-妲己形象試論>, 《歷史教學》, 2010年第18期, 總 第607期.

鄭瑞俠 <寓大道于庖藝之中-伊尹, 庖丁形象的典型意義>, 《遼寧大學學報》, 2006年9月, 第34卷 第5期.

清華大學出土文獻研究與保護中心編, 《清華大學藏戰國竹簡》(參), 上海, 中西書局, 2012年12月.

李零, 《《孫子》十三篇綜合研究》, 北京, 中華書局, 2006.

方詩銘, 王修齡《古本竹書紀年輯證》, 上海古籍出版社, 1981.

劉國忠, 《走近淸華簡》, 北京, 高等教育出版社, 2011.

李忠林, <伊尹身份與二頭政治>, ≪甘肅社會科學≫, 2005年第4期.

譚生力, <由清華簡'赤鳥咎之集湯之屋'看伊尹傳說>, ≪文藝評論≫, 2013.

侯乃峰, <≪赤鵠之集湯之屋≫的'赤鵠'或當是'赤鳩'>, www.bsm.org.cn.

許科, <伊尹傳說的結構分析>, ≪甘肅社會科學≫ 2008年, 第2期.

劉國忠, <清華簡<赤鳥咎之集湯之屋>與伊尹間夏>, ≪深圳大學學報≫(人文社會科學版), 2013年 第30卷.

董剛, <古本≪竹書紀年≫所謂太甲殺伊尹與甲骨卜辭不協>, ≪青年文學家≫, 2010年 第1期.

申秉澈, <사실과 허구로 읽는 ≪燕丹子≫>, ≪中國小說論叢≫, 第9輯.

<≪燕丹子≫譯註>, ≪中國小說硏究會報≫, 第37號, 1999.3.

張海明, <≪史記·荊軻傳≫與≪戰國策·燕太子丹質于秦≫關係考論>, ≪清華大學學報(哲學社會科學版)≫, 2013年 第1期(第26券).

<≪史記·荊軻傳≫與≪燕丹子≫比較論-兼談≪燕丹子≫的小說文體屬性及意義>, ≪文學評論≫, 2013年 第3期.

<≪燕丹子≫與≪史記·荊軻傳≫之關係>, ≪北京師範大學學報≫, 2012年 第6期(總第234期).

<誰的荊軻-荊軻形象論之一>, ≪淸華大學學報(哲學社會科學版)≫, 2014年 第3期(第29卷).

楊學義, <太子丹, 荊軻故事的歷史流變-以≪戰國策·燕策≫, ≪史記·刺客列傳≫, ≪燕丹子≫爲例>, ≪青年文學家·文學評論≫.

李澤需, <論≪史記·荊軻傳≫的敍述結構及其創作根源>, ≪經濟與社會發展≫, 第6卷第7期, 2008年7月.

唐紅, <從刹那到永恒的飛躍-解讀荊軻形相的哲學意蘊>, ≪四川教育學院學報≫, 第23卷第9期, 2007年9月.

王澍, <陶潛詩喜說荊軻-陶淵明<咏荊軻>賞析>, ≪古典文學知識≫, 2009年 第1期(總第142期).

孟蒙, <論≪史記·刺客列傳≫中荊軻形象的複雜性>, ≪三峽論壇≫, 2014年 第5期(總第278期).

魯迅, <魏晉風度及文章與藥及酒的關係>, ≪魯迅全集·而已集≫ 第三卷,北京, 人民文學出版社, 1995.

張少康, <論文學的獨立和自覺非自魏晉始>, ≪北京大學學報≫(哲學社會科學版), 1996年第二期.

孫保珍, <西漢文學"士不遇"主題硏究>, 河北師範大學 碩士論文, 2009.

何新文, <文士的不遇與文學中的士不遇主題>, ≪湖北大學學報≫(哲學社會科學版), 1988年4期.

林小雲, <兩漢士不遇賦硏究>, 福建師範大學 碩士論文, 2003年6月.

于浴賢, <"士不遇"的屈騷解讀及其在漢代的現實意義>, ≪遼東學院學報≫(社會科學版), 第10卷第3期, 2008年 6月.

王進明, <西漢"士不遇"賦透析-以賈誼, 董仲舒, 司馬遷爲硏究對象>, 延邊大學 碩士學位論文, 2006年.

蔡金平, <漢魏六朝抒情小賦題材硏究>, 安徽大學, 碩士學位論文, 2006年.

林小雲, <董仲舒和他的<士不遇賦>>, 福建師範大學學報, 2005年第4期.

龍文玲, 魯洪生, <漢武帝對東方朔<答客難>影響考論>, ≪河南大學學報≫, 社會科學版, 第18卷第2期, 2008年.

楊霞, <從董仲舒, 司馬遷, 東方朔的賦看漢武帝時代的'士不遇'現象>, ≪魯行經院學報≫, 第6期, 2003年.

顧頡剛, <禪讓傳說起於墨家考>, ≪古史辨≫ 第七册, 臺北, 藍燈文化事業公司印行, 1987年.

錢穆, <劉向歆父子年譜>, ≪古史辨≫ 第五册, 臺北, 藍燈文化事業有限公司, 1987.

오만종, <遇不遇 槪念의 哲學的 論議에서 文學的 形象化로 - 戰國時期에서 漢代의 屈原 形象을 중심으로>, ≪중국인문과학≫, 제45집, 2010年8月.

______, <遇不遇 개념의 역사적 논의 과정에 대한 소고>, ≪중국인문과학≫ 제46집, 2010年12月.